PUBLIC FINANCE
OF
GREAT POWERS

PUBLIC FINANCE
OF
GREAT POWERS

大国财政

刘尚希 等著

人民出版社

目　录

CONTENTS

序　言
转变观念，构建大国财政

谈到"大国财政"，很多人觉得这是一个新提法。其实，中国的"大国财政"已经在实际政治经济生活中发挥作用，只不过全社会对此缺乏足够的意识和认识，亟须转变观念。

过去讲财政，多从一般的意义上去理解，不区分"大国"还是"小国"，但是在全球化的视角下，大国和小国财政所发挥的作用不一样，需要承担的责任也不尽相同。作为全球第二大经济体，地广人多的中国在综合实力上已经是一个大国，必须从观念上有意识地审视在全球化和区域经济一体化中大国财政的作用。没有大国财政的意识，就谈不上在国际事务中的责任和担当。

在计划经济时期和改革开放后，无论是前三十年遭遇封锁，不得不自力更生，还是后三十年的"埋头苦干搞建设，一心一意谋发展"，财政政策都局限于国内，仍然是封闭经济下的思维。在开放经济中，财政政策不能只局限于一国来考虑。一个大国任何财政政策变化，都必然对周边国家和世界经济产生影响，国外的财政政策变化也会传导到国内。大国财政思维要突破"国内"的界限，从区域化、全球化的角度来思考问题，从更加宏观的视野去看待财政的职能和政策。

不谋全局者，不足谋一域。要做好我们自己的事情，必须从全球着眼。财政弱小的大国难以成为真正的强国。现在的全球化，已经超越了过去的商品贸易市场，经济金融体系、劳动人口、文化思想等在全球范围内迅速扩散和传播。全局的概念正在发生变化，如果继续就中国的问题谈中国，就国内财政来谈财政，其后果必然导致思维、战略与实际情况之间的隔膜、公共政策与实际效果之间的背离。只有首先具备大国财政的意识，才能有相应的整体战略筹划，进而体现在战术执行层面。因此，大国财政并非一个抽象概念，要通过具体的国家行为来体现，让中国老百姓和全世界都感受到大国财政带来的好处。

要理解大国财政的概念，最直接的例子是美国。在其政治、经济、社会层面中，美国财政部在许多问题上都起到了主导作用。比如中美战略经济对话，美国方面出席的是财长，对应中国出席的是副总理。按照我们传统的观念，一个财长为什么要到其他国家来对话？他难道不是管好自己国家的财政政策就可以了？但美国不这样看，他们从全球视野来看财政问题，而不仅局限于美国国内。这就是大国财政的体现。

全世界都密切关注美国财政政策的调整，包括预算、赤字、减税等，这是由美国的经济影响力、综合实力决定的。美国是最大的发达国家，中国是最大的发展中国家，随着中国经济总量跃升世界第二，政治、文化方面的影响力也越来越大。如果还用传统眼光看财政，不仅会在国际事务上陷入被动，国内的事情也很难做好。

在封闭的经济环境中，一心一意搞好国内建设，财政的任务就算"万事大吉"。经济开放后，国家利益不再局限于国内，国与国之间利益关系的调整，需要财政出马；防控全球风险，在全球范围内提供公共服务或公共产品，无一不与大国财政密切联系在一起。举一些现实的例子，非洲爆发埃博拉疫情，中国派出了医疗队，这背后需要财政支撑；亚丁湾海盗猖獗，威胁包括中国在内的各国航运安全，中国派出军舰护航，这关涉到财政支出；马尔代夫发生供水危机，中国海空两路进行送水，依然需要财政予以配给。这些全球性公共服务都不局限于国内，直观上很少有人把它和"财政"联系在一起，但其实都是当下正在发生的、需要用大国财政思维去进行部署安排的实际案例。

2008 年美国金融危机爆发后，美国财政部迅速拨款救市。如果任由危机蔓延，对全球经济的破坏会更大。面对这种全球风险，国与国之间要进行协调，每个国家尤其是大型经济体的财政政策不能"一意孤行"，需要同时考虑对他国的影响。2008 年中国迅速采取了积极的财政政策，带动了整个全球经济。现在有人批评"4 万亿"政策造成国内产能严重过剩，消化起来需要时间，但如果从大国财政的角度去评价，其积极意义同样明显：这一政策阻止了当时全球经济的进一步下滑，提振了全世界的信心，中国的影响力也由此进一步扩大。尽管是歪打正着，但也起到了大国财政战略的作用。我们应当尽量地把从国内来看的"坏事"变成从全球来看的"好事"，进一步扩大中国的影响力和话语权。当前我国产能过剩，若能成功实施国防产能合作，则不只化解过剩产能，而且可大大扩展中国在全球产业链中的影响力。这需要大国财政开路，尤其在风险防范方面，需要大国财政保驾护航。

当前中国的国际地位已经得到极大提升，无论从自身的角色，还是国际社会的要求，都理应承担更大的责任（与此同时也获得相应的权益）。正所谓"兵马未动，粮草先行"，兵马为"政"，粮草为"财"。

在 2013 年的 APEC 会议上，中国倡导的两件大事——金砖国家开发银行和亚洲基础设施投资银行，都与财政密切相关。在 2016 年 G20 杭州峰会上，提出的中国方案，创新、活力、联动、包容，都需要大国财政来支撑。世界结构性改革，全球可持续增长，都离不开大国财政发力。此类国与国的双边、多边协作在传统观念看来，似乎应该是外交部的事，但这些事宜都突破了传统的外交概念。中国派出副财长专门负责此事，与相关国家协商、谈判，推动国家间的合作，实现区域经济一体化。通过设立金砖银行、亚投行等国际机构，将不同国家的资源整合在一起，通过有效合作，形成合力，化解风险，避免危机，实现各国的共同发展。在国与国的合作中，市场和政府这两只手都要发挥作用。政府这只"手"的核心就是财政。对于当前中国已经宣布实施的各项战略而言，通过"一带一路"大战略把多个国家连接起来，实现贸易、投资便利化，降低成本。在这个过程中，如何在国际范围内进行资源配置？如何让国内资本走出去？如何将 PPP 等模式推广到国外，鼓励国内的私人资本跟外国政府合作，带动产品、技术出口，消化过剩产能？如何在经贸规则和技术标准方面发挥中国的更大影响力？诸如此类，都是需要从大国财政角度考虑的问题。

在传统财政的收支问题上，同样需要大国财政思维，不能仅仅局限于国内。例如美国就采取了很多方法防止跨国公司转移资产、逃避税收。中国也面临同样的问题，2014 年曝出的"中国反避税第一大案"，中国向微软补征了 8.4 亿元人民币税款。过去我们大国财政意识不强，在未来这一点必须得到转变，否则，中国的税收主权就有可能遭到侵害。

大国财政绝不仅限于收支问题。从国内考虑，政府职能的正常发挥和有效履行，财政是基础；同样，从国际考虑，大国责任在国际上的担当，也是以财政为基础的。要让大国财政真正发挥作用，涉及对当前制度的改革。大国财政战略提出之后，要考虑的就是如何实施：如何将财政资源在全球范围内进行有效配置，为中国公民提供更多、更好、更及时的公共服务；如何加强国与国的联系、促进区域经济一体化。在这些事情中，有一些是现在才开始筹划的；还有一些事情从前是各个部门孤立地分别去做的，而如今需要我们将分散的力量整合起来，整体谋划，各部门共同行动。

中共十八届三中全会《中共中央关于全面深化改革若干重大问题的决定》把财政定位为国家治理的基础，这意味着财政的职能已经突破了原有的经济学框架，而是上升到到国家的长治久安。如果有意无意地抑制财政发挥作用，国家治理就存在重大风险隐患，将变得十分脆弱，潜藏着治理危机。中国经济要进一步发展，从中等收入国家变成高收入国家，一定要和全球经济协同发展，不可能单打独斗。如前面提到的，中国搞 PPP 模式、"一带一路"、基础设施互利互通等，都是国家行为，需要财政政策配套实施，这些政策同样受到国际社会的高度关注。在这种情况下，我们更应当以国际视野来认识财政，不仅让财政发挥应有的治国安邦之用，而且，应当发挥"中国财政"在全球治理中的更大作用。

财政发挥应有的作用，并不意味着其他部门无所作为。大国财政所需要的体制调整，本质上是一个配合与协调问题。政府公共部门要进行合理分工，进而提高效率。最近几年，有中国公民的生命财产在诸如利比亚等国家遭遇危险，国家承担救护责任，及时撤退海外公民，给老百姓留下了很好的印象。但老百姓只看到了"国家出马"，并不清楚背后的财政运作机制。在这些事情的具体实施过程中，需要总揽全局。比如，救援遭遇海外政局动荡的中国公民，调动国防向马尔代夫紧急供水等，这些财政支出是否总在"一事一议"？哪些事情该中央议？哪些事情该地方议？是否应该建立一种机制？要建立机制，就需要事先有战略考虑，再转变为可操作的政策，然后在预算中相应体现，并通过法律去监管执行。

这也正是国家治理水平的体现。大国财政应当有能力从战略层面进行一揽子的考虑，有制度安排，有法律，有程序。一旦发生事情就启动相应程序，有条不紊地去做，不需要手忙脚乱。如果每件事都临时抱佛脚，不仅严重影响效率，也会导致一些做法的效果相互抵消。

大国伐谋。大国治理需要大国财政思维，大国财政需为有效实现大国治理发挥基础性作用，并上升到全球治理发挥世界性作用，成为撬动人类文明进步的有力杠杆。这是时势赋予我们的责任和任务。

刘尚希

2016 年 9 月

第一章
从全球化看大国财政

当今世界，风云变幻，全球化的纵深发展带来了全球格局的深刻变化，以美国为主导的全球治理体系出现了危机，全球风险不断加剧。中国在全球格局中的地位在不断上升，但也面临着诸多挑战。大国经济的发展、利益全球化以及防范和化解全球公共风险，使"大国财政"凸显。

一、从全球化说起

"全球化"是人类发展不可阻挡的历史潮流，它不仅改变了人类生产、生活的方式，而且使全球格局发生深刻变化。全球化在促进人类社会发展的同时，也使全球风险不断加剧，呼唤大国财政在全球治理中发挥更为积极的作用。

"全球化"开启发展新时代

葡萄牙恩里克王子、哥伦布、达·伽马、麦哲伦等为代表的新航路开辟和地理大发现将世界各地逐步连为一个整体，成为全球化的发端。全球化，创造了西方现代文明，改变了人类生产生活方式。全球化促使传统的国际性分工演变为世界性分工，拓宽了贸易自由化的广度和深度，并给各国的经济、政治、社会以及文化等发展带来了深刻影响。

当前，全球化已渗透到人类生产生活的各个领域，进入纵深发展阶段，经济全球化出现新的趋势。贸易自由化和生产全球化成为经济全球化的基础，金融全球化成为经济全球化的核心。

具体而言，主要表现在：

一是生产全球化不断深化。生产全球化是经济全球化的基础和最为突出的表现形式。一方面，生产分工的全球化。随着科技和交通的发展，国际分工和专业化协作的程度也越来越高，全球变成了一个"大工厂"。制造业服务化分工深化，带动了生产性服务业的迅速发展。生产性服务业与制造业的互动性增强，生产性服务不断融入生产环节，成为企业构成产品差异和决定产品价值增值的基本要素。垂直型分工的细化，产品内分工更加发达。不论是在国家之间，还是在一国之内，分工都在进一步发展，正经历着由最终产品分工到产品内分工不断深化的过程，即产品制造过程中的不同工序和环节被分散到不同国家进行，从而形成了以工序、环节为对象的产品内分工。另一方面，生产要素配置的全球化。资本、信息、技术等生产要素和资源跃出一国境界，在全球范围内自由流动配置，出现了生产要素配置的全球化，不仅使全球资源的配置效率得以提升，而且还使人类具有了前所未有的活动范围和创造能力。

二是贸易全球化发展迅速。国际货物贸易总量和规模不断扩大，国际贸易的结构发生了较大变化，国际服务贸易快速发展，其地位在不断上升。

三是金融全球化进程加快。随着资本跨国流动加速，许多国家的金融机构和金融业务在全球范围内发展，地区性和区域性经济集团的金融业出现一体化趋势。2008 年的国际金融危机，虽然导致全球贸易与直接投资流量下降，但并没有改变金融全球化的趋势，各国金融政策的协调更为重要，金融全球化已成为经济全球化的核心。

四是科技全球化日益活跃，新的科技革命及其产业化正在酝酿之中。科技人才自由流动、科学研究与发展的资源配置全球流动、科技合作与技术转移及利用的加强，促使科技全球化日益活跃。在应对气候变化中，各国都高度重视新能源产业发展，正在加快推进以绿色和低碳技术为标志的能源革命。新的科技革命及其产业化，不仅促进产业转移，而且带动新的国际分工的演变。

在全球化下，世界各国各领域的往来更为频繁，联系更为紧密，依赖度也日趋增强，"地球村"正在逐渐形成。全球化的纵深发展，既给各国带来了一些发展机遇，也增加了一些风险和危机，特别是对国内金融体系还不完善的发展中国家容易造成较大冲击。早在 20 世纪之初，罗伯特·萨缪尔森就认为，"经济全球化是一把'双刃剑'：它是加快经济增长速度、传播新技术和提高富国和穷国生活水平的有效途径，但也是一个侵犯国家主权、侵蚀当地文化和传统、威胁经济和社会稳定的一个很有争议的过程"。①

正是由于世界各国经济社会的互依赖性空前增强，为各种风险的形成与国际传导提供了条件，经济波动和危机的国际传染性也随之增强。在全球化下，一国的风险很可能会演变成全球风险。一国的经济体在全球经济中占的比重越大，则其国内风险演变为全球风险的概率就越大，影响力和外溢性也越强。因此，全球经济的不稳定因素增

---

① ［美］保罗·萨缪尔逊：《全球化的利弊》，《国际先驱论坛报》2000 年 1 月 4 日。

加，全球治理面临新的挑战。

全球格局：你方唱罢，我方登场

"全球化"使各国之间形成了既相互依存合作，同时又相互激烈竞争的格局。"你方唱罢，我方登场"，大国格局在不断发生变化。葡萄牙与西班牙抓住15—17世纪的地理大发现的机遇，发挥航海优势，率先获得发展与崛起的机会，可谓是全球化的第一波受益者。其后，荷兰、英国相继崛起，特别是英国经过工业革命的洗礼，一跃成为世界霸主，而且使西欧第一次确立了世界经济领跑者的地位。19世纪70年代之后，美、德、日三国抓住第二次科技革命的机遇，先后崛起，成为世界经济强国。随着全球化的进一步发展，特别是两次世界大战，美国成为世界头号强国。

随着全球化向纵深发展，世界各国的经济增长呈现两种不同的发展速度：一方面，西方工业化国家经济增长步履维艰，一些国家甚至陷入经济衰退；另一方面，新兴经济体继续保持快速增长，在国际经济中的地位有所增强。全球经济格局发生重大变化，从而使各国的实力、影响力都随之而变化，全球格局又进入一个重塑时期。

1. 美国：实力相对衰落

莱克星顿的枪声，揭开了美国独立战争的序幕。经过1776—1783年的独立战争，美国成为一个独立的国家。美国是极其幸运的，独立后恰巧赶上自英国开始的第一次工业革命。工业革命，加之大陆扩张和西进运动，使美国经济社会飞速发展。到19世纪中期，美国完成第一次工业革命，其在全球格局中的地位发生了显著变化。例如，1850年铁路总长达9 021英里，超过英国跃居世界第一位，成为世界上铁路交通最发达的国家；1860年，美国工厂约达14万家，工业产值从 1790 年的 2 000 万增至 18.86 亿美元，占世界工业总产值的 17%。

1861—1865 年，经过南北战争，美国实现了南北统一。19 世纪 70 年代兴起了以电气化为标志的第二次科技革命。美国抓住了新技术革命的良机，又一次实现了经济社会的快速发展，并一跃而成为新工业革命领导者。1894 年，美国的工业总产值跃居各大国之首，成为世界第一经济强国。此时，距离这个新国家的诞生仅仅 118 年。为了实现独霸西半球，19 世纪末，在美洲，美国提出了"泛美主义"口号，并发动了美西战争，推动殖民扩张；在亚洲，则提出了"门户开放"政策。

两次世界大战，根本改变了 19 世纪以来欧洲支配全球的世界格局。一战初期，美国利用"中立国"的幌子，大发战争财。一战后期参战，以胜利者的姿态分享战后胜利果实。一战后，美元开始成为世界货币，美国开始逐步掌控全球经济霸权，但由于当时英法德苏日等国实力依旧强劲，美国在全球体系中并没有占明显的优势地位。二战前期，美国推行"中立政策"，一心一意谋发展。1941 年，美国参战。二战导致全球格局发展重大变化。美国绝对实力的增加，以及其他大国实力的衰落，而美国称霸全球的基础奠定了。

二战后，美国在欧洲推行"门户开放"政策，实施马歇尔计划，推动欧洲统一、实行冷战，以使欧洲依附于美国，实现美国在西欧的霸权。为了构建国际经济秩序，美国主导建立了以美元为中心的布雷顿森林货币体系。美元危机与美国经济危机频繁爆发，1973 年布雷顿森林体系瓦解，美元迄今为止仍然是最重要的国际货币。苏联解体后，美国成为世界上唯一的超级大国，开始在全球推行"单边主义"政策。

进入 21 世纪，随着中俄印等国家实力的提升以及新兴国家的发展，世界格局发生了深刻变化，因此又推行了"隔岸平衡战略"。总体而言，美国在全球格局的地位发生了变化——由强势霸权到弱势霸权的转变。这一转变通过经济实力的相对衰落集中表现出来。自 2000 年以来，美国的 GDP 增长率一直低于同期世界平均增长率；其 GDP 占世界的份额逐年下降，由 2000 年的 30.9% 下降到 2014 年的 22.4%。

值得强调的是，虽然美国经济实力相对衰落，但美国仍是全球第一大经济体，美元仍处于霸权地位，美元在外汇交易中占主导地位，仍是最重要的储备资产，美元在全球储备中仍保持大约 65% 的比重，美国在全球中的影响力仍然最大。

2. 欧日：经济增长步履维艰

15—19 世纪是欧洲的世纪。自文艺复兴以来，欧洲在政治、经济、科技、文化、军事等方面取得了巨大成就，欧洲成为世界政治经济的中心，在全球格局中占主导地位。文艺复兴和启蒙运动，为欧洲崛起创造了思想、文化条件；第一次工业革命，为欧洲崛起提供了物质和科技条件；航海技术、商业乃至武器的发展，为欧洲在全球扩张提供了坚实的基础。即便是美国凭借第二次工业革命崛起，并于 1894 年成为全球第一经济强国，但在影响力上欧洲仍占主导。直到两次世界大战，欧洲实力大损、逐渐衰落，美国成为全球霸主。二战后，欧洲长期依附于美国。自 20 世纪末以来，欧洲一体化进程加快。作为一个整体的欧洲，在全球中的影响力逐步回升。

二战结束后，虽然日本是战败国和资源贫乏的岛国，但其抓住第三次科技革命的历史机遇，走上了快速发展之路，在二战之后的废墟上创造了"日本奇迹"。经过 1945—1955 年的经济恢复发展时期，日本的工业生产超过了战前和战时的最高水平。1955年之后，进入快速发展、高速增长时期。1961年至1970年进入"黄金十年"，这一时期，日本的经济年均增长率在10%以上。1968年，日本取代西德成为资本主义世界第二经济大国。1973年全球石油危机爆发后，日本进入了平稳低速的经济发展时期。1988年，日本成为债权大国、金融大国和投资大国。

受全球金融危机、欧洲主权债务危机等因素的影响，近些年来，西方工业化国家经济增长步履维艰，一些国家甚至陷入经济衰退。自2000年以来日英德法等发达国家经济实力普遍减弱，这些国家GDP占世界的份额在下降。其中，日本自1991年泡沫破灭后，进入了被称为"失去的二十年"的经济低迷时期，GDP占世界份额下降比较明显，从2000年的14.2%下降到2014年的5.9%；英法德三国GDP占世界份额缓慢下降，分别从2000年的4.7%、4.1%和5.9%下降到2014年的3.8%、3.6%和4.9%。

3. 新兴国家：迅速崛起

与西方国家的经济疲软、下滑形成鲜明对比，自21世纪以来，新兴经济体迅速崛起，经济增长的速度加快，在全球中的影响力逐步提升。受金融危机、欧债危机等影响，世界经济重心加快由大西洋向亚洲地区转移的速度。新兴经济体在全球经济中的分量明显增大，其在国际舞台上的影响力不断增强。数据资料显示，自2000年以来，俄罗斯、印度、巴西等国的经济实力都有不同程度的提升。其中，俄罗斯GDP占世界份额由2000年的0.8%上升到2014年的2.4%；印度和巴西GDP占世界份额分别由2000年的1.4%、2.0%上升到2014年的2.7%、3.0%；韩国基本保持在1.8%左右。

虽然近些年来，新兴经济体在全球中的"硬实力"不断提升，但无论是其经济总量，还是其"软实力"仍与欧美等发达国国家存在明显差距，在国际规则制定中的话语权还较弱，这也制约了新兴经济体在全球中的影响力。

全球风险导致全球治理危机

全球化不断深化、全球格局正逐渐发生重大变化，这对全球治理提出了新的挑战。然而，当前全球治理仍处于美国主导的治理体系之下，其原有的治理体系中的缺陷在不断变化的条件下被逐渐放大，全球治理中的"风险点"不断显现，全球风险不断加剧，出现了全球治理危机。

1. 全球风险社会逐步形成

全球化将整个世界卷入统一进程之中，随着生产要素流动，特别是金融全球化，全球发展的不确定性和不可预测性增强，出现了风险全球化，全球风险社会逐步形成。

当前，全球风险呈现不断加剧的趋势，主要表现在：全球风险日趋复杂、全球风险的领域在扩大、全球风险的负面影响在上升等。全球风险不仅相互关联增强，并且其系统性影响也在增强。世界经济论坛（WEF）《2011 年全球风险报告》指出，三类风险导致人类在未来十年面临着重大的责任：

一是宏观经济失衡的风险。全球金融危机源自全球经济中较长期的结构脆弱性。宏观经济失衡、发达经济体的财政危机、无资金准备的巨大社会负债和疲软的金融市场，构成了复杂的经济风险关系。因危机而导致的负债将应对更多危机的能力减弱至极低的危险水平。

二是非法经济的风险。越来越多的失败国家和脆弱国家、越来越猖獗的不正当贸易、有组织的犯罪和腐败构成了犯罪风险关系。网络化的世界、治理失灵和经济差异为非法行为的泛滥创造了机会。它们削弱了国家实力，威胁着发展机遇，破坏了法治，让国家陷入贫困和不稳定的循环。

三是经济增长面临资源限制的风险。世界在水资源、食品和能源等最基本资源方面受到了极大限制。核心资源的短缺只会在需要这些资源的社会团体、国家和行业之间造成更多冲突①。

《2014 年全球风险报告》评估了 31 项全球性风险的严重性、发生概率和潜在影响力，认为长期的贫富差距扩大将是未来十年最可能造成严重全球性危害的风险。2014 年关注度最高的前十大全球风险分别为：一是核心经济体财政危机；二是结构性高失业或就业不足；三是水资源危机；四是严重收入不均；五是气候变化调整和适应失败；六是更加严重的极端天气事件（如洪水、暴风雨、大火）；七是全球治理失败；八是粮食危机；九是重大金融机制（制度）失败；十是重大政治和社会动荡。其中，主要经济体财政危机、结构性高失业或就业不足以及水资源危机成为全球三大最受关注的风险。

一个风险，往往可能演变为多重风险，相互交织、相互影响，应对风险的难度也加大。与此同时，全球风险的领域和负面影响在扩大，风险交织放大负面效应。例如，发于美国次贷危机的 2007—2008 年全球金融危机。2008 年 8 月，美国房贷两大巨头——房利美和房地美股价暴跌，持有"两房"债券的金融机构大面积亏损，危机爆发，美国财政部和美联储被迫接管"两房"。这一危机，席卷美国、欧盟和日本等世界主要金融市场，并在欧洲诱发了主权债务危机，给全球经济发展带来极为严重的负面影响。

---

① http://district.ce.cn/zg/201101/14/t20110114_22142662.shtml.

由于风险全球化及全球风险社会的逐步形成，世界各国变成了休戚与共、相互依存的"风险共同体"。为了更为有效地防范和化解全球风险，需要世界各国携起手来，相互合作，增强国际协调和应对风险的能力。

2. 全球治理危机和全球风险不断加剧的根源

全球化的纵深发展以及全球风险社会的形成，对全球治理体系提出了新的更高的要求，然而，当今以美国为主导的全球治理体制没能很好地发挥作用，导致了全球治理危机和全球风险不断加剧。

当今的全球治理机制脱胎于二战之后美国主导的"霸权稳定体系"。从经济领域来看，世界银行、国际货币基金组织和世界贸易组织是其三大支柱，G7集团是其主要的治理平台。全球问题不断积累、风险不断积聚的情况下，这一体系对全球治理越来越有心无力，从而使国际机制表现出"碎片化"和"多元中心"的趋势，国际协调难度加大，一度出现了全球治理失灵。为了应对这种挑战，这一治理体系进行了改革。例如，2010年4月，世界银行投票权改革方案获得通过，使发展中国家整体投票权从44.06%提高到47.19%；G20崛起，已逐渐成为全球经济合作的主要论坛，扩大新兴经济体的发言权。然而，这些改革和变化，并没有从根本上改变现有的全球治理机制和体系，应对全球治理危机和全球风险能力依然不足。

之所以出现这种状况，其根源在于美国主导的全球治理体系是服从于美国利益的，没有兼顾全球利益。美国实施"以邻为壑"的对外政策，凭借自己的霸权地位，制定不公平的国际规则，将全球利益分配置于本国利益之下。实际上，在美国崛起之中，就初露端倪。在美国经济实力跃居世界第一之后，一边提出"泛美主义""门户开放"政策，一边拒绝承担国际责任，奉行"中立"政策。在取得全球霸权之后，对苏联及东欧国家实行"遏制"政策，对西欧实行"门户开放"，使其依附于美国，并建立了以追求本国利益为目标的国际经济政治体系。苏联解体后，美国作为世界上唯一的超级大国，又采取"单边主义"，在所有事务上都要以本国利益为重，不考虑大多数国家和民众的愿望。即便是最近实施的"隔岸平衡"战略，也只是在本国实力下降的情况下，无奈选择，但其仍抱着隔山观虎斗的心态，把部分国际责任转包给地区大国，以攫取美国的最大利益。

美国的相对实力衰落及新兴大国的崛起，使全球格局发生了深刻变化。在这种状况下，未来的全球治理可能出现两种趋势：一是全球治理继续处于混乱和失序状态，全球治理危机和全球风险进一步加剧；另一个趋势是全球进入一个新的治理时期，互利共赢、休戚与共成为全球治理理念。显然，后一种趋势符合全人类的发展。这也就意味着需要全球各国按照合作共赢的理念，建立新的全球治理体系，实行新的国际合作规则，共同应对未来全球治理危机和风险，而不是只站在自身利益上，去转嫁危机和风险。

二、中国走在复兴之路

众所周知，在数千年世界文明发展的长河中，中国曾在很长一段历史时期居于世界领先地位。然而，自中国进入了近代社会后，中国发展跌到了历史的低点，中国衰败为一个大而弱的国家，备受西方列强欺辱。自改革开放以来，中国实现了长达三十多年的高速增长，在全球格局中的地位发生了很大变化。面对新的全球格局和地缘政治格局，中国发展面临新的挑战。

中国进入历史 "V" 形走势的快速上升期

纵观数千年文明发展史，中华文明一直是一颗璀璨的明珠，使中国在漫长的前现代化时期独领风骚于世界。只不过，进入近代社会以来，受内外因素的影响，中国开始衰退。著名经济学家安格斯·麦迪森在其《世界经济千年史》一书中，认为中国清代 GDP（国内生产总值）曾长期占据世界第一宝座，1820 年时占全球总量的 33%（英国为 5.2%），直到 1900 年仍高达 11%。尽管他的统计分析饱受质疑，但中国作为当时世界上最大的经济体还是取得普遍共识的。自鸦片战争以后，中国逐渐沦为任人宰割的弱国。1949 年新中国成立。1978 年实行改革开放，中国进入了持续三十多年的高速增长期，在全球格局中的地位发生了很大变化。从而使中国在全球格局中的变化呈现"兴盛——衰退——复兴"的"V"形历史趋势。

当今中国在全球经济格局的中的变化，主要表现在以下几个方面：

一是中国经济规模迅速扩大，对世界经济的贡献率不断提升。中国的 GDP 已由 1978 年的 3 650 亿元，上升到 2014 年的 636 462 亿元，增长了 174 倍。仅 2014 年比 2013 年的 GDP 增长额就达到 48 444 亿元，是 1978 年 GDP 总量的 13 倍。2007 年，中国超过德国成为全球第三大经济体；2010 年，中国超过日本，成为仅次于美国的全球第二大经济体。中国对世界经济的贡献率不断提升，已由 1978 年的 3% 左右，上升至 2014 年的 25.8%，比美国高 1.1 个百分点，居世界第一位。

二是进出口贸易规模不断扩大。中国不仅是世界最大出口国，也是全球第二大进口国。2014 年，进出口总额达到 4 303 037 百万美元，其中出口总额 2 342 747 百万美元，进口总额 1 960 290 百万美元。

三是对外投资在全球比例不断扩大。2013 年投资流量首次突破千亿美元大关，达到 1 078.4 亿美元，同比增长 22.8%，创下历史新高，连续两年位列全球三大对外投资国。

四是全球第一制造业大国。2010 年，中国就超过了美国，成为全球制造业第一大国。2013 年，中国制造业产出占世界比重达到 20.8%，连续 4 年保持世界第一大国地位。在 500 余种主要工业产品中，中国有 220 多种产量位居世界第一，部分关键领域技术水平位居世界前列。

从以上四个层面的分析可以看出，中国进入历史"V"形走势的快速上升期，毫无疑问地成为全球经济大国，在全球中的影响力越来越大。

2012 年 11 月 29 日，在国家博物馆，习近平在参观"复兴之路"展览时指出，实现中华民族伟大复兴，就是中华民族近代以来最伟大的梦想。自 2012 年党的十八大以来，中央新一代领导集体更是以加快经济社会发展、实现中国崛起、提升中国的影响力为己任，在经济社会等各个领域推动全面深化改革。这也意味着中国将在全球格局中进一步扩大影响、发挥自己的积极作用。

但同时也应看到，中国在全球中的影响力更多是体现在硬实力方面，而软实力仍较弱，在全球的话语权不强。从下文中美实力的比较分析中，我们可以对此有更加深入的认识。

综合实力较美国仍不足

虽然中国在经济社会发展取得巨大进步，但与美国仍有较大的差距。从总体上来看，中美两国分别为全球第二大经济体和第一大经济体，在经济总量（GDP）上，二者之间的差距不断缩小，并且缩小的速度比较快。例如，在 2000 年中国占美国 GDP 的比重只为 11.7%，而到了 2014 年，这一比重上升为 59.5%。占全球 GDP 的份额，中美差距也由 2000 年的 27.3%，迅速缩小为 2014 年的 9.1%。

中国的制造实力、科技实力等其他一些硬实力，尽管统计和核算口径有所差异，但总体上表明，中美之间的差距在不断缩小。例如，近期中科大的研究人员通过对《自然》《科学》等国际一流杂志学术文章、五大知识产权局的专利数据、研发人员与经费、工业技术水平，以及日常生活中反映的科技水平等综合分析，发现中国科技实力正加速度逼近美国。

虽然中国在硬实力上与美国在逐渐缩小，但在软实力及影响力上却与之仍差距较大。例如，在国际规则制定和话语权上，由于美国仍处于霸权地位，并且当今全球治理机制是由美国主导下建立的、主要反映了美国的利益，因而美国在这方面所具有的权力是其他国家所无法企及的，虽然中国的影响力在不断上升，但与美国相比，差距仍很大；在制度影响力上，虽然"中国模式"一度受到广泛关注，但中国制度在国际上的示范性仍逊于美国，不像美国凭借价值输出和文化输出，为其带来了巨大影响力和物质利益；在品牌影响力上，虽然中国制造无处不在，但知名品牌缺乏、增加值率低、创新能力薄弱，在技术含量、品牌影响力上，仍然与美国有不小的差距；在市场成熟度和金融实力等方面，美国具有成熟的市场经济制度以及相对完善的金融体系和制度，是一个发达的市场经济国家，而中国建立市场经济制度的时间较短，市场机制还不完善，金融实力也相对较弱。此外，即使从经济上，虽然中国经济总量已跃居世界第二，但人均 GDP 仍与欧美发达国家有很大的差距。2014 年的中国人均 GDP 为 7 594 美元，而美国为 54 630 美元，中国的人均值仅为美国的 12.8%，也远低于其他发达国家。

总之，中国在全球地位中的变化主要体现在经济地位的上升，虽然在硬实力上与美国的差距不断缩小，但在话语权、技术、品牌影响力、财政、金融以及文化等其他方面，还与大国经济的地位不相称，与美国差距仍然较大。同时，我们也应清醒地看到，中国在全球格局中的地位变化，受制约于软实力不强等因素的制约，这种变化不是稳固、甚至是可逆的。

三、新格局凸显大国财政

从今后一段时期全球发展大势来看，中国的快速发展，将不断撼动美国全球"老大"地位。实际上，由于日本、德国的 GDP 总量与美国相比，分别不足美国的三分之一和四分之一，其他国家在经济体量和综合国力上更是与之相距甚远，因此，也只有中国在未来一段时期才能对美国的"老大"地位形成威胁。在当前和未来这种全球格局下，中国总体上仍处于战略机遇期，但环境发生了深刻变化，国际上对中国发展的挑战和不利因素在增加。应对挑战、支撑崛起、提升全球影响力，亟须建构大国财政。

中国面临诸多新挑战

全球格局的变化，既给中国发展带来了机遇，也使中国面临着诸多新的挑战。

首先，新的全球格局和地缘政治格局，增加了中国发展的难度和不确定性。

从全球格局上，由于中国经济跃居世界第二，引起一些西方国家的警觉和防范，以后的发展将可能面对的国际压力和挑战增多，原有的一些有利条件可能会发生变化，从而使中国发展的不确定性增加、风险扩大。特别是美国战略重心东移，将会在经济、政治及军事等领域加强对中国的战略遏制，使南海问题、钓鱼岛问题等变得更为复杂，中国发展的外部经济环境可能出现恶化。中国最近一段时间实施的"一带一路"、亚投行等战略，更是引起了美国等国家的不安，中国与美、日等国之间的博弈将会更为激烈。同时，国际贸易出现了新的态势，贸易摩擦出现了新的特点，恶化了进出口环境。

从地缘政治格局上，中国的发展虽然也能使邻国"搭便车"并从中受益，产生"区域引力效应"，但也令一些邻国心存忌惮，呈现出左右摇摆、表里不一的态度和行为，周边环境的不确定性，给中国发展增加了难度。

从国际经济层面来看，在世界经济空间占据越来越大的位置，对全球资源、市场的需求越来越大。因此，遭到一些国家的遏制与敌视，也是很自然的事情。此外，国际经济竞争也十分激烈，新的科技革命及其产业化正在酝酿之中，各国正在进行抢占科技制高点的竞赛，对于新技术的垄断趋势有增无减，市场、资源、人才、技术、标准的竞争更加激烈。这些都增加了中国发展的难度和不确定性。

其次，在全球化深入发展的背景下，中国应对不确定性和化解、防范风险的能力还不足。

全球化的纵深发展，使风险的全球化趋势更加明显，风险的复杂性和影响力日益剧增，这就对一个国家应对风险的能力提出了更高的要求。一个大国如何应对不确定性和化解、防范风险呢？一方面，要构筑风险"防火墙"，防范化解全球风险对本国的影响；另一个方面，要承担大国责任，发挥其在防范化解风球风险中的积极作用，维护全球共同利益。从现实来看，中国这两个层面上的能力还明显不足。例如，在防范全球风险向国内传导上，中国主要还是被动的应对，尚未实现"主动防御"，御风险于国门之外、或是减弱全球风险对国内影响，还缺少前瞻性、全局性思路和综合性手段，有时甚至在风险判断上出现偏差，导致政策的负面影响较大，为国内发展留下了较大的"后遗症"。在防范化解全球风险上，还没有获得主导地位，与相关国家的协调和互动还处于"参与"阶段，难以承担大国责任。中国的缺位使全球治理体系的缺陷变得越来越明显，也使中国陷入"有力无处使"的窘态。在全球化深入发展的背景下，如何提升中国应对不确定性和化解、防范风险的能力，是影响中国未来发展的一大挑战。

再次，大国财政与大国经济地位和大国治理不相匹配，成为制约中国发展的深层因素。

随着近些年的发展，中国的综合实力有了显著提升，但财政作为发挥大国作用的重要支撑和维护大国核心利益的基本手段，并没有发挥出应有的作用，没有建立起与大国经济地位和大国治理相匹配的大国财政。

财政与大国经济地位不相适应。当前，中国主要精力放在打造大国经济地位之上，而在构建大国财政方面力度不够，致使作为经济第二大国的财政能力不足，与大国经济地位不相适应。这不仅对大国经济的海外发展支撑不够，而且对国家战略的实施也带来一定的制约。同时，作为国家治理的基础，财政能力不足也使中国作为大国引领全球治理缺乏有力支撑。当前中国参与全球治理的力度薄弱，与大国地位不相匹配，在全球治理中的作用不突出，都与大国财政意识薄弱有关。中国不能一味地接受别国的话语权和规则制定权，如全球税收规则、补贴规则、安全规则、投资规则、金融规则等等，必须发挥大国财政在全球治理中的积极作用。否则，将会危及中国的核心利益。在全球化向纵深发展的情况下，大国财政与大国经济地位和大国治理不相匹配，成为制约中国发展的深层因素。

最后，协调、平衡国家利益和全球利益的关系，成为中国应对外部挑战和风险的重大战略，也是中国作为大国成长中必须解决的重大问题。

全球化下，世界各国的命运共同体特征更为明显。一个有影响、负责任的大国，应当将国家利益与全球利益的协调与平衡作为己任，这样才能得到更多国家的认同，并引领世界文明发展。相反，如果像当今世界大国一样，只顾本国利益，而不顾全球利益，甚至以损害、攫取全球利益的方式追求本国利益，其影响力也必然在各国的反对、抵制中逐步下降。美国就是一个这样的例子。虽然说美国完全衰落、丧失影响力还言之过早，但其影响力逐步下降是个不争的事实。例如，在加入亚洲基础设施投资银行问题上，美国持坚决反对态度，但英国等盟国却不顾美国的反对，坚持加入，这是美国影响力下降的一个反映。当今国际经济政治环境已发生巨大变化，中国的崛起与发展不能再走美国式的全球发展道路。自古以来中国就有"海纳百川，有容乃大"的天下情怀，讲究合作共赢。秉承"天下"情怀，在合作、共赢的理念下，协调、平衡国家利益和全球利益的关系，成为中国应对外部挑战和风险的重大战略，也是中国作为大国成长中必须解决的重大问题。

大国财政：任重而道远

全球格局变化、全球治理中存在的问题，以及应对中国当前面临的挑战，防范和化解全球公共风险，都需要大国财政发挥其重要作用。大国财政对于当今中国而言，可谓是现实之需、恰逢其时。

首先，应对全球风险和治理危机，离不开大国财政。

在全球化纵深发展的当今世界，财政已跃出一国界限。国与国之间的政治、主权行为是靠财政来支撑的，全球化向纵深发展带来的市场全球化、生产要素（特别是金融）全球化、利益全球化等，呼唤大国财政在全球治理中发挥更为积极的作用。

全球风险的复杂化和传递性增强，以往应对全球风险和治理危机的传统手段，越来越有心无力。防范和化解全球风险和治理危机，需要新的思路和手段。在一定程度上而言，世界各国应对危机的活动或行为都主要是通过财政来体现的。无论是应对全球金融危机，还是应对像埃博拉等引起的全球公共健康危机，国际维和等等，其背后都离不开大国财政的支撑。在全球风险日益复杂化的情况下，大国财政理应承担起应对全球风险和治理危机的重要责任，在国际领域发挥越来越重要的作用，为全球发展构筑"防火墙"。

其次，提升中国影响力，急需大国财政。

从中国来看，一方面，中国在全球地位中的上升主要是基于经济上"量"的增长，是一种硬实力的提升，而在全球影响力和软实力方面与美国相比，还存在较大差距，参与全球治理的能力不足，在全球的财政影响力和话语权较弱。大国财政与大国经济地位和大国治理不相匹配，是制约中国整体发展的深层因素，解决这一问题关键在强化财政统筹国内外的能力，使之与大国经济和大国治理的全球化影响相匹配。同时，应对新的全球格局和地缘政治格局给中国发展带来的难度和不确定性，需要财政有所作为，在支持国家战略上发挥更为积极的作用。

另一方面，财政制度本身也是一种软实力，在一定程度上体现了本国的文明特点和文明程度。财政制度的外溢性和示范性程度，是本国影响力状况的一个重要方面。如果一个国家尽管通过投资、税收或补贴等财政政策，在全球产生了正的外部性，但若财政制度不完善，也会抑制其影响力，出现一种"出力不讨好"的窘况。因此，构建符合中国特点和现实要求的财政制度，增强财政制度的外溢性和示范性，成为大国财政建构的重要任务。

此外，大国财政既是维护国家利益的重要工具，也是协调全球利益的基本手段。协调、平衡国家利益和全球利益的关系，促进全球共享、共治，需要大国财政承担起相应的职能。

第二章
大国财政应对风险全球化

一、风险全球化

从微观视角来看，各种各样的风险无处不在、无时不有，个人、企业、政府都无法回避，风险全球化已成为一个基本趋势。大国财政无疑是致力于全球风险治理的主导型力量，尽管这一逻辑目前尚未归纳成理论体系，但在目前经济社会实践中切实存在。风险全球化的表现至少包括以下三个方面。

风险普遍存在

风险普遍存在，并与经济社会发展进程相伴随，需要共同应对。随着经济社会发展的全球化，风险已经由一种局部现象变为一种经常性的全球普遍现象。全球气候改变，致使各种极端天气频发；全球经济不断增长，全球贫富差距、全球经济不平衡也越来越明显；农业种植技术不断发展，使食物产量成倍增长，但面临着化学农业带来的各种可能危害；资源环境、生活方式的改变，导致传染病增加、扩散，威胁人类健康。诸如此类，这些风险既在世界各国普遍存在，也随着市场、投资和金融等各领域的全球化进程而日渐全球化。尤其是经济风险、金融风险和财政风险，越来越超出一个国家的地理边界而外溢到他国，甚至全球范围。风险全球化是全球一体化的结果，需要世界各国来共同治理。国家有大小，其能力也有大小。在全球风险治理中，大国需要发挥更大的作用，大国财政的作用更是不可或缺。

风险广度和深度不断拓展

全球风险的广度和深度正在随经济全球化程度不断拓展，具有突出的系统性特征，需要大国财政通盘协调，发挥主导作用。纵观经济发展历程，从规模特征、区域性特征到全球一体化特征，经济体之间的联系更加紧密，这使得相关风险之间的联系也更加紧密。1997年的东南亚金融危机导致快速成长起来的东南亚国家经济严重衰退，2008年的全球金融海啸导致美国经济严重衰退，后继续引发欧洲诸国主权债务性危机，新兴国家宏观经济严重受挫，全球经济因美国的次贷危机呈现出系统性风险的突出特征。这场危机所产生的衍生风险至今仍在积累和扩散。在这个背景下，更需要全球范围内具有影响力的国家发挥财政的风险治理功能，改善全球风险状态。

风险蔓延速度不断提升

全球风险的蔓延速度正在随信息技术和大数据时代的来临而不断提升，对大国财政的综合实力、处理能力都提出了更高的要求。如果说第一次和第二次工业革命启动和推进了全球经济一体化进程，那么信息技术和大数据的兴起及广泛应用则将这一进程大大提速。随之而来的，还有全球分工的日益细化，社会再生产过程中的产业链条越来越长，每一个环节面对的不确定性实际上都在增加，加之信息技术和大数据的兴起和应用，这些本就易在局部形成的风险随信息传递加速而势必将呈现更加快速、更加繁多、更易堆叠、更脆弱的特点。某一环节的问题，可能将导致整个系统瘫痪，局部性风险演变为全局性风险的速度在加快。一方面，我们当然应当认识到这是全球经济社会发展使然；而另一方面，我们更应认识到，这也对大国财政的综合实力和应变能力等提出了更高的要求。

二、全球公共风险日益扩大

经济全球化背景下全球公共风险呈现系统性

基于贸易论观点，经济全球化是指以国际贸易联系的密切程度来判定其发展程度，根据这种观点，世界出口率越高，跨越国界的贸易额在世界生产中所占的比例就越高，世界经济就越强烈地表现为全球化。基于金融论观点，经济全球化是生产要素配置全球化，而生产要素配置全球化首先是通过金融全球化实现的，全球金融市场的一体化是经济全球化的体制基础与核心要素。基于跨国公司论，经济全球化是以跨国直接投资的快速增长和跨国公司的迅速成长为标志的。网络论则用网络分析构建的方法提供了关于全球经济社会关系组织的比较系统的图像。结合四种主要观点，经济全球化主要表现是：世界各国经济联系的加强和相互依赖程度日益提高；各国国内经济规则不断趋于一致；国际经济协调机制强化。世界经济理论为大国财政全球利益分配理论核心提供的另外一个理论支撑，就是对国际分工的研究。分工是一切生产的基本形式，而从世界经济理论视角来看，当社会生产力发展到一定阶段后，社会分工就会超越国界，在国际范围内表现出来，这就是所谓的国际分工。从概念界定来看，国际分工是指世界上各国之间的劳动分工，是在国内社会分工的基础上发展起来的，已有几百年历史。特别值得注意的是，随着生产力的发展，现代产品的价值链越来越细化，国际分工已经不局限于生产领域，而是体现在整个产品价值链之中。

在经济全球化理论的基础上，我们还不得不看到，经济与财政密不可分，若经济以下行为基本特征，那么相应地，财政的基本特征就会表现为收支缺口扩大、财政赤字增加、发债规模扩增等。比如从现阶段中国的实际情况来看，无论经济新常态，还是财政新常态，都有一个共同点，那就是进入"风险新常态"——各种不确定性因素叠加，财政风险、经济风险和金融风险等各类风险在相互转化中呈扩散状态。基于以上对经济全球化的认识，全球经济系统中无不存在着经济风险、金融风险和财政风险，这种经济风险在表现之初可能影响的是某一个区域，但是随着与金融风险、财政风险的相互转化，在经济全球化的背景下会迅速蔓延至其他区域，并产生自身的演变，从而导致系统性风险。2008 年以美国次贷危机为起点，全球系统性金融风险引发的全球经济危机，就是全球公共风险呈现系统性的典型案例。

全球化在优化资源配置同时造成风险分配不均衡

全球化的发展，意味着资本、资源、技术、劳务等生产要素可以在世界范围内流动和进行优化配置，这种"优化"可以把全球经济的"蛋糕"做大，从而增加世界各国的收益。从理论上来说，以贸易自由化、金融国际化和生产一体化为主要表现的经济全球化是推动社会前进的积极力量，对世界上各种类型国家的经济发展都应当是有益的。但是，在全球化的分配下，利益明显向以美国为主导的发达国家倾斜，其利用技术、产业、基本方面的优势，在全球利益分配中保持主导地位，在一定程度呈现强者愈强的特征。而全球化背景下的资本市场也呈现如下特点：吸引了优秀的科技人员、技术和资本等重要的生产要素，强化高科技、高附加值产业；资本市场较为强大的国家，在国际并购中占据主要地位；伴随全球化的趋势，整个资本市场面临整合的大趋势。经过一段时间发展之后，经济发展水平和资源配置较低的国家就会产生明显的差距。

目前正在加速发展的全球化，在本质上具有非均衡的性质。所谓非均衡，指的是全球化的推进和发展并非整齐划一地扩及世界的每一个角落。作为世界经济的主体，以美国为主导的发达国家与其他国家在全球化进程中的地位和作用存在悬殊和不平等，其在全球化进程中经济收益也有巨大反差。从总体上来看，非均衡的经济全球化大大有利于促进居主导地位大国财富的增长，而广大的发展中国家尤其是最贫弱的发展中国家则很难从全球化中获得好处。经济全球化看似公正的自由化、公平的市场化的形式下掩盖着不平等的实质。经济全球化所带来的利益没有在世界范围内得到合理的分配。经济全球化本身可能并没有给发展中国家带来不利，但是在经济全球化利益的分配上，发展中国家处在一个绝对不利的地位。

在经济全球化的条件下，商品的价格愈来愈取决于国际市场价值。发达国家由于技术水平和劳动生产率高于世界平均水平，其产品的个别价值往往低于国际价值，而落后的发展中国家情况正好相反，其产品的个别价值往往高于国际价值，这样在按照国际价值交换时，发达国家就能以个别价值较少的产品换取落后国家个别价值较多的产品，从而获得超额利润，使其进一步较大程度地扩大资本积累成为可能。

公共风险联通财政风险

公共风险理论认为规避公共风险的过程就是制度变迁的过程，某一经济体内部的市场机制是整个社会的风险分散机制。公共风险理论还认为，在市场经济社会，只有市场机制化解不了的风险才会转化为公共风险，基于此的公共风险主要涵盖内容包括：外来侵略和内部战争；公共伦理和社会道德衰落，缺乏基本的社会信用；法律机制不健全，公共秩序陷于混乱；失业与贫穷；市场垄断；公共设施与服务的短缺；环境污染；经济波动等等。财政风险是未来出现政府支付危机的一种前奏反映，是不确定性事件，是指政府拥有的公共资源不足以履行其应承担的支出责任和义务，以至于经济、社会的稳定与发展受到损害的一种可能性。基于公共风险理论，财政风险理论进一步认为财政风险在整个制度结构中具有特殊地位，主要表现在：一是财政承担制度成本，二是财政承担最终风险。财政承担制度成本是指制度的形成和运行都是有成本的，这种成本不可能由私人来承担，而是以财政为经济基础，须臾不能离开财政的支撑。公共风险导致了制度结构的产生，相关制度成本则可看作是防范公共风险的代价。财政承担最终风险是指在整个制度结构中，财政处于边际位置，是防范公共风险的最后一道防线，是最后兜底的制度，是公共风险的最终承担者。

财政风险是化解全球公共风险的手段

世界经济论坛发布的《2014 年全球风险报告》认为，2014 年关注度最高的前 10 大全球风险分别为：1. 核心经济体财政危机；2. 结构性高失业或就业不足；3. 水资源危机；4. 严重收入不均；5. 气候变化调整和适应失败；6. 更加严重的极端天气事件；7. 全球风险治理失败；

8.粮食危机；9.重大金融机制（制度）失败；10.重大政治和社会动荡。其中，主要经济体财政危机、结构性高失业或就业不足以及水资源危机成为全球三大最受关注的风险。全球性风险不仅相互关联，并且具有系统性影响。为了有效地管理全球性风险，适应风险带来的影响，需要付出更多努力来理解、测量和预见不同风险之间相关性的发展变化，提供为不确定环境设计的新概念，作为对传统风险管理工具的补充。每一项单独风险都有可能造成全球性危害，但由于这些风险密切相连，它们在相互作用下所产生的负面影响将更为凸显，并具有放大效应。未来 10 年，全球发展的最大风险是长期财政失衡和严重收入差距，最有可能对整个世界产生系统性冲击的全球性风险。在全球面临金融动荡和潜在粮食与水资源危机的背景下，这两大风险很可能触发民族主义、民粹主义和保护主义抬头，威胁全球经济增长。在一些发达国家，前途渺茫的年轻人口数量急剧增长，越来越多的退休人员依赖债台高筑的国家养老，贫富差距日益扩大，这些趋势有可能使全球化取得的进展功亏一篑。各国仍在沿袭的 20 世纪制定的政策、规范，无法再为当今世界的发展提供保障，次贷危机、欧债危机、资源枯竭和气候变化等问题暴露了现有措施的不足，社会抗风险能力更显脆弱。

全球公共风险最终表现为财政风险，化解的基本手段也是靠财力保障。从全球公共风险的现实来看，财政风险本身就是最大的全球公共风险，美国的财政断崖、以希腊为代表的欧债危机、长期缺乏公共财政投入而导致的非洲公共卫生危机等等，而财政本身的风险已经成为最大的全球公共风险。财政作为化解风险的最后手段，化解财政本身的风险也需要通过财政工具和财政政策来实施，而化解财政之外的其他公共风险更离不开财力的保障。

全球风险治理是必然性趋势

全球风险治理指的是国家或非国家行为体为解决各种全球问题而确立的自我实施制度或规则的总和，这些制度来自各利益攸关方之间协商与谈判后达成的共识，此共识就本质而言无非是各行为体权衡共同利益与冲突利益后的均衡解。虽然全球风险治理是人类合作的新模式，是时代发展的新要求，但是大国财政在全球风险制度架构中具有更加重要的作用。在基本价值选择方面，强调权利与义务的统一，共同责任基础上的价值认同；在政策选择方面，主要包括全球自由贸易、全球风险治理体制的建构、全球公共事务的承担等；其理想形态是建构民主、多元的全球风险治理。

从历史上看，全球风险治理经历了三大发展阶段：第一阶段是1945 年到 1975 年，即从联合国与布雷顿森林体系诞生到西方集体管理世界经济的七国集团（G7）成立。这一阶段尚不是严格意义的全球风险治理，而是国际治理，或可称其为"旧的全球风险治理"。第二阶段是 20 世纪 70 年代末中国改革开放到 2008 年美欧先后陷入金融危机。在此期间，全球化在中国实施开放、柏林墙倒塌、苏联解体、印度改革等事件中加速，同时世界历史上前所未有的金融危机、发展危机和生态危机爆发。旧的全球风险治理无法应对发生深刻复杂变化的全球局势，20 世纪 90 年代开始，联合国改革特别是安理会改革被提上议事日程，亚洲金融危机爆发后，国际金融组织也启动了改革进程。从 2008 年开始到现在是第三阶段。在西方爆发金融危机的背景下，"全球性问题全球解决"日益成为国际共识，新建立的国际制度全球进程越来越多。金砖国家建立的不断完善、多层次、宽领域的合作机制，已发展成为新兴市场国家在经济、金融和发展领域交流与对话的重要平台，成为维护世界和平稳定、带动全球经济增长、加强多边主义、促进国际关系民主化的重要力量。这一阶段的特点可以概括为：对旧有国际制度的改革、全球风险治理的转型以及尝试建立全新的全球风险治理方式。

加强全球风险治理的目标和核心是解决发展问题。发展是硬道理。当今世界财富增长速度加快，但南北差距日益扩大。南北发展失衡是全球发展最大的失衡，是实现人类全面发展和繁荣的最大障碍。长期以来，发达国家和发展中国家在资源占有、财富分配、发展机会方面的不均等，制约了世界经济的持久稳定增长。从根本上说，没有广大发展中国家的充分发展，就谈不上世界的真正发展；没有最不发达国家的脱贫致富，就谈不上世界的真正繁荣。如果 10 多亿人长期处于赤贫和饥饿状态，如果 40 多个国家处于最不发达状态，经济金融危机将难以根本化解，全球经济治理将难以为继，世界稳定与繁荣将不可持续。

三、大国财政的落脚点和出发点：防范化解全球公共风险

大国财政内涵

经济学基础总是在开篇提及经济学产生的原因，那就是资源稀缺性与欲望无限性。在全球经济一体化的背景下，资源的稀缺性表现得更为突出，在无限欲望驱使下，全球范围内对资源的争夺手段也可谓使出浑身解数。细数和平年代爆发的大大小小的局部战争，哪一次不是与石油资源的争夺有关？从对高端人才开放的移民计划、优才计划、绿色通道、永久居住等等百花齐放的人力资源吸引政策，到对本

国大宗商品、原材料等的进出口限制，全球各个经济体都坚定地走在吸纳资源为己发展的道路上。鉴于此，我们不得不将其与本国财政职能联系起来，以资源配置为重要职能之一的财政，是否只是局限于在国内发挥如此的作用呢？从资源稀缺性引发的思考到对财政职能的相关思考表明，财政职能的发挥范围当然不是仅限于国内的。如果对财政职能进行回顾，不难发现，资源配置、收入分配、经济发展、经济稳定等诸多职能中，若还原于全球经济一体化的大背景，我们并不难认识到，财政职能的全球化发展实质上突出表现在两个方面：一是以资源配置和收入分配两个职能发展而来的全球利益分配，二是以经济发展和经济稳定两个职能发展而来的全球风险治理。财政是以国家为主体，大国财政虽然具有这两个维度的特性，但却并不是世界财政，只是在一定程度上需要承担也应当承担全球范围内的财政职能。对大国财政的认识实质上可与货币类比，大国财政与美元不仅仅是本国的货币，而且还是世界货币。美国的财政虽然是以国家为主体的财政，有没有促进全球利益分配可以再去评论，但至少它在影响全球利益的分配，美国的海外军事基地驻军、外交、援助等都是要以财政为支撑的，要在全球发挥作用，一定要以财政为依托发挥作用。

　　财政、国家财政、公共财政、民生财政，乃至现代财政制度，其观察视角和界定范围都没有超出一国主权，都是对内而言的。然而，正如本书第一章所述，全球格局变化已导致全球风险加剧，利益分配随全球格局不断演变，中国经济综合实力上虽仍不及美国，但近年来在全球地位中已呈现明显提升，以大国财政参与全球风险治理的局势已刻不容缓。大国财政的内涵与外延都超出一国主权之界，是针对其作为全球性大国有效进行全球风险治理的基础和重要支柱而言的。鉴于此，大国财政的理论核心显然应考虑落在全球利益分配和全球风险治理两个基点上，由此引出的全景理论框架体现了基于"一枚硬币的两面"的平衡与统筹理念。

本书认为，大国财政的定义可以界定为：**大国财政是建立在大国实力基础上的，通过参与全球资源配置，承担全球风险治理责任，实现全球利益分配，进而化解全球公共风险，引领人类文明进程。财政的本质是以国家为主体的分配关系，大国财政的本质是以大国为主体的全球利益分配关系。国家财政的职能是资源配置、收入分配、经济稳定和经济发展，大国财政的职能相应是全球资源配置、全球利益分配、承担全球风险治理责任和化解全球公共风险，这四个方面既是大国财政的核心内涵，也是大国财政的基本定位。**

大国财政的特征

大国财政的主要特征有主导性、示范性和外溢性。

主导性是大国财政的首要特征。大国财政的主导性主要表现在以下几个方面：第一，大国财政能够主导全球范围内的资源配置，土地、劳动力、资本、制度和技术等要素组成的资源总体，其配置实际上受到大国经济的影响，而实质上受到大国财政的主导。第二，大国财政能够主导全球范围内的收入分配，其强有力的特征能够通过货币、税基等来实现全球范围内收入分配的主导权，这种主导权一方面能够在一定程度上为本国利益服务，另一方面也意味着作为大国财政的一方有为全球利益服务的义务。第三，大国财政主导全球范围内的经济稳定。以美国为首的大国财政，因2008年的次贷危机而引发了全球金融海啸，后又陆续出台了经济救援计划从而稳定了本国经济，并在一定程度上稳定了全球经济。第四，大国财政主导全球范围内的经济发展。一国的财政政策往往较之货币政策更具有结构性调整的优势，美国是全球范围内大国财政的代表，美国同时也是全球范围内先进技术水平的代表，以美国财政管理活动为核心的科技创新相关政策实际上促进了先进技术的发明，而这种技术水平的提升对人类经济社会发展而言是普惠的。

外溢性是大国财政的典型特征。从外溢性的一般意义来看，一国的活动可通过国际市场以外的渠道影响到另一国的福利。国际外部效应的存在会使得某个国家的一项活动所产生的一部分成本或效益会转归另一个国家，这种外部成本或外部效益的存在，使得按照等价原则交换的市场机制无法解决国家间资源的有效配置，客观上要求有关国家进行合作，以解决这种市场失灵问题。在一个相互依存的世界中，一国政策调整的部分效益和成本将扩散到其他国家中去。外溢性具有三方面特征：一是其作用力是柔和、渐进而又不可抗拒的；二是其对外界的影响之优劣，取决于溢出物质本身的特性和外界对其适应和接纳程度；三是这种力量是内生的，而不是外来的，具有鲜明的自主性，外界可以应对而不可以改变它。中国经济增长加速了全球技术进步和促进了全球经济稳定。随着中国不断融入全球经济，中国经济与全球经济的联系也日趋紧密。中国经济的发展为全球其他国家和地区的发展提供了巨大的发展机会。中国经济的快速增长为全球发展提供了广阔的市场，中国的发展促进了全球分工深化和技术进步，中国的稳定发展有利于全球控制通胀和稳定经济增长。另外，金融危机爆发之后全球经济复苏过程更是说明了中国对全球经济稳定的重要作用。① 由此可见，中国已经逐步成为拉动世界经济、促进共同发展的重要力量，是推进人类正义与进步事业的健康力量，是促进国际合

---

① 何建武：《中国成为全球经济增量最大贡献者》，《中国经济时报》2014 年 12 月 2 日。

作、应对全球挑战、捍卫全人类共同利益的积极力量。而中国的大国财政，也正在逐步表现出独特的外溢性特征，这主要是通过中国作为新兴崛起的大国在国际上发挥的不可替代的积极作用显现的。

大国财政的示范性建立在大国道路或大国模式的示范性基础上，并成为大国道路或大国模式的骨干内容和重要组成部分。成为大国财政的财政制度不仅仅是在全球范围内颇具主导性、颇具影响力的制度，而且是在全球范围内更具先进性的制度，这种先进性表现在大国财政运行效率、辐射范围、管理水平、透明化程度、精细化程度等等多重方面。大国财政的这种示范性与大国经济、大国发展道路、大国经济发展模式密不可分，只有大国经济发展到一定水平，且无论是引领全球经济、主导全球经济还是赶超型经济，大国经济地位奠定后，大国财政都要相应地发挥示范性作用，是全球经济体学习的标杆。

大国财政的功能

支撑全球公共事务和国际援助与再分配是其存在的基本表现，前者涉及各参与国或国际组织联合费用分担的模式，后者则更多地具有政府转移支出的性质或类似于政府间转移支付制度的意义。当全球公共事务中参与国少数的情况下，费用分担可通过自愿协商的办法来解决。但当参与国较多的情况下，由于"免费搭车者"行为的影响，必须依靠某种强制的办法，利用某种类似于国家财政中税收的形式，依据支付能力原则或受益原则来解决。作为国际经济合作的一种重要方式，国际援助的主要作用是借以提高低收入国家的经济增长率，促进低收入国家的经济发展，从而缩小国际间收入分配的差距。目前，除欧盟法中的国家援助为区域性的国家援助制度提供了基本法律框架外，国际援助特有的规律和运行规则总体上与作为国际区域财政支出形式的内容和要求是不相适应的。因此，必须着力构建一个能有效协调国际区域财政关系的经常化、制度化的国际援助制度。

在国际经济领域里，财政的收入分配职能已超越国界，国家间的转移支付也势必成为改善国民收入分配状况的一个重要手段。从作为发展中国家的中国来看，通过国际经济交往以促进本国的经济发展而间接地改善本国的国民收入分配状况或设法取得国外的双边或多边无偿援助与优惠贷款以直接改善本国的收入状况，都将成为财政的收入分配职能在国际经济交往中的存在形态。然而，由于援助国对自身利益的考虑以及这种援助的自愿性，援助国不可避免地会受到"免费乘车者"行为的约束而使得这种建立在自愿基础上的援助远远满足不了国民收入再分配对这种国际再分配的要求，它至多只能扮演一个"慈善救济者"的角色，显然，这种慈善救济对国民收入再分配的贡献是微乎其微的。

大国财政主导全球资源配置

主导全球资源配置的能力是区分大国财政与国家财政的重要标志。大国财政通过支撑全球公共事务的方式，尤其是以制定国际规则、国际规范、国际标准等形式作为控制全球资源的必要手段。全球公共事务可分为三类：一是基本公共事务，具体包括和平与安全、冲突、金融稳定、额外财政支持、经济稳定、防止全球经济衰退、创造可持续发展的环境、传染性疾病防控、基础教育与消除贫困等。二是扩展性公共事务，具体包括国际交通运输系统规范与标准、尊重人权与国家主权、多边贸易协定、语言的融合、生活方式及其他社会标准规则的协调等。三是特殊公共事务，具体包括臭氧层保护、减少消耗臭氧物质释放量、大气净化、减少二氧化碳排放量、公海等。

早在 1966 年，奥尔森和扎克豪泽就在《联盟的经济理论》一书中证实，在国际合作中，大国和小国为全球公共事务所承担的费用份额是不同的，大国实际承担费用的份额远高于其按经济实力等所承担的份额。这表明，不同国家在全球公共事务中的作用是不同的，并非完全按照各国的经济实力等来承担全球公共事务的责任。第一，大国是全球规则的制定者和执行者。从人口数量、经济总量、人均可支配收入、军事实力等方面，各国情况完全不同。像美国那样的超级大国与某个非洲或拉美的小国相比，在全球规则的制定和执行中所起的作用截然不同。在国际规则的制定中，并非总是按照"一国一票"的规则进行，大国虽然并非占有总票数的半数以上，但是实际上拥有"否决权"。这种"否决权"使得国际规则只能够按照大国的意志通过。在国际规则的执行中，大国常常充当着"世界警察"的角色，通过经济制裁或者其他手段，迫使他人遵守自己制定的国际规则。第二，大国为获得对其他国家的控制，而必须给其他国家以激励。大国控制其他国家有两种途径：一是强制，二是收买。在各国主权意识越来越强的背景下，大国通过暴力手段控制其他国家受到越来越多的限制，通过收买让其他国家主动接受其控制成为经常的手段。收买他国的一种最合理合法的形式，就是为其提供资金支持，如国际援助等。有许多研究表明，发达国家对落后国家的扶贫，不但没有解决贫穷落后问题反而使其加剧，但扶贫倒是获得了这些国家的掌权者、特权阶层等对发达国家的支持。这至少表明，大国为获得对其他国家的控制，承担全球公共事务的更多费用是其理性的选择。

在题为《联盟的经济理论》的论文中，奥尔森从"公共产品"供给的视角分析了美国在二战后不计成本筹划国际新秩序的原因，并于 1971 年在《增进国际合作的激励》一文中正式提出了"国际公共产品"的概念。顺着奥尔森的思路，查尔斯·金德尔伯格和罗伯特·吉尔平等人发展出"霸权稳定论"的观点，金德尔伯格在其著作《1929—1939年世界经济萧条》中提出，国际经济体系的稳定运转需要某个国家承担"公共产品"；吉尔平则围绕"国际公共产品"的供给提出"霸权稳定论"的两个中心命题：一是世界政治中的秩序是由一个主导国家创立的，二是国际秩序的维持需要霸权国家的持续存在。全面系统地对全球化时代"国际公共产品"进行研究阐述的当属英吉·考尔。在联合国开发计划署的支持下，考尔先后主编了《全球公共产品：21世纪的国际合作》和《全球化之道——全球公共产品的提供与管理》两本著作，从全球层面对"国际公共产品"进行了比较系统的分析，包括全球"公共产品"的定义、供给机制以及收益分配等方面。"公共产品"研究的一个核心问题是"公共产品"的供给，由于"公共产品"的消费具有非竞争性和非排他性的特点，行为体往往倾向于做一个"搭便车者"而非供给者，因此，"公共产品"往往面临着供给不足的窘境，也就是"集体行动的困境"。对此研究的集大成者曼瑟尔·奥尔森于1965年完成著作《集体行动的逻辑》，他提出的重要论断是："除非一个集团人数很少，或者除非存在强制或其他某些特殊手段以使个人按照他们的共同利益行事，有理性的、寻求自我利益的个人不会采取行动以实现他们共同的或集团的利益"，这就从理论上回答了大国在"全球公共产品"提供中的主体责任。在历史上，许多霸权国家充当了"国际公共产品"的提供者。例如19世纪后期和20世纪初期的英国、20世纪40—60年代的美国，都曾经供给了大量的"全球公共产品"。它们发挥着类似世界政府的作用。它们之所以能够充当"全球公共产品"的提供者，主要是因为：一是它们从"公共产品"提供中获得的利益份额较大。"公共产品"具有非中性，每个消费者能够从中获得的收益存在很大差别。如果一个国家能够从"公共产品"供给中获得的收益大于单独提供时所花费的成本，即使其他国家都搭便车，它也会提供。二是霸权国家可以通过威逼利诱促使其他国家提供。一方面，霸权国家可以监督、强迫其他国家参与"公共产品"的供给，毕竟世界上的国家数量有限；另一方面，霸权国家可以通过许诺给相关国家好处而诱使其提供。三是霸权国家通过供给"公共产品"实现对其他国家的控制，从而在世界范围内攫取资源。约瑟夫·奈在划分美国国家利益时，认为"全球公共产品"是重要的国家利益，包括重要地区的均势、促进开放的国际经济、保护国际公共领域（如公海自由等）、维持国际规则与制度、经济发展援助、联盟的召集人与分歧的调停人等。并且，他还认为美国的大战略首先必须确保美国的生存，其次是必须集中于提供"全球公共产品"。因为，美国能够从这种战略中获得的是双重收益：从"全球公共产品"本身获得利益；另外，美国的实力也由于积极参与提供"全球公共产品"，其霸权国家的合法性地位也获得承认。

在全球化的过程中，全球公共事务呈现出一种不断增长的趋势。最近二十多年来全球公共事务的增速达到了前所未有的高度，这表现在诸多方面：某些领域的全球性的公共安全机制及某些领域的全球性的经济安全机制的初步构架；某些领域的全球性的环境保护制度的初步建立；国际公共基础设施（国际铁路、国际公路、国际海洋运输服务设施、国际航空运输服务设施等）的发展；区域性经济合作制度、区域性政治合作制度、区域性安全合作制度的建立和发展等等都反映了全球公共事务增长的趋势。一个国家承担全球公共事务责任大小除了受到诸如国家实力和激励机制推动等综合因素的作用外，还和国家对现存国际体系和国际秩序的认知程度以及对自身国际角色的认知程度相关，而这两个维度都与国际定位相关。中国在承担全球公共事务责任方面表现出增幅大、总量小、负担率低，是和中国的国际地位有关的。改革开放后，中国开始融入国际体系和国际秩序，借助对自由贸易体系的参与实现自身国家实力的飞速发展，借助对主权原则的支持为自身发展创造稳定的外部环境，逐步成为现有体系和秩序的认同、参与和改革者。但由于现有国际体系和国际秩序的现实仍然是西方主导，所以中国对这一体系和秩序尚有所保留：一方面认可自身是现有体系和秩序的受益者，另一方面不满于现有体系和秩序中的诸多不公正现象，这种不公正主要反映在西方国家在收益分配和规则制定中的强势地位。

是否以及如何承担全球公共事务的责任决定了全球化对人类而言究竟是一次机遇还是一种威胁。一个迅速崛起且独具特质的中国，在对待全球公共事务上的外交选择势必会对国际秩序的走向和全球风险治理的实现造成深远影响。中国在全球公共事务问题上正处于一种过渡状态，即由一个主要受到外部激励机制推动的，在主要关涉到自身生存发展的问题领域内有选择供给的"聪明的搭便车者"，向更积极主动的，在关涉整个国际社会可持续发展的问题上能够引领潮流的负责任大国转变。

在应对全球化、推动国际秩序转型的过程中，除了物质层面和制度层面的支撑以外，理念、价值和文化等无形的全球公共事务也是衡量行为体国际贡献的重要方面。国际秩序转型不仅体现为权力与利益的再分配以及国际机制的调整与改革，更体现为新的规范与理念得到更多的倡导、认同，从而在根本上塑造着一种区别于传统国际政治理念的新理念，并以此来塑造新的国际秩序。在历史上，中国曾经在理念上为区域国际秩序做出过重要贡献，在全球化的今天，以"和谐世界"为代表的新理念的提出以及不断发展和完善，也是观察中国不断转变自身国际定位、努力承担规范与价值性全球公共事务责任、推动国际秩序转型的重要方面。世界经济发展的新特点对全球利益分配会产生不容低估的影响。知识经济时代的全球利益格局，就国别和地区来看，由于拥有知识资源的初始条件和追加知识投入及其他相关情况迥异，利益分配不平衡态势将继续存在。各国或地区初始条件不同，经济中存量部分积累了多少知识资源及这一核心要素在经济生活中的渗透、作用程度，已积累知识存量的规模、结构、开发、利用、更新和生产力化的程度及状况，尤其是人力资本状况，决定了该经济体在世界经济舞台上的起始力量及可能获得的经济利益。

根据索罗模型，如果技术进步被视为"公共产品"并为所有国家，包括穷国和富国在内的国家自由获取，那么各国人均收入增长率的巨大差异就不会长期存在。拥有知识资源绝对优势发达国家兼具先行者优势、核心知识要素的垄断者和知识经济时代的赢家。在知识资源成为国际竞争力核心资源的现实背景下，由于拥有知识经济存在外部性，对知识资源的控制能够获取超额收益，拥有知识资源优势的发达国家自然成为全球利益分配的赢家，获得更多的财富。正如世界银行报告所言，"创造知识的成本较高，绝大多数知识都是由工业国创造出来的"，"在新产品和新工序的开发上，工业国走在前面。世界上80%的研究与开发以及类似比例的科学出版物来自工业化程度较高的国家"。

智力流失给发展中国家的财政收入带来较大影响，一方面人才的流失会减少税收收入的税基，另一方面高等人才往往是国家征税税率最高的对象，因此国家财政税收会随着高等人才的流失而流失。智力流失除了对个人所得税会产生直接的影响，还有会对其他种类的税收产生间接的影响。高素质人才的流失使得直接税更难征收，政府更加依赖于间接税。智力流失意味着发展中国家的人才在接受纳税人的资助完成高等教育之后离开自己的国家，一方面没有把积累在自己身上的知识回馈给本国，造福本国人民；另一方面也意味着没有对本国履行纳税的义务以资助下一代的教育。由于智力的流失带走了很大一部分的政府财政收入，政府将缺乏足够教育更多的公民的资金；更为严重的是，因为对教育的投资随着智力流失而化为乌有，政府和纳税人将会越来越缺乏投资教育的激励，从而越来越弱化一个国家的教育体系。

"霸权稳定论"认为，在没有世界政府的状态下，霸权国家通过建立霸权体系并制定该体系的基本原则、规则、规范和决策程序，并且为了维持该体系，它愿意向体系内的其他国家提供"公共产品"，容忍"搭便车"行为。霸权国家的实力与威望是其他国家接受其提供公共产品的重要前提，同时它利用其建立的霸权体系，最大限度地获取自己的利益。但是，霸权国家往往将"全球公共产品""私物化"，即霸权国家把原本应该服务于国际社会的"全球公共产品"变为本国从国际社会谋取私利的工具。实际上，更多的全球公共事务需要各国的集体行动，主权国家集体合作承担全球公共事务的责任是毋庸置疑的。但是，在享受全球公共利益带来好处的过程中各国政府的地位是不平等的，经济强国处于主导地位，弱国处于从属地位。强国可以根据自己的利益偏好，对自己最关切或利益攸关的问题，通过自己设定的规则程序，优先给予解决；而对弱国所关切的问题，则往往由于种种理由不能得到及时的解决。

四、大国财政主导下的全球风险分配

现实的描述

从现状来看，以美国为代表的发达国家正在主导全球风险分配。从全球金融分工主导的资本循环来看，以美国为主导的发达国家是全球金融资源的配置者，它们占据了全球金融分工体系的主导地位。一方面美国等国利用处于金融分工链中高端的优势，试图通过国际资本流动，对世界各国在"生产、消费、投资"运行环节中的比较优势进行了重组；另一方面又利用金融制度和金融资本不断向以中国为代表的发展中国家转移，而由贸易盈余所形成的储备资产又通过资本流动输往美国。这种国际金融分工格局带来的最大影响是资本在全球配置中流动失衡，中国等国在全球金融分工体系中越来越处于不利地位，而美元资本则凭借其作为国际货币在国际贸易定价结算、金融资产定价、交易和投资，以及作为储备货币等方面的优势地位，达到了全球金融格局的主导性调整。

未来的趋势

新兴市场国家现不只是贸易国，它们还是建设国、贷款国、投资国，甚至成为某些领域的增长引擎。新兴市场现不只是资本的接收者，而且也是资本的来源地。资本集中之地就会形成金融市场，越来越多的新兴市场国家开始购买亚洲、美国和欧洲公司的股份。这些购买活动已经开始扰动整个地区的布局：中国、日本和韩国的资金在亚洲四处流动，海峡国家的银行在向印度注入资金，而印度企业也在到处探寻海外发展机会。新兴国家的崛起，不仅正在改变全球政治经济权力格局，也对美国主导的全球治理体系提出了挑战。以金砖国家为代表的发展中经济体实力的增强使得其参与全球经济治理的意愿和能力同步增强，成为决定全球治理新架构的重要"撬动性"因素。金砖国家在金融危机时刻"逆流而上"，不仅推动二十国集团成为世界经济新掌门，更让五国多边合作机制得到空前加强。有西方舆论担忧，它会成为发展中大国版的"八国集团"，带来世界格局的"改朝换代"。

对于中国经济发展，世界银行有一个经典的评论：在人类的历史上，还从来没有一个国家，在持续这么长的时间里，经历过如此快速的增长。根据购买力平价（PPP）计算，2014 年中国占全球 GDP 比例为 16.32%，已经超过了美国的 16.14%。而此前国际货币基金组织的报告也显示，以购买力平价计算，美国 2014 年经济规模为 17.4 万亿美元，而中国则达到了 17.6 万亿美元。按照 IMF 的最新估计，中国在 2019 年的 PPP 经济规模将是美国的 1.2 倍。国际体系转型的加速与加剧，把中国推向国际舞台的中心，因为无论是在发展中五国、金砖四国还是在二十国集团中的新兴市场群体中，中国在经济实力和国际影响力方面都居于首位。而在应对近年来国际金融危机的过程中，中国举足轻重的地位与作用更是举世公认。中国崛起是迅速的、超常的发展，既告别过去的自我也超出正常发展的他者。2008 年国际金融危机以来，中国的大国地位更是得到了西方的认可与强化。随着以中国为代表的新兴国家的整体性崛起，自 1648 年《威斯特伐利亚条约》签订至今 360 多年来的旧格局逐步被打破，国际格局进入破旧立新的特殊阶段。中国日益成为维护世界和平与发展的重要力量，国际舞台上的"中国声音"日渐增大，当今任何重大全球性问题缺少中国的参与将难以得到根本解决。

力量增强不仅仅表现在经济方面，中国现阶段也正在走向大国财政，这意味着以中国为代表的新兴经济体将会打破西方大国财政主导风险分配的格局。随着中国经济的崛起和国际影响力的增大，中国既要有大国的国际责任感，又要尽可能地实现国家利益的最大化。处理好国家利益与各国共同利益的关系，维护本国利益与各国共同利益，不仅是国际社会和各国利益的诉求，也是中国国家利益的所在。

全球风险分配的另一面：全球利益分配

利益和风险之间存在着辩证关系：一方面，利益与风险其实是一枚硬币的两面，而并非割裂。利益分配的背面就是风险的分配，在全球范围内，谁在利益分配中占有更多优势，则势必拥有更强的风险承载能力；另一方面，利益分配的极度不公势必将导致世界范围内穷国数量的增多和程度的加深，而穷国所引发的风险必不可能仅仅停留在本国范围内，这些各个方面的潜在风险将随全球化不断蔓延。比如埃博拉病毒可能来源于非洲等极度落后的国家，但它却已然成为一个全球范围内需要共同防范的风险之一。当然，利益分配的不合理也会导致风险的发生，比如植根于全球两极分化的极端恐怖主义，其所造成的风险显然具有全球性，并且其目标多侧重于发达国家，或者说，是在全球利益分配中颇具优势的经济体。

通常情况下，我们都选择站在某一经济体内部认识财政问题，而大国财政概念的提出，则要求我们必须突破这一惯有的思维定式。实际上，在经济全球化背景下，某一经济体的财政与全球利益分配格局息息相关，而大国财政更是这其中的主导力量。按照逻辑发展，本书尝试将这种已然存在于全球经济社会发展实践中的典型关系梳理为以下三个层面。

首先，全球化视角下，某一经济体的财政是影响其参与全球利益分配的。经济史的相关研究早就告诉我们，自两次工业革命爆发以来，全球经济已经突破区域界限，呈现出一体化的发展趋势，全球利益则在这一大盘中形成并流动。某一经济体的财政至少沿着三条路径影响着该经济体参与全球利益分配：第一，以作为技术研发、技术追赶的支持因素，提升经济体在全球经济格局中的分工级次，来提升某一经济体在全球利益分配中的份额；第二，以作为优化治理结构、提升治理能力的支持因素，降低经济体在经济制度运转中的成本，切实减少经济发展中（无论哪个方面）的"挤出"，以此增加某一经济体的总体效率来提升某一经济体在全球利益分配中的份额；第三，以作为控制资源、大宗商品、资本项目等的主导因素以及货币的重要影响因素，改变某一经济体在全球产品市场、要素市场、资本市场中的角色，以此来改变某一经济体在全球利益分配中的地位。当然，我们所分析的这三点，是建立在和平发展战略的基础上，否则，财政当然还具有以作为军事、国防等的支持力量，直接通过掠夺甚至是战争来直接影响某一经济体在全球利益分配中的角色。

其次，全球化视角下，大国财政是能够影响甚至是主导全球利益分配的。在以上阐述的三个层次基础上，若某一经济体在全球范围内具有较大影响力，那么从规范分析视角看来，基于其经济基础之上的大国财政势必表现出能够影响甚至是主导全球利益分配的特点，从某一经济体的视角看世界，这一点突出表现在两个方面：第一，大国财政能够通过话语权为经济体在资源分配中争取更多份额；第二，大国财政能够在对话中的主导权为经济体在全球贸易中争取更高的地位。

再次，全球化视角下，大国财政影响或主导全球利益分配的局势下，本国利益与全球利益往往是存在冲突的，这一点决定着具有相对影响力或主导作用的经济体，其对全球利益分配的态度。经济全球化带来了人口全球流动、资本全球化、交易全球化，也带来了税基全球化，随之而来的还有全球效率与公平的一系列问题。就全球经济运转现状看来，协调这些问题的主要是国际组织。鉴于此，从世界的角度看某一经济体，不难发现大国财政一方面担负着解决这些问题的责任，另一方面也面临着在解决这些问题过程中权衡本国利益与全球利益的挑战。如果从实际出发，就会发现，现阶段大国财政主导下的问题协调并未实现"一碗水端平"——国际组织的主导势力大多是美国及其盟国，利益倾斜方向不言自明。全球没有民族、不谈同盟、更不论联邦，实质是靠国家实力说话，而国家利益一旦全球化以后，以国际事务为主要内容的公共服务问题随之转向全球化。在本国利益与全球利益存在冲突的前提下，当时期作为全球经济主导力量大国财政在全球利益分配中的立场，直接决定着全球利益分配的结果。

大国财政的风险再分配职能

大国财政主导全球风险分配是一个不可改变的态势，其关系到风险全球化的变化趋势以及全球公共风险的变化，关键问题是由谁来主导，遵循什么原则。主导全球风险分配，需要平衡本国公共风险与全球公共风险。只考虑本国，很可能扩大全球公共风险最终危及自身。这需要担当精神。1998 年我国坚持人民币不贬值，抑制了东南亚金融危机的进一步扩大，控制了全球公共风险的扩散，避免了更大的危机。这是通过积极财政政策来支撑的。

全球风险问题的缓解在于全球公共事务责任的承担，而与其相关的利益在享用上的非排他性又鼓励所有潜在行为体逃避责任或成为搭便车者。因此，全球问题、全球公共事务、全球集体行动构成全球风险治理的三大支柱。可以说，全球问题的产生与解决，源自全球集体行动形成后创造的全球公共利益。进而言之，在整个逻辑结构中，集体行动处于核心地位，扮演着全球风险治理的创造者和维护者角色，对全球问题的识别、评判和成本分摊也在集体行动形成过程中完成。然而，鉴于全球问题形形色色，亦鉴于特定全球问题对不同行为体的利益攸关程度相差甚远，也鉴于各行为体综合规模或谈判能力迥然不同，还鉴于各行为体内部权力结构及决策机制各有特点，故全球风险治理形式千姿百态，参与者复杂多样，功效参差不齐，空白或不足随处可见，达成普遍共识并形成集体行动困难重重。

奥尔森在《集体行动的逻辑》中颇具见地地给出了上述难题的答案：共同利益只是形成集体行动的必要条件而非充分条件，而形成集体行动的充分条件则在于行为体数量较少且存在所谓"选择性激励"。这里，选择性激励包含相互关联的两层意思：一是行动体参与集体行动可获得比不参与更高的预期收益，二是行为体不参与集体行动将面临更高的机会成本。从相当意义上讲，人数少这一条件的实际功能主要体现在强化选择性激励上面。人数少时每个人从集体行动的产出中得到的份额就大，人数少时每人对集体行动产品所做贡献更容易被识别从而减少搭便车行为，人数少时达成共识和最终形成集体行动的交易成本也更低。由于形成全球集体行动极其困难，特别是由于世界本质上是一个垄断竞争市场，故绝大多数集体行动属于小集团性质。一旦受到特定选择性激励驱动而形成的狭隘利益集团取得支配地位，那么由此产生的全球风险治理便会是非中性的或偏袒性的，他们甚至不惜牺牲大多数行为体的利益来增进自身利益。因此，大国主导全球风险治理既是历史事实，也存在一定理论基础的支撑。

　　作为一个发展中国家和新兴大国，中国是全球风险治理的倡导者、实践者和推进者。进入 21 世纪，中国积极参与全球风险治理，提出新安全观、新文明观和新发展观，以及建设和谐世界与和谐亚洲的理念。2008 年国际金融危机爆发以来，中国积极应对危机挑战，全面参与二十国集团有关全球风险治理的讨论，与主要国家加强宏观经济政策协调，向国际货币基金组织增资，为其他发展中国家提供力所能及的援助，积极参与多哈回合谈判，推进区域经济一体化建设，为推进全球风险治理作出了自己的贡献。国际金融与经济危机发生后，中国加速进行经济结构调整和发展方式转变，进一步拉动内需、减轻外贸依存度，经济发展的内生动力大大增强。这让中国经济抵抗国际金融与经济危机的能力进一步加强，在全球风险治理中拥有更大的发言权和影响力。

　　中国深度参与"全球风险治理"，有利于国际新秩序向公平合理的方向调整。在国际政治领域，是坚持联合国宪章的基本原则，还是任由解释宽泛的"保护责任"大行其道；在国际经济领域，是通过治理发展的不平衡来改变世界经济的不平衡，还是以汇率和逆顺差为要素来建立强制性指标体系；在国际文化领域，是主张文化多元、文明多样，还是仅按一种文化一套价值观把世界各国分为三六九等，这不仅决定中国的未来，也决定了人类社会的未来。因此，作为崛起中的大国，中国应该在全球风险治理中但当起大国应有的责任。

主要参考文献：

1.Josep S.Nye, Jr, "The American Nationnal Interest and Global Goods", *International Affairs*, Vol.78.No.2, April 2002, pp.233–244.

2.Romer, Paul M.（1994）："The Origins of Endogenous Growth", *Journal of*

Economic Perspectives, 8winter.

3. 世界银行：《知识与发展——1998/99 年世界发展报告》，蔡秋生等译，中国财政经济出版社 1999 年版。

4. 张宇燕：《全球风险治理：共同利益与冲突利益的权衡》，http://m.thepaper. cn/newsDetail_forward_1335326。

5. 庞中英、王瑞平：《全球风险治理：中国的战略应对》，《国际问题研究》2013 年第 7 期。

第三章
从大国经济走向大国财政

　　中国经济从总量上来看已经是大国经济，但从人均数量很低，排位在世界 80 名以后，这种突出的大而不强特征在全球经济发展史上是十分罕见的，英国、日本等发达国家都曾在经济发展的过程中坐上过世界总量第二的交椅，但这些国家那时的人均水平在世界排序中也是名列前茅。实际上，这种悖论表现还不仅仅停留于经济总量层面，财政总量也是如此。中国经济的总量虽然暂时处于世界第二的位置，但是若没有大国财政的支撑，这种经济增长最终是否能够实现腾飞，还是未知之数。

一、认识大国经济

"大国"的界定

　　经济视角下的"大国"并不同于普通的大国内涵，其突出表现在对"大国"的界定更加具体，基于学界目前的研究成果，其内涵主要沿着两条线索展开思考。如果对这一概念进行历史溯源，"大国"一词最早于拿破仑战争结束后的 1815 年维也纳会议公开使用，核心的五大国家建立了"欧洲协调"体制，即所说的"大国协商"，可说是现代大国观念的滥觞。从严格意义上来讲，"大国"这一概念其实并非经济学界专用，也非学术界专用，其使用范围非常宽泛。学界对"大国"的相关讨论并不多，而一般"国家"的概念可以更加侧重于政治学的研究范畴，不能为"大国经济"研究奠定基础，本书所侧重研究的"大国"应更加侧重于经济领域。

从现阶段已有的研究成果来看，对"大国"概念的探讨和认识一方面将关注重点放在量化指标上，另一方面将关注重点放在经济发展上。基于量化指标理解和认识"大国"概念的观点，更多带有比较的性质，认为若从全世界范围内进行观察，总是有相对而言的大国与小国，如：库兹涅茨的《各国的经济增长》和钱纳里的《发展的格局：1950—1970》都将人口总量作为判定大国的唯一指标；在此基础上的进一步发展认识中，童有好认为大国是指地域辽阔、资源丰富、人口众多、国内市场巨大、工业部门体系齐全、总经济规模较大，对世界经济有相当影响力的国家；张李节将国土面积超过 100 万平方公里、人口超过 1 个亿的国家称为大国；焦兴旺认为应综合考虑人口、国土、收入三个标准，并按照总量、政治影响力、科技、产品等一些因素来定义大国。这些都是利用量化指标比较分析的方法，将若干个单项指标按照相关需求进行组合，在综合考虑的基础上形成对"大国"的描述性认识。

试图通过经济发展来认识"大国"概念的学者，实际上越来越重视大国在国际上的影响力。张培刚认为"发展中的大国"既包括自然地理特征，又包括社会经济特征；郑捷认为"大国"应是某种"国际市场"中"价格"的一个制定者，而不是"价格"的一个被动接受者的国家；欧阳峣认为"大国"是世界范围内同时具有幅员广阔、人口众多、国内市场巨大、资源总量丰富条件，并能够成为国际市场上某些产品价格制定者的享有主权利益的国家。

"大国"的概念是被广泛应用的，其概念本身并不带有任何特殊属性，但如上所述，对"大国"的判定已越来越注重经济影响力层面。本书认同"大国"应当同时具有幅员广阔、人口众多、国内市场巨大、资源总量丰富等条件，若基于对"大国经济"的进一步界定来认识"大国"的概念，那么还应当再加上一条，那就是在经济方面具有全球影响力。

综上所述，所谓"大国"，就是指幅员辽阔、人口众多、国内市场巨大、资源总量丰富，并在经济方面具有全球影响力的国家。

"大国经济"的界定

学界不仅对"大国"这一概念有过热议，对"大国经济"这一概念也进行过反复讨论，其中得到较多认可的概念由童有好在2001年提出，认为大国经济有两层含义：一是大国的经济，二是经济的大国。大国的经济是指人口众多、地域辽阔、资源丰富、国内市场大、GDP总量较高而人均GDP水平较低的发展中大国，如巴西、俄罗斯、印度、中国等，而经济的大国则主要指经济总规模较大、对世界经济影响力较大的经济发达国家，如美国、日本、德国、英国、法国、意大利、加拿大等。实际上，自1978年中共十一届三中全会以来，学界就已经开始明确提出"经济大国"的概念，这实际上是与当时从计划经济开始向市场经济转轨的时代背景紧密联系的，是与"以经济建设为中心"这个基本方针强烈呼应的，其所强调的点并不在于"大国"，而是"经济"。这一点，从"经济大国"这一概念在学界继续开展的研究中也得以印证，即从"经济大国"的研究逐步发展为"经济强国"

的研究。然而，本书所强调的"大国经济"，显然已经超越对"经济"这一道路的思考阶段，注重的是"数量"和"质量"的影响力下经济体的发展问题。

大国经济的内涵应当牢牢抓住"影响力"这一核心要素，这种影响表现在两个层面，其一是数量，其二是质量。从数量的角度来讲，大国经济强调的是规模经济，这里讲的"规模经济"不是经济活动中的形式概念，这是站在世界经济体系中，这个规模经济产生的影响力，大的经济体所带来的世界经济对世界市场带来的影响，规模越大影响力就越大。从质量的角度来讲，就是人均收入，人均收入高就毫无疑问是强，但人均收入很高就是大国吗？但是大国是必须有人均收入很高这一条。值得注意的是，这是一个必要非充分条件。现阶段对"大国经济"概念的思考应当强调经济发展的动态特征，特别要侧重"成为大国经济"的路径探讨，这就势必要求：一方面，对这一概念内涵的理解要囊括数量和质量的统一；另一方面，充分认识到这是一个全球范围内的相对概念。在此认识框架下，中国作为大国经济，可以按照现有的数据进行计算，得到一个经济发展的水平，并可以按照预期到达的高收入阶段经济发展水平进行模拟，必将更加有助于本书认清楚现在的状态。

因此，尽管将"大国经济"的概念拆分为"大国的经济"和"经济的大国"两个层次比较容易形成论述，但是本书认为这种拆分实际上并不利于总体把握"大国经济"的内涵。基于经济视角下对"大国"内涵的界定，本书认为幅员辽阔、人口众多、国内市场巨大、资源总量丰富等概念都偏于更加基础的层面，是大国所应具备的基本条件，而"影响力"才应是一个核心要素。基于此，本书认为，应当从数量和质量两个层面界定"大国经济"：一方面，从数量的角度来讲，大国经济强调的是经济体在世界经济总量中是重量级选手，且这种大体量的经济能够对世界经济产生较大的影响力。当然，这种"量"的方面的影响力可以有许多表现形式，比如：可以影响世界经济的走势，可以推动世界经济的增长，可以引领世界经济的潮流，等等。此外，"量"的方面还不应仅停留在总量层面的思考，还应包括人均层面的思考，即在世界经济体系中具有较高的人均排名。另一方面，从质量的角度来讲，大国经济强调的是经济体在世界产品市场中是主导型选手，且这种主导能够对世界经济产生较大的影响力。与"量"的方面类似，这种"质"的方面的影响力也可以有许多表现形式，比如：能够在世界范围内占据很大的市场份额，能够影响世界产品市场的供求结构，能够引领世界先进技术，等等。从发展经济学视角来看，中国现阶段正处于中等收入发展阶段。因此，本书对"大国经济"内涵的界定应注重经济体不断发展这一动态特征，即纳入如何成为"大国经济"的思考。如上所述，按照以"影响力"为核心、基于"量"和"质"两个基点界定的"大国经济"内涵，成为大国经济，就意味着要在世界经济体系中成为数量和质量两方面均具有影响力的经济体。

"大国经济"的特征体系

就目前来看，学界对"大国经济"特征的研究多以描述性方法为主，有些描述将侧重点放在规模指标上，有些描述将侧重点放在影响力上，有些描述则侧重于发展特征，等等。总结来看，一大批学者强调的"大国经济"特征主要可归纳为如下几个方面：第一，规模指标方面。大国经济一般都占据辽阔的地域和丰富的资源，经济总规模巨大，拥有众多人口资源，一方面作为生产者创造财富的能力越大，另一方面作为消费者的市场需求也就越大，而巨大的国内市场是支撑其经济发展最为主要的基础。第二，影响力方面。不同于小国经济只能被动承受来自世界经济波动的冲击，大国经济巨大的经济规模势必对世界经济产生很大影响，而由于其自身对发展环境能够产生直接影响，所以通常是国际经济复杂博弈关系的主要对象。大国经济的这种影响力也并非单方面的，其自身也处于开放经济之中，外部经济会对处在发展中的大国经济发展产生极大的促进作用。总体呈现出与世界经济之间影响的双向性。第三，发展特征方面。大国经济具有门类齐全、相对独立的国民经济体系，并能够保障整个体系得以正常运转。通常工业部门体系健全，主力行业具有规模效应，基于资源禀赋结构，其产业结构也在一定程度上存在同质性，具有较具实力的总储蓄率，而储蓄转化为有效投资所形成增长动力将有力推动国民经济增长。经济发展的非均衡性，源自幅员辽阔引起的地区区位、资源、人口分布等的巨大差异，以及由此带来的区域经济发展不均衡，但总体而言经济发展都遵循大数定律，具有很强的自稳定性，这源自国家大、资源丰富、人口众多、国民经济体系相对完整和独立、国内市场巨大、有内部循环系统、有自我调节能力、有抗冲击和风险的能力。此外，大国经济通常还体现出国家创新体系的完整性，可涵盖知识创新系统、技术创新系统、知识传播系统和知识应用系统等。

沿着学界已有的研究线索并基于对"大国""大国经济"内涵的界定，本书认为可通过基本特征、数量影响力、质量影响力三个方面初步搭建大国经济的特征体系。

在基本特征方面，大国经济应至少表现为以下几个方面：第一，土地。大国经济应首先建立在地域辽阔的基础上，有空间条件开展相关经济活动。第二，资源。大国经济应有丰富的资源，有分层次和分种类的多重资源结构。第三，人口。大国经济应有相当的人口数量，一方面能够为经济发展提供足够的劳动资本，另一方面具有特定的劳动力结构。第四，资本。大国经济应有相当的资本积累，能够保障社会再生产和扩大再生产的资本需求。

在基于数量的影响力特征方面，可试从以下几个方面进行构建：第一，经济总量。大国经济应至少在世界经济总量排名较高，经济规模较大，对世界经济有一定影响力。第二，人均指标。大国经济应至少在世界人均经济指标排名较高。第三，国内市场规模。大国经济应当具有较大的国内市场规模，对世界范围内的市场具有较大影响力。

在基于质量的影响力特征方面，可试从以下几个方面进行构建：第一，产品市场份额。按照西方经济学四部门经济分析思路，大国经济应当在世界范围内占有较高的产品市场份额，有多种产品能够在世界市场中产生较大影响力。第二，经济结构。按照发展经济学的逻辑，大国经济应当在世界范围内经济体发展的同一时期内，具有更加优化的经济结构。第三，技术水平。按照经济增长相关理论，大国经济应当在世界范围内同时期经济体中位于技术出口国的主导位置，或至少具有较强的技术竞争力。第四，货币国际化水平。世界货币体系中，大国经济的货币应具有更高的国际化水平，甚至位于主导地位。第五，治理水平。按照制度经济学相关理论，大国经济与同时期其他经济体相比，应当在经济治理结构方面具有更高的水平，即更低的制度运行成本和更高的效率。

如上所述，若将大国经济特征体系进行小结，可得到如下图示。

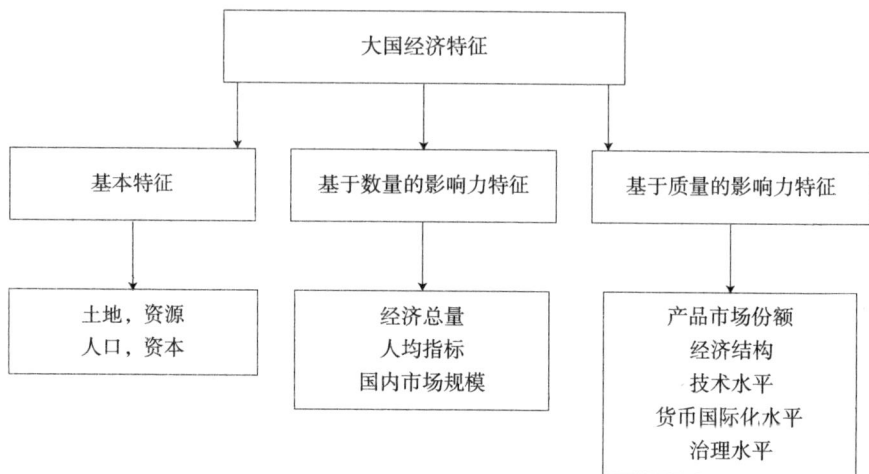

图 3.1　大国经济特征体系

二、大国经济需要大国财政

在全球经济一体化背景下对大国经济认识和判断的基础上，继续探索大国经济与大国之间的关系，首先需要树立的认识，就是从经济基础和上层建筑哲学关系基础上延伸出的没有大国经济就没有大国财政的相关认识。

大国经济需要完善的大国财政制度

经济基础即社会核心生产力为基础的经济结构总和，是指一定社会中占统治地位的生产关系的总和。生产力决定了经济基础，社会生产力发展到什么程度，就会产生什么样的经济基础。与"上层建筑"相对，是社会结构两个基本层次之一、社会生活两个基本领域之一。上层建筑是指建立在一定经济基础之上的以生产关系为核心的社会关系之和。它包括阶级关系（基础关系）、维护这种关系的国家机器、社会意识形态以及相应政治法律制度、组织和设施等，与经济基础相伴随。

经济基础和上层建筑的理论是马克思和恩格斯创立的。1843年马克思在《黑格尔法哲学批判》中，提出不是国家决定市民社会而是市民社会决定国家的命题，这是经济基础和上层建筑理论的胚芽。这里的"市民社会"主要指现实的经济生活。随着马克思对资本主义社会的研究和对资产阶级古典经济学的分析批判，在1844年他和恩格斯合著的《神圣家族》中，市民社会概念进一步具体化了，已接近于"生产关系"概念。在1845—1846年他们合写的标志历史唯物主义创立的《德意志意识形态》中形成了经济基础和上层建筑的概念，指出：市民社会"始终标志着直接从生产和交往中发展起来的社会组织，这种社会组织在一切时代都构成国家的基础以及任何其他的观念的上层建筑的基础"。在这之后，马克思依据经济基础与上层建筑的理论，分析了1848年资产阶级革命和资本主义社会获得的重大成果，并使这一理论得到了充实和具体化。他在1859年写的《〈政治经济学批判〉序言》中，对经济基础和上层建筑的理论作了精辟的表述："人们在自己生活的社会生产中发生一定的、必然的、不以他们的意志为转移的关系，即同他们的物质生产力的一定发展阶段相适合的生产关系。这些生产关系的总和构成社会的经济结构，即有法律的和政治的上层建筑竖立其上并有一定的社会意识形式与之相适应的现实基础。"恩格斯写的《反杜林论》《路德维希·费尔巴哈与德国古典哲学的终结》等著作，特别是在他晚年的书信中，对经济基础与上层建筑理论作了进一步的丰富和发展。在《资本论》手稿中，经常可以看到马克思把生产力作为资本主义生产关系的决定者和推动力来进行研究，对于科学技术同经济发展的关系有许多精湛的见解，至今对于中国社会主义经济发展仍起着重要的指导作用。经济基础（生产关系的总和）决定上层建筑，上层建筑又反作用于经济基础。《资本论》也是从上层建筑与经济基础相互作用的关系中来研究资本主义的生产关系的，例如有关工厂法的制定和政策的实施对资本主义经济的作用和影响。马克思都结合实际作了深刻的分析，就是有力的证明。

基于经济基础决定上层建筑，大国经济作为基础静态地决定着大国财政制度。一定的财政制度总是树立在一定的经济基础之上的。而从制度经济学来看，大国财政制度动态地决定着经济发展过程，或者促进，或者遏制经济发展。物质资本积累、人力资本积累、知识资本积累都从根本上影响不同阶段的经济发展，而这些不同阶段的资本积累与财政制度内在关联。任何形式的资本积累并非是一个线性的确定性过程，需要财政来提供可预期的确定性条件，即防范化解公共风险。经济社会发展过程中不确定引致的公共风险只能靠财政来承担。

大国财政的本质是一种风险分配关系，是对各种不能消除的风险进行权衡选择的一种社会机制。显然，大国经济需要大国财政。

大国经济需要财政国际化

从全球视角来看，大国经济势必不能是闭关锁国的，而是在全球化背景下的开放型经济，大国经济的这种特征决定着大国财政必须在建立完善制度的基础上逐步建立国际化特征，即财政国际化是大国财政的应有之义。在全球经济发展格局中，经济体处于不同经济发展阶段时，其各项经济指标均有不同表现，经济发展阶段越高，其人均国民总收入（GNI）水平就越高，经济社会发展程度更高，宏观经济总量较经济发展历史而言更大，相应地财政收入水平也更高。这种经济在全球经济发展格局中的崛起是在全球化背景下实现的，大国经济从全球范围内获得更多资源，其财政收入的基础（如：税基等）也随之向全球化特征转变。现阶段，中国在跨国税基流动方面的监控机制显然尚待建立健全。从税制来看，全球主要发达经济体的税收主要以所得税等直接税为主，而现阶段中国的税收则主要以增值税等间接税为主，税基流动方式不同。按照发展经济学的划分，经济发展阶段可分为工业化国家和后工业化国家，工业化国家的产业结构主要以第二产业为主，而步入后工业化发展阶段后，产业结构则多以第三产业为主，学界相关研究已多表明，第三产业对财政收入的影响相对更大，从全球范围内来看，发达国家的产业结构多以第三产业占据首位，税收收入来源更加稳定。财政国际化的一个重要方面就是财政收入的国际化，这也是大国经济发展的结果。

三、走向大国财政的中国

中国从总量上来看已经是大国经济，但人均数量很低，排位在世界 80 名以后，这种突出的大而不强特征在全球经济发展史上是十分罕见的，英国、日本等发达国家都曾在经济发展的过程中坐上过世界总量第二的交椅，但这些国家那时的人均水平在世界排序中也是名列前茅。实际上，这种悖论表现还不仅仅停留于经济总量层面，财政总量也是如此。现阶段，全球经济一体化仍在深化，包括拉美地区在内的许多经济体已经在经济发展的过程中落入了"中等收入陷阱"，且自 1950 年以来全球只有 13 个经济体成功跨越了陷阱，中国经济的总量虽然暂时处于世界第二的位置，但是若没有大国财政的支撑，这种经济增长最终是否能够实现腾飞，还是未知之数。

经济大而不强

基于世界银行数据，分别以 1960 年和 2008 年作为时间节点，可观察到 1960 年处于中等收入发展阶段而 2008 年则已处于高收入发展阶段的经济体，全球范围内符合条件的经济体仅有 13 个，分别为：以色列、日本、爱尔兰、西班牙、中国香港、新加坡、葡萄牙、中国台湾、毛里求斯、赤道几内亚、韩国、希腊和波多黎各。与此同时，从位置居中的区域亦不难看出，1960 年濒于低收入阶段和中等收入阶段交界处的中国，在历经 48 年的发展后，明显由低中等收入阶段向高中等收入阶段过渡，但该区域中更多经济体则呈现出停滞不前的状态，始终在中等收入阶段挣扎。世界银行以 1960 年和 2008 年作为数据面板进行的分析中，确定了 13 个成功跨越中等收入陷阱的经济体，但通过我们在 2014 年最新数据基础上进行的跟踪观察，毛里求斯实际上并未步入高收入行列，而是仍然保持在上中等收入阶段，此外的 12 个经济体可认为均步入高收入行列。总体看来，这 12 个成功跨越中等收入陷阱的经济体，其分布为：亚洲地区 6 个，欧洲地区 4 个，非洲地区 1 个，北美洲 1 个。除日本以外，这些经济体的面积都非常小，人口数量均属于全球范围内人口少或极少行列，对经济体量庞大的中国而言，有益的经验非常有限。

从中国自身的经济发展情况，可根据世界银行阿特拉斯法计算每年度的人均国民总收入（GNI）来进一步认识和判定。由低收入（LIC）、下中等收入（LMC）、上中等收入（UMC）和高收入的分组构成的动态变化的组别和排位，考察了某一国家和地区与全球经济体发展的相对水平，每年划分指标的浮动情况也从某种程度上反映了全球经济水平的发展方向和程度。以世界银行人均 GNI 数据及我们所估计的收入划分标准为基础，中国晋级中等收入组应在 1997 年，而晋级上中等收入阶段的年度为 2010 年，所以其跨越"下中等收入陷阱"持续时间为 14 年。中国在跨越"下中等收入陷阱"的过程中，GDP 年均增长率为 9.87%，高于 13 个成功跨越下中等收入陷阱国家的年均增长率均值（根据测算，这一数值为 8.50%）。按照 15.9 和年增长 5.08% 的平均值计算，以中国 2013 年人均 GNI（6 560 美元）为基数，达到目前的高收入下限值（12814 美元）所需的时间为 13 年，但考虑到高收入下限值仍在逐年增长，我们从总量方面不难得出中国跨越"上中等收入陷阱"之路将十分艰难的结论：一方面，经济增长率在未来 15 年左右应至少不低于 5.08% 这一平均值；另一方面，即使 GDP 增长率不低于平均值，考虑到高收入下限值的上浮，中国可能很难在 15.9 年这一平均年限中顺利晋级，而是可能面临更长时期的考验。这种艰难当然是经济发展中的诸多复杂因素错综交织所造成的，但是否具备与大国经济相匹配的大国财政这一重要制度，对中国经济是否能够真正实现腾飞密切相关。

从上述分析中不难看出，中国经济现阶段无论从总量上来看，还是从在全球范围内的影响力来看，都毫无疑问地可判定为大国经济。从人口数量、经济体量、产业结构等错综复杂的指标看来，中国俨然是全球范围内毫无争议的"大国"，且在世界银行的统一口径数据指标的对比之下，中国经济已经坐上"世界老二"的交椅，经济总量已经超过亚洲、欧洲、北美洲等典型的发达经济体。然而，与此同时，我们还不得不注意到，中国的大国经济与全球范围内发达经济体所形成的大国经济不同，中国的大国经济具有突出的"大而不强"的特点：首先，中国经济总量虽然已经排世界第二，但是人均指标却仅排在世界中游水平，这是历史以来世界经济第二把交椅位置上的经济体所未曾经历的，具有全球第一多人口的中国若想在人均指标上也名列前茅，那么就要在总量上付出比任何经济体都多得多的努力；其次，中国经济发展阶段虽然已经步入所谓"上中等收入阶段"，但是与工业化进程相伴随的重要指标"城镇化率"却一直处于低迷状态，与大多数经济体经历上中等收入阶段时的城镇化率水平相比较，中国的这一指标还有很大提升空间，此为经济大而不强的另一个表现；最后，中国经济增长已经步入"新常态"，经济增幅近两年来不断走低，切实面临着中等收入陷阱的经济发展阶段挑战，此为经济大而不强的第三个表现。

财政影响力较弱

就中国的现状来看，与已经可以确认为是大国经济的总量数值相比，中国的大国财政制度滞后性已表现得非常突出，大国经济有足够影响力而财政方面因大国财政仍在构建之中，其影响力较弱，埋下许多风险隐患。

风险一：制约经济增长和发展。鉴于制度的滞后性，大国财政与大国经济不匹配的程度可能随着大国经济的不断发展而加大。这种不匹配发展到一定程度，其首先引发的风险就是制约经济增长与发展。这种制约首先表现为制度成本的攀升，随着大国经济的不断发展，滞后的大国财政制度势必造成整个经济运行过程中制度成本的上升，在不合理的税收制度影响下，将会对经济参与主体产生不利于经济发展的刺激，从而导致整个经济制度运行效率的降低。企业活力受到阻滞，从而难以得到相应的激励来对经济增长和发展产生源源不断的推动力。财政体制中财力、事权与支出责任不相匹配的问题，还将导致基层财政困难等实际问题，阻碍惠及民生公共事项的落实，从而影响整个再生产的进程。此外，大国财政建设的滞后还可能带来因制度不健全导致的负面效应。

风险二：大国经济存在的"大而脆"问题难以解决。如上所述，大国经济并不仅仅表现在总量这一方面，而且表现在全球范围内更大的影响力。这种影响力建立在经济发展凝聚力的基础上，这一点与大国经济本来的发展形态有所扭曲。大国经济往往意味着地域广袤，产业结构错综复杂，在不同资源禀赋、地理位置、人力资源结构等因素的影响下，大国经济往往呈现出区域发展不平衡的特点，很难自动联络成为一个完整的系统，从而导致市场经济传导机制的不完善和不灵敏，整个经济存在"大而脆"的特征。在大国经济发展的过程中，大国财政要在很大程度上通过财政支出，尤其是经济建设支出来帮助形成聚合力，从而真正达成在全球范围内发挥影响力的目标。而在大国经济发展过程中，财政作为制度层面的建设往往具有滞后性，并很难自发解决经济发展过程中产生的结构性问题，需要强有力的制度供给来保障实现。

风险三：影响大国经济的国际化。大国财政与大国经济的不匹配还将影响大国经济的国际化进程。从全球范围内来看，具有影响力的大国经济基本都具备强有力的大国财政，大国财政实际上更多表现为一种国际交往手段，直接影响大国经济的国际行为，在全球利益分配中发挥更为重要的作用，为大国经济争取更多资源、更好的贸易地位、更优越的货币地位以及更大的影响力，并通过财政支出等手段在全球风险防范中发挥更大的作用。

财政国际化与经济全球化应相匹配

大国经济需要大国财政。如上所述，大国财政的突出特征就是财政国际化。实际上，已经实现经济全球化的大国经济与尚未实现国际化的财政制度之间的不匹配将引发许多风险。

第一，难以在全球化背景下把握税收主权。税收主权原则是以维护和保障本国征税自主权为宗旨的税收制度准则，是税收的重要原则之一。征税自主权是国家权益内容的一个主权方面。税收主权原则内容包括三个方面：一是独立自主的征税权；二是自主协定税收权；三是自主选择税收管辖权。各国政府可自由选择和行使上述某一种或两种税收管辖权，确定本国政府的征税权力范围，并通过单边或双边措施解决国际双重征税问题。税收是主权国家为了实现国家职能，利用政治权力，凭借法律手段，参与社会产品价值的再分配，强制、无偿地取得财政收入的制度。就此本质而言，税收天然地与主权相关。进入 20 世纪，尤其是二次世界大战以后，经济全球化进程的展开将国际经济交往提升到一个新的领域，在追逐利润动机驱动下的探索进一步促成了资源全球配置、利益在国际间的重新分配。若某一经济体的经济发展在全球范围内属于大国经济的水平，则必然要求其财政在全球化背景下能够更强有力地把握税收主权。

第二，难以在全球化背景下把握货币主权。现阶段，全球经济和贸易的增长速度是 19 世纪和 20 世纪以来从未有过的，在此背景下的货币主权与经济发展有直接联系，纵观全球经济起飞的各个阶段，实际上都拥有值得信任的货币，从 19 世纪以来的英镑到 20 世纪崛起的美元，全球经济社会的引领者通常是全球货币主权最为凸显的经济体。金融的发展结束了资本血腥积累的阶段，但资本在经济增长和经济发展中的作用却并未减弱，而是逐步增强，这意味着在全球范围内金融实力强国其经济发展也具有更大的优势。货币主权正是这种金融实力强国的基础，并能够通过享受铸币税等方式在全球利益分配中占尽先机。货币主权的彰显通常是通过强有力的大国财政来实现的，中央银行更多是货币总量进行管理，而上升到主权或者不可避免涉及的结构性问题，往往需要通过财政手段来解决。

第三，在国际经济组织中不具有影响力。广义的国际经济组织：两个或两个以上国家政府或民间团体为了实现共同的经济目标，通过一定的协议形式建立的具有常设组织机构和经济职能的组织。狭义的国际经济组织：限于国家政府间组织，不包括非政府间组织。随着全球化程度的不断提高，以美国为主导的资本主义世界开始逐步建立世界经济体系。第二次世界大战以后，以美、英、中等 44 个战时盟国代表在美国布雷顿森林举行了联合国际货币金融会议，以美元为主导的国际货币金融体系即布雷顿森林体系正式成立。在《布雷顿森林协定》的相关规定下，世界范围内相继成立了国际货币基金组织（IMF）、世界银行（IBRD）以及《关税与贸易总协定》（GATT）。此外，世界范围内还以地域经济发展为基础，逐步形成了欧盟（EU）、北美自由贸易区（NAFTA）、亚太经合组织（APEC）、东盟自由贸易区等等区域性组织。这些国际经济组织一方面在很大程度上加速了全球经济一体化，减少了远距离地域之间的贸易半径；另一方面制定了一些贸易协定，从而推动全球经济贸易更趋规范。在此过程中，全球经济贸易避免不了主权的博弈过程，以各个经济体的财政实力的强弱直接决定着该国在国际经济组织中的影响力，并直接影响本国经济在全球经济中的地位。

第四，在全球能源配置中不具有话语权。能源作为经济发展命脉，在全球化背景下也在很大程度上受到相关国际组织的影响。国际能源机构（IEA）是美国倡议成立的石油消费国国际机构，总部设在经济合作与发展组织（OECD）总部内。世界能源会议（WEC）

总部设在伦敦，是促进能源资源开发利用的组织。石油输出国组织（OPEC）总部设在维也纳，是伊拉克、科威特、沙特阿拉伯、委内瑞拉和伊朗发起成立的石油输出国组织。此外，还有国际原子能机构（IAEA）、联合国新能源和可再生能源会议（UNCNRSE）、政府间气候变化专业委员会（IPCC）等等能源类国际组织，大国财政主导下的全球能源组织中的高地位和强话语权是大国经济可持续发展的重要基础。

第四章
大国财政引领全球治理

　　人类社会进入风险社会，全球公共风险问题日益凸显，推动全球治理变革刻不容缓。大国财政是全球治理变革的推手，以其内在张力，引领全球治理。

一、全球公共风险呼唤全球治理

　　现代科技迅速发展，缩小了全球的时空距离。国际分工越来越细化，国际交往越来越密切，全球居民在享受地球村带来的好处的同时，全球性问题不断增加，全球公共风险愈发凸显。在这种背景下，推动全球治理变革的需求也愈发强烈。

全球化与全球公共风险是共生的

　　2004 年的圣诞节，美国人萨拉忽然发现，39 件圣诞礼物中，"中国制造"的有 25 件。与此同时，家里的鞋、袜子、玩具、台灯也统统来自中国。面对此情此景，她不禁想到：如果没有中国产品，美国人还能否生存下去？全球化时代真的已经悄悄进入我们的生活了吗？于是萨拉突发奇想，决定从 2005 年 1 月 1 日起，带领全家开始尝试一年不买中国产品的日子。经过一年没有中国货的日子后，萨拉得出这样的结论："没有中国货你也可以活下去，但是生活会越来越麻烦，而且代价会越来越大。以后 10 年我可能都没有勇气再尝试去过这种日子了。"①

上面这个故事，引起了很多人的关注。有的人兴奋点在于对"中国制造"无孔不入的自豪，而有的人则有对中国低端制造业的隐忧。实际上，这个故事反映的是，全球化的深入发展，使得全球联系和相互依存更加紧密，国际分工日益深化、细化。马克思在 100 多年前就预见到"大工业的发展使每个文明国家以及这些国家中的每一个人的需要满足都依赖于整个世界"。②

世界是不确定性的。不论是自然界，还是人类社会，都是如此。在不确定性中追求确定性，是人类社会的本能。知识是人类认识不确定性的过程。人类试图通过知识，从不确定性中发现确定性（特定条件下存在的规律），或者从不确定性中找到实现确定性的路径。制度是人类应对不确定性的工具。制度是对不确定性的结构化，试图把不确定性阻挡在结构之外，或者将其固定在一个小的空间里。尽管人类试图通过知识和制度来应对不确定性和追求确定性，但由于不确定性是永恒的，因此黑天鹅事件（Black swan event）产生也是必然的。这种情况下人类就要更新知识来对世界进行重新的认识，并要创新制度对不确定性进行新的结构化。黑天鹅事件指非常难以预测，且不寻常的事件，通常会引起市场连锁负面反应甚至颠覆。从次贷危机到东南

---

① 萨拉·邦焦尔尼：《离开中国制造的一年：一个美国家庭的生活历险》，机械工业出版社 2008 年版。

② 马克思、恩格斯：《德意志意识形态》，《马克思恩格斯选集》第一卷，人民出版社 1995 年版。

亚海啸，从"9·11"事件到"泰坦尼克号"的沉没，黑天鹅存在于各个领域，无论金融市场、商贸、经济还是个人生活，都避不开它的幽灵。全球化的深化，带来的不确定性大大增加。国际间的经济、政治、社会和文化交往日益频繁，各国间活动和往来联系日益密切，黑天鹅事件也日益频繁和复杂。

在人类社会，公共风险从未终止。但在现代社会，公共风险有着质的变化。现代公共风险各种各样的表现形式，例如环境和自然风险、社会风险、经济风险、政治风险等，相互交织、相互联系，形成了网状结构，具有高度不确定性和不可预测性。这些风险网络以一种震荡波的形式影响着全人类、全社会。社会中所有的成员都无法幸免，不管你是穷人还是富人，也不管你在庙堂还是在江湖。公共风险一旦转化为实际的危机和灾难，它的涉及面和影响程度都将大大超过传统社会的灾难，有的风险甚至是毁灭性的。更为严重的情况，公共风险引发的危机和灾难，以及由此所产生的社会恐慌，将有可能通过高度发达的现代信息技术迅速传播到全社会，并将引发更大的恐慌，造成社会动荡。我们生活在一个全球化的时代，也就是"所有那些世界各民族融合成为一个单一社会和全球社会的变化过程"。现代社会公共风险社会和"全球化"有着密不可分的联系。随着我们用与技术发展相同的速度创造出无法测算的不确定性时，我们就进入了"全球风险社会"。①

在全球化时代，世界面临的风险发生了质的变化：它已经跨越生产者和消费者、富人和穷人的界限，超越了地域、民族、国家、社会制度和意识形态的差异，成为一种新型的、全球性的危险。它带来了

———————

① 安慧：《人类进入了全球风险社会吗》，《中国青年报》2011 年 3 月 28 日。

整个人类生存条件的严重恶化，危及地球上的所有生命，威胁到整个人类文明。"20 世纪末以来爆发的灾难性事件，在空间、时间和社会层面上所带来的安全丧失感和危机感是长远的、根深蒂固的。一切边界及内与外的区分，在全球迅速扩展和相互影响的危险面前，都土崩瓦解了。原来建筑在民族观念上的安全与自信，已经让位于对灾难的无所不在性和不可控制性的恐惧。"①

　　全球化过程中的不确定性是全球公共风险的根源。不确定性本身并不一定带来公共风险，只有当公共风险理性缺失，或者公共风险理性并不足以预见或应对不确定性时，就产生公共风险。公共风险理性的缺失反映的是自身的脆弱性，表现为应对不确定性的知识缺乏和制度缺陷。全球化一方面使得不确定性增加，另一方面又使得知识缺乏和制度缺陷更加突显，公共风险理性水平下降。在这种背景下，全球公共风险水平就会大大提升。从金融危机到各种疫情，从全球气候变化到地震、海啸，不难发现，无论是在自然灾害面前，还是面对社会突发的各种黑天鹅事件，人类都显得十分脆弱。即便是依靠现代技术构筑的各种网络，如互联网、航空网、电力网、海上航运等等，在灾难面前也都十分脆弱。这一点在欧债危机中表现得非常充分。一方面，希腊的财政问题拖累到其他欧盟国家，显示出在一体化体系中，任何一个环节出现问题，都会爆发系统性风险，这是不确定性在一体化中得以放大产生的结果。另一方面，欧债危机也显示在应对不确定性事件方面，很难有充足的公共风险理性水平来应对不确定性，例如欧债危机充分暴露了欧元区体系深层次制度性缺陷，即在欧元区内部

---

① 乌尔里希·贝克：《世界主义的欧洲：第二次现代性的社会与政治》，德国法兰克福苏尔坎普出版社 2001 年版。

货币政策由欧洲央行统一行使，而财政政策却由主权国家分而治之，这种分散的财政政策和统一货币政策之间的失衡导致成员国失去了货币政策作为熨平危机的宏观经济调控手段。

人们常说的全球化是一把双刃剑，实际上就是指的人们在享受全球化带来的各种便利以及各种廉价商品的同时，还要忍受全球公共风险带来的挑战与问题。这也是有些国家和公众反对全球化浪潮的根本原因。在经济全球化过程中，各国经济的相互依赖性空前加强。不少国家的对外贸易依存度已超过 30%，个别国家达到了 50%—60%。在这种情况下，金融和经济的危机在国际上传染便成为家常便饭。任何一个国家的内部失衡都会反映为外部失衡，进而很快影响到与其具有紧密贸易和投资关系的国家，最后极有可能将所有国家都不同程度地引入失衡与危机的境地。当这些失衡与危机超出现行的知识和制度所能应对的范畴，全球公共风险就会爆发。例如，从 1998 年以来爆发的区域性和全球性金融危机，频率高、影响范围大、破坏程度深，而到目前为止，全球还没有形成有效的防范全球性金融危机的机制或措施。

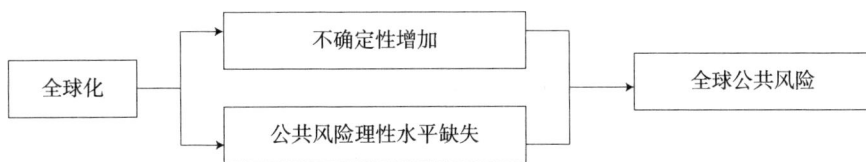

图 4.1　全球化与全球公共风险的共生关系

全球治理变革刻不容缓

人类社会进入风险社会，不确定性因素剧增。人类命运共同体面临的公共风险越来越多。面对全球性公共风险，必须推动全球治理变革。

全球化是当代全球不以人的意志为转移的不可逆的进程和趋势。全球化过程不可避免，不确定性因素增加也是无法控制的。因此，只有提高全球化过程中的应对不确定性的公共风险理性水平，才能防范和化解全球公共风险，达到治理全球公共风险的目的。全球化时代是继现代工业文明文化模式之后的一个新时代。人类文明有五千多年的历史，从人类文明起源，不同的文化之间就有交流，但那个时候的文化传播规模和速度都很有限。哥伦布发现新大陆，以及资本主义的发展，开启了全球各个国家相互往来、相互作用的时代，但那个时候也并没有出现人类相互依存和风险共担的特征。

确切地说，全球化是近几十年出现的新现象、新事物。具体来说，第二次世界大战使全球作为一个整体获得了十足的重要性，20世纪70年代的石油危机暴露了现代工业文明的局限性，全球通信系统的建立标志着人类进入了相互联系、共同生存的全球化时代，在1987年世界环境与发展委员会的报告《我们共同的未来》中，人们已经达成了共识：我们生活在地球这个"太空船"上，并且只拥有一个"共同的未来"。①

随着全球化的深化，不确定性也是只增不减。世界银行《2014年全球风险报告》展望了未来十年世界面临的风险状况，评估了31项有可能给所有国家和各行业带来重大负面影响的全球性风险。这一报告结合了全球700多位专家的观点，将这些风险划分为五大类：经济风险、环境风险、地缘政治风险、社会风险以及技术风险，并且按

---

① 于桂芝：《全球化、中国现代化与马克思主义》，浙江大学出版社2006年版。

照其发生概率和潜在影响对它们进行评估。报告列出了五大最有可能发生的全球性风险。收入差距被视为最有可能对整个世界产生系统性冲击的全球性风险，其次是极端天气事件，再次是失业及就业不足、气候变化和网络攻击风险。而在风险的潜在影响力方面，专家们认为，财政危机属于经济风险，在未来十年或给全球体系和各国带来最大影响，其次是气候变化和水危机亮相环境风险，之后是失业及就业不足问题，第五项是重大信息系统故障这一技术风险。[①]

世界银行的报告里面提出当今世界主要面临多重威胁，其中很多是由于全球治理缺陷所产生的：第一，新兴市场可能因社会、政治或经济压力变得不稳定；第二，谋求地缘政治权力导致国家之间的商业和政治摩擦增加；第三，主要由技术变革造成的低级别冲突将不断增多；第四，全球治理机构长期陷入僵局使得应对全球挑战的进展缓慢。[②]实际上呈现出来的上述威胁还只是不确定性的冰山一角，那些无法预料的、将来随时可能发生的黑天鹅事件才是未来全球化过程中最大的威胁。黑天鹅事件的逻辑是，你不知道的事比你知道的事更有意义。在人类社会发展的进程中，对我们的历史和社会产生重大影响的，通常都不是我们已知或可以预见的东西。例如，现在我们可以看到国际游资的存在是全球经济不稳定的重要根源之一。作为一种超越国界的巨大的金融力量，国际游资一次又一次地扮演了全球性金融动荡的制造者或推动者，扮演了危机传染的主要媒介物。但 1998 年金融危机之前，我们很难预料到国际游资可能带来的威胁，就像我们现在也很难预料到将来会出现什么新的威胁因素一样。

---

① 世界银行：《2014 年世界发展报告：风险与机会》。
② 世界银行：《2014 年世界发展报告：风险与机会》。

全球化过程中，不确定性是无法预估和无法改变的，但是提高风险理性水平却是可以做到的。公共风险是公共风险理性与不确定性的差距。当公共风险理性缺失或者水平低的时候，应对各种不确定性的行动能力低，公共风险就会产生。公共风险理性既是一种能力，同时也通过集体行动沉淀为制度。公共风险理性表现为集体对不确定性的认知能力（知识）、集体行动的能力以及制度的有效性。当公共风险理性强的时候，不确定性能得到有效应对，公共风险就会得到控制或化解。反之，公共风险就会产生，并造成危机。在全球化中，全球性公共风险的产生也是由于公共风险理性与全球化中的确定性的差距产生的。因此，在全球化中要防范和化解全球性公共风险，则只能通过提高公共风险理性水平来实现，包括提高对全球化中的不确定性的认知能力、全球集体行动的能力以及全球制度的有效性等。在全球化过程中，提高公共风险理性水平以应对不确定性，其实质就是通过改变全球治理霸权主义，推动全球治理变革，弥补全球治理缺陷，从根本上实现防范和化解全球公共风险的目标。

全球公共风险不仅相互关联，并且具有系统性影响。为了有效防范和化解全球公共风险，需要付出更多努力来理解、测量和预见可能的不确定性，同时提高应对不确定性的能力，在新的环境下实现全

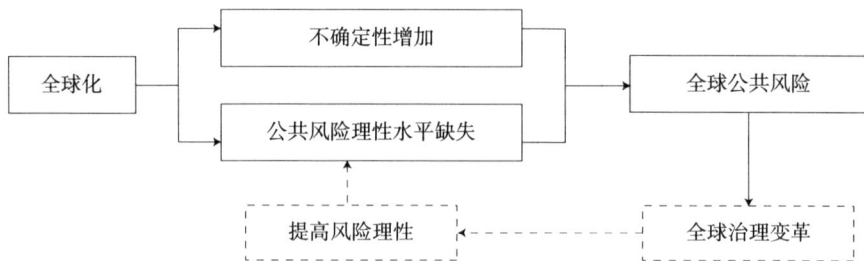

图 4.2　全球公共风险呼唤全球治理变革

球公共风险最小化。

全球公共风险需要同舟共济

防范和化解全球公共风险的全球治理需要全世界各个国家共同参与。全球公共风险威胁整个人类的安全，公共风险的防范和化解突破了单一国家所能控制的界限和范围。面对国际事务与国内事务、内部风险与全球风险的相互交错和难以区分的现实，必须跨越有形的国界，借助国际社会共同的力量，提高人类对全球化过程中不确定性的认知能力（知识）、集体行动的能力以及制度的有效性，形成全球治理有效的制度安排。

全球化的深入发展使得世界各国各地区前途命运紧密地联系在一起，各个国家和地区之间的经贸、社会和文化交往更为频繁，相互依存也更为密切。而全球公共风险也将世界各国紧紧联系在一起，形成了密不可分的命运共同体，一荣俱荣，一损俱损，没有一个国家和地区能够以一己之力应对不确定性，也没有一个国家和地区可以在全球公共风险中独善其身。全球安全、生态环境、国际经济、跨国犯罪和基本人权等各类人类面临的公共风险，是不可能依靠单个国家能得以解决的，而必须依靠国际社会的共同努力。当然，我们强调全球治理的各国共同参与，并非淡化主权原则，弱化民族国家作用。实际上强调全球治理与国家主权并不矛盾。当今世界并非大同，民族利益和国家利益仍为国际行为的宗旨和归宿。

全球霸权不能替代全球治理

目前全球治理体系很不完善，个别大国以全球霸权替代全球治理，这种模式无法应对全球风险。美国是目前世界上唯一的超级大国，冷战结束后奉行单边主义的国际战略，对形成有效的全球治理体系造成了严重而直接的损害。目前"该体系核心存在着高度的非代表性，以及权力、影响、机会与资源的极度不平等：这一体系也许最好称作扭曲的全球治理"。①

目前，全球的大部分国际组织和全球公民社会组织在很大程度上受美国为首的西方发达国家所左右，而这些发达国家奉行的并非同舟共济的思路，而是推行全球霸权主义。美国等西方发达国家通过操纵全球制度、规制和机制，体现自身的国家意图和价值。美国在世界体系中的霸权位置决定了美国的国际战略，那就是用霸权的方式去领导这个体系。这背后实际上有巨大的动力的。首先，这是追求更大的国际权力。权力的唯一目的就是更大的权力，美国处于这样一种状态，并且有条件去这样做。② 其次，维持这样一个霸权地位给美国带来无限的政治、经济、安全等各个方面的利益。美国人并没有做仁慈的世界警察，美国在全球到处体现它的力量，并非是为世界防范和化解全球公共风险，而是为了化解和转移其自身的风险。

对于国际社会的领袖国家来说，它们必须依据这些变化，按照自己的意愿和需要对国际规则进行调整，以维持霸权的基础。17 世纪法国主导的威斯特伐利亚体系，19 世纪以四国同盟为基础的维也纳体系以及在两次世界大战废墟上建立起来的美国霸权都是最好的例证。③ 美国等发达国家实施全球管理和全球统治的主要特点是建立和组织服务于其全球管理和全球统治的一套国际体系，而大多数其他

---

① 托尼·麦克格鲁：《走向真正的全球治理》，陈家刚译，《马克思主义与现实》2002 年第 1 期。

② 郑永年：《通往大国之路：中国与世界秩序的重塑》，东方出版社 2011 年版。

③ 金灿荣：《大国的责任》，人民出版社 2011 年版。

国家被迫接受这一体系。该体系的早期版本是英国 1914 年以前的国际金本位体系，这一体系以某种形态覆盖了当时世界上相当大的范围。1945 年之后，美国成为世界头号强国，在布雷顿森林，各国对新的国际体系达成了一致。实际上布雷顿森林体系是美国的产物，当时美国 GDP 占全球的 1/3。[①] 到目前为止，布雷顿森林体系——国际货币基金组织（IMF）和世界银行依然是受西方国家控制的。在世界银行中，美国认购的股份最多，有投票权 226 178 票，占总投票数的 17.37%，对世界银行事务与重要贷款项目的决定起着重要作用。在国际货币基金组织中，美国的投票权也在 17% 左右，IMF 份额呈现出强烈的历史继承性，很大程度上损害了 IMF 在全球金融治理的合法性，这实际上赋予了美国在这些事项上的否决权，产生了"一股独大"的现象。美国单一国家在 IMF 这个全球经济治理最重要的多边金融机构中拥有实质性的一票否决权，这不仅会挫伤广大发展中国家参与 IMF 决策的积极性，也会妨碍 IMF 决策机制的公平性、公正性、合理性。

美国还推行财政霸权和税收霸权主义。美国的税制及支出，涉及的是全球范围内的美国利益问题。美国政府征收的企业税税率上限为 35%，从全球范围来看也属于高税率。同时，美国还实行"全球征税"，企业在世界各地获得的收入都需要向美国政府纳税。与个人相关的税收也一样，美国是全球唯一一个以"公民身份征税"的国家，绿卡持有者或美国公民在全球范围内所得到的收入，且不论身居美国境内或境外。征收范围包括：工资收入、投资收入、股东分红、

① 马丁·雅克：《当中国统治世界：中国的崛起和西方世界的衰落》，张莉、刘曲译，中信出版社 2010 年版。

股票、基金、退休养老金，政府补贴等等。只要是美国公民，哪怕不在美国居住，到了每年的报税季节，在世界各地所获得的收入和拥有的财产，都必须向美国国税局申报，应缴纳的税款一分都不能少，逃税就是犯罪。在铸币税上。目前在全球流通的美元现钞超过9 000亿美元，大约三分之二在美国境外流通，这意味着美国征收的存量铸币税至少为6 000亿美元。美国平均每年能获得大约250亿美元的铸币税收益，第二次世界大战以来累计收益在2万亿美元左右。美国PIMCO是全球最大的基金管理公司之一。该公司的高级顾问Richard Clarida在报告中引用美国财政部的数据指出，在2002到2007年的6年时间里，美国人光是通过美元贬值就净赚了其他国家1万亿美元的便宜。

发达国家推行的全球霸权主义，不但无法有效防范和化解全球公共风险，反而加剧了全球公共风险。传统发达国家力图守住二战以来对其有利的全球体系与制度，维护以美国主导的，少数发达国家及组织支撑、配合的传统国际体系。美国在实力相对不济的情况下，在全球管理和统治上呈现出攻防兼备的态势。攻的方面体现在国际贸易、核裁军、网络安全等领域，积极提出新倡议、新主张，试图树立相关领域的新规则，通过规则制定维护美国的主导权。防的方面体现在经济、金融体系改革和气候变化等领域，目前，美国也意识到美国无力完全主导，必须参与国际合作，因而重视发挥国际机制的作用，让盟国和新兴国家更多承担责任，同时着力推进国内相关改革，力争通过恢复自身实力来重获或巩固相关议题上的引导和塑造能力。美国等发达国家仍在世界经济体系中占据主导，新兴国家仍难在短期内对美国主导权构成实质性挑战。全球未摆脱实质上的西方全球管理和全球统治的局面。这种趋势将不可避免地影响到全球公共风险的治理，甚至有可能带来新的不确定性因素和全球公共风险。如果俄与美欧在乌克兰、北约东扩、欧洲安全上的矛盾激化，有可能撕裂冷战结束后大国合作氛围，加剧全球领域内的对抗，导致全球的不确定性因素和成本增加。①

面对全球性公共风险问题，一国无论怎样强大也难以单独应对，因此发达国家放弃全球霸权主义，与发展中国家一道在全球治理的理念下形成各种应对不确定性及防范和化解全球公共风险的命运共同体，是人类社会的必然选择。越来越多的人意识到，在日益增多和复杂的全球公共风险面前，必须致力于推动全球治理变革，建立全球共同参与的全球治理体系。

"无论是联合国或者是在更广泛的联合国体系，都需要进行改造""布雷顿森林会议体系的决策结构必须改造，应使它的工作和决策更公开和透明。进而言之，就是说要更加民主，即摆脱少数经济大国的强有力的控制。实现这一点的最明显的办法是实现投票权配额，这个办法将确定成员国有多少投票权，而且他们的义务和权利因而也要作出调整，以反映其经济现实。"②

二、大国财政嵌入全球治理

大国财政要有全球视野

首先，对于一个大国来说，不管是顶层设计还是制度架构等治

---

① 王毅：《全球治理面临五大问题》，《瞭望》2014 年第 28 期。
② 英瓦尔·卡尔松、什里达特·兰法尔主编：《天涯成比邻——全球治理委员会的报告》，载杨雪冬、王浩主编：《全球治理》，中央编译出版社 2015 年版。

理体系，都要放在全球的视野来考虑。大国的资源配置、风险防范、经济社会发展都要着眼于全球。而不是只盯着自己的一亩三分地。拿美国来说最为典型。美国的生产、消费不管是市场还是资源都是全球性的；美国是国务院处理国际交往问题，而不是设立外交部。美国自身的国内风险经常转移到国外。以前的霸权国家是通过殖民地来掠夺财富。在全球化背景下，各国都依附于美国这个经济体系之上，以美元作为基础货币，美国就可以通过技术性的手段将财富转移到自己的国家，通过金融体系操纵基础货币，这是美国最大的利益。所以，有人说金融危机的真正原因是全球为美国伊拉克战争埋单。① 美国的全球战略是为其国家利益服务的。美国的大国治理是建立在全球霸权基础之上，对于防范和化解全球公共风险并无益处。

美国国家利益体现为保证美国的民主价值观和文化的延续；保证美国的国内各方面建设有条不紊地进行；保证其全球霸主地位不被挑战；保证其他国家的发展不构成对美全球或国家利益的威胁。美国的终极国家利益就是保证美国的民主价值观和美国文化不受侵犯，并得以延续和传播。从目前来看，美国全球战略的本质在于竭力使世界其他各国纳入其所引导的轨道。具体而言就是：弱小的国家不能产生对其有不利影响的社会政治基础；中等程度的国家的战略规划不能对其全球利益有负面的作用；地区性大国要尽力使其不走上穷兵黩武之路，极力防止大规模杀伤性武器的扩散，对于潜在的军事强国如中国遏制其各方面可能有损美国利益的举动。②

以上手段的最终目标在于确定和巩固美国的全球霸主地位，保

① 郑永年：《通往大国之路：中国与世界秩序的重塑》，东方出版社 2011 年版。
② 艾米·蔡：《大国兴亡录》，刘海青、杨礼武译，新世界出版社 2013 年版。

证美国所倡导的民主价值体系畅通无阻，捍卫美国的全球利益。美国是全球化进程中获益最多的国家。对于美国来说，全球化的本质就是，剩余资本从周边国家向中心国家流动——美国就是这个中心国家。美元是世界的统治性货币，英语是世界的统治性语言，美国文化是全世界争相效仿的对象。

其次，对于崛起中的大国来说，大国财政治理在崛起过程中面对的各种不确定性以及由此带来的风险，应放在全球化的背景下来考虑。目前，大部分观点对大国治理的认识都是从静态的角度对国家治理进行诠释，而不是与我们所处的阶段和所要发展的方向相结合的。实际上，在全球化背景下，大国治理的核心是大国崛起过程中的公共风险治理，也即国家现代化过程的公共风险治理。管理大国的风险不能局限于国内，应放在全球背景下综合考虑，因为在全球化背景下，国内的问题与国际的问题是相互交融的。就拿经济全球化来说，世界各国、各地区通过密切的经济交往和经济协调，在经济上相互联系和依存、相互渗透和扩张、相互竞争和制约已发展到很高程度，形成世界经济从资源配置、生产到流通、消费的多层次和多形式的交织与融合，使全球经济形成一个不可分割的有机整体。一个大国的崛起是不可能脱离这个有机整体的。例如，关于人民币国际化，研究认为人民币国际化能促进中国国民经济的四大关键转型：从出口导向型向内需型；从制造业为主向服务业倾斜；从依赖海外直接投资到中国企业"走出去"；从行政手段调节金融到逐步向市场化迈进。

但是人民币国际化带来的最大挑战，便是增加了政府宏观调控难度，削弱了行政手段稳定国民经济的作用。具体而言，人民币国际化后，由于境外人民币数量增多，人民币现金和流动性需求都会难以监控、央行通过公开市场冲销过剩流动性的难度增大。①

大国财政与全球治理深度融合

在国际社会中，大国和小国处于不同的层面，有不同的行为规则。对于大国来讲，通常具有更大的全球公共责任，因为大国的外部性和示范性是小国无法比拟的。

大国的实力、大国的制度、大国自身的治理能力是全球治理的重要基础。因此，大国财政一旦出现问题，全球治理也必然出现问题，甚至在全球会出现灾难性的后果。例如：美国作为一个大国，美国的治理直接影响到全球。2008 年美国爆发的金融危机，严重影响到了全球经济的健康发展，从华尔街到全世界，从金融界到实体经济，各国政府都在面临着严重的经济危机。美国作为世界上唯一的超级大国，其次贷危机的爆发瞬间就影响了全世界的金融中心以及一些周边国家，其范围也不仅仅是次贷危机，而是蔓延到整个金融行业。尽管美国经常项目赤字一直在下降，但仍占 GDP 约 6%，因其消费的产品远多于其生产的产品，美国人仍是世界其他国家和地区最大的需求来源之一，其需求的急剧下降极大地影响了其他国家和地区的经济，一度造成世界各国的恐慌。

再如，欧债危机实际上反映的是一些国家财政体系和制度的缺陷。2009 年 10 月 20 日，希腊政府宣布当年财政赤字占 GDP 的比例将超过 12%，远高于欧盟设定的 3% 上限。随后，全球三大评级公司相继下调希腊主权信用评级，欧洲主权债务危机率先在希腊爆

① 沈建光：《人民币国际化对中国经济转型影响初探》，中国金融四十人论坛会议交流论文，2012 年 5 月。

发。2010 年希腊社会福利支出占 GDP 的比重为 20.6％，而社会福利在政府总支出中的占比更是高达 41.6％。在经济发展良好的时候并不会出现问题，但在外在冲击下，本国经济增长停滞就出现了问题。从 2008 到 2010 年，爱尔兰和希腊 GDP 都出现了负增长，而西班牙近两年也出现了负增长，这些国家的社会福利支出并没有因此减少，导致其财政赤字猛增，2010 年希腊财政赤字占 GDP 比重达到了 10.4％，而爱尔兰这一比重更是高达 32.4％。①

　　大国对全球治理的作用通常是多方面的、综合的。20 世纪末 21 世纪初，中国确立了全球"世界工厂"的地位，"中国制造"开始涌入全球市场，从美国到日本，从欧洲到澳大利亚，几乎一夜之间商品价格大降，为全世界带来了廉价的商品。与此同时，中国两位数的经济增长推动了中国对世界原材料日益增长的需求，导致世界原材料特别是石油价格的上升，引发了新一轮的通货膨胀。实际上，中国自身也意识到，这种粗放型的增长对于本国经济发展来说，也是不可持续的。一方面，造成国内较为严重的生态环境问题；另一方面，国内承担简单的加工制造而研发和营销在国外，只获得了较低的利益。从这

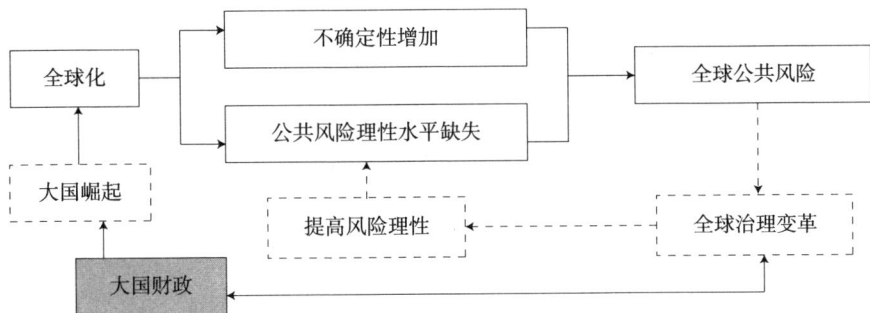

图 4.3　大国财政与全球治理深度融合

---

① 耿万华：《欧债危机对中国经济结构调整及转型的启示》，《北方经济》2012 年第 18 期。

个角度看，中国转方式、调结构的经济治理思路转变，对于全球经济治理方式转变具有举足轻重的意义。

大国财政构成全球治理变更的张力

大国财政是大国施加国际影响的重要手段。大国通过提供不可或缺的资金，可以对国际组织的运作和决策过程产生强有力影响。国际组织的资金往往来源于会费和成员国的资源捐款，在大多数情况下，国际组织对西方发达国家尤其是美国有较高的依赖性。一个典型的案例是，1984 年美国退出联合国教科文组织。其理由是反对联合国教科文组织日渐上升的政治化和反西方的偏见、财务管理混乱以及倡导"危害自由出版和自由市场"的政策。美国从联合国教科文组织的撤出给该组织带来了巨大损失，但是在两个新兴大国日本和苏联的支持下，教科文组织得以存续；与此同时，美国在将近 20 年间丧失了在这个关键性国际教育、科学与文化组织中的影响力。① 理查德·比斯尔是研究美国与联合国关系的著名学者。他分析了美国如何采取财政手段提高本国在联合国中的影响力。例如，他曾提到：1978 年 9 月，美国国会在联合国机构中的会费设定了限制，禁止该项资金应用于技术援助行动（《赫尔姆斯修正案》）。美国国会对联合国不满的原因可以归纳为以下几点：美国与西欧国家在该组织中控制力的丧失；与联合国大会的各种政治行动意见相左；发展中国家利用联合国提出倡导财富和权利重新分配的国际经济新秩序；技术援助项目的财政行为的性质；以及联合国及其专门机构的规模和预算的增长速度。难怪乎理查德·比斯尔发出感慨，联合国就是

---

① 刘铁娃：《霸权地位与制度开放性》，北京大学出版社 2013 年版。

"美国的联合国"。①

　　大国财政支撑的军事实力是大国参与全球治理和影响全球安全的强大后盾。2014年，中国国防费用占GDP的1.3％，而世界主要大国的国防费用占GDP的比重基本上都是在2％到5％之间，美国基本上在4％左右，俄罗斯在4％到5％左右，其他主要大国都维持在2％以上。例如，美国和欧洲在军事力量方面存在巨大的鸿沟，表明欧洲独立防务不太可能成功，而新加入北约的成员国将会把美国作为主要的安全保护伞。2014年，美国国防预算高达总额高达5 266亿美元，而北约其他成员的开支总和不到这个数字的一半。14个北约国家在2015财政年度的国防预算有以下特点：仅有一个国家（爱沙尼亚）的国防预算额达到了GDP的2％；只有六个国家（即拉脱维亚、立陶宛、挪威、波兰、荷兰和罗马尼亚）今年的国防预算将增加，但仍不能达到占国内生产总值（GDP）2％的目标。其中，波兰承诺，在2016年继续增加国防预算，以达到GDP的2％；有6个国家明确将在2015年减少国防预算，即英国、德国、加拿大、意大利、匈牙利和保加利亚；法国2015年国防预算与2014年持平。

　　大国财政是维护大国在全球治理中地位、责任和权利的重要基础。例如，对外援助就是其中一项重要的内容。在2011年发布的《中国的对外援助》白皮书中揭示，截至2009年年底，中国累计对外提供援助金额高达2 562.9亿元，其中无偿援助为1 062亿元。2014年发布的《中国的对外援助》白皮书中揭示，2010年至2012年中国对外援助金额为893.4亿元人民币，包括无偿援助、无息贷款和优惠贷

---

① Richard R. Bissell, "The United States in he UN: Past and Present", *the US, the UN and the Management of Global Change*, edited by Toby Trister Gati, New York University Press, 1983, p. 103.

款三种方式。白皮书说，中国提供对外援助，坚持不附带任何政治条件，不干涉受援国内政，充分尊重受援国自主选择发展道路和模式的权利。相互尊重、平等相待、重信守诺、互利共赢是中国对外援助的基本原则。世界是多元的，发展道路也是多元的。对发展中国家来说，走出符合自己国情的发展道路是实现经济发展的必要条件；对于中国来说，为了保障有利于中国持续发展的国际环境，尊重因国情差异形成的发展道路多元化，是全球化时代中国倡导和谐世界外交理念的战略选择。自冷战结束后，西方国家加大了对第三世界的干预，通过提供官方发展援助的方式干涉受援国内部的经济发展和政治改革进程，输出西方的政治制度和经济规则，限制了他们自主选择发展道路的能力。在这种条件下，我们需要支持受援国的自主发展，援助是"一笔必要的战略支出"这一观点仍然有效。中国在国内面临解决脱贫任务繁重的条件下加大援外的力度，这是为了给我们的后代在国际舞台上开拓发展的空间，这种国际道义责任的担当值得肯定。[1]

大国财政是推手

对于全球治理，大国财政通常代表一个主权国家的实力，也代表一个国家在全球治理中的地位。不管是在经济领域还是军事领域，甚至在政治和文化领域，大国的财政实力和财政治理能力都为这个国家参与全球治理提供了重要基础和支撑。

大国财政捍卫国家安全才有能力推动全球治理变革。在国际社会中，大国和小国在处理国家安全和国家经济利益方面的关系时，有不同的行为规则。对于一个小国，往往通过牺牲一定的国家安全换取

---

[1] 张浚：《历史地看待新中国的对外援助》，《中国社会科学报》2013 年 11 月 8 日。

国家经济利益；而对于大国来讲，通常会牺牲一定的短期经济利益，谋取在国家安全方面更大的保障和更大的话语权，并以此获得更长远、更巨大的经济利益。例如，中国作为崛起中的大国，在国际交往中通过财政保障国家安全具有重大意义。一是捍卫开放贸易体系。作为世界新兴贸易大国，中国在捍卫开放性贸易体系方面是美国的天然继任者。中国作为全球贸易大国，确保自身创建或参与的地区贸易安排遵守全球规则是其重大利益之所在。二是确立资源定价机制。中国日益依赖进口工业原材料，就大多数原材料而言，中国业已是世界第一大进口国。对中国来说，拥有资源定价机制中的话语权意义非凡。三是主导区域和全球合作新机制。党的十八大以来，中国提出的"中国梦""新义利观""新型大国关系"等理念和构想已经引起国际社会广泛反响。未来 5 至 10 年内，中国主导外交的一个基本任务就是把新时期中国提出的外交新理念、新思维、新构想进一步体系化和具体化。今天，我们已经有了良好开局：丝绸之路经济带、21 世纪海上丝绸之路、打造中国—东盟自贸区升级版、设立亚投行和丝路基金、孟中印缅经济走廊、中巴经济走廊等一系列重大合作倡议等，正在由倡议走向现实。2014 年 5 月，习近平在亚信上海峰会上正式提出"共同安全、综合安全、合作安全、可持续安全"的"亚洲安全观"，引发与会代表的高度认同和国际舆论的极大关注。总之，随着中国对世界经济繁荣和国际和平稳定的作用愈加突出，国际社会对"中国倡议"和"中国声音"的需求和期待也不断提高，这个时候更需要大国财政及其制度作为保障和支撑条件。

2007 年的次贷危机，以及随后一年的时间里，美国金融部门遭受重创，雷曼兄弟公司破产，其他几家美国投资银行也岌岌可危。美国宣称对金融部门展开大拯救，这实际上颠覆了美国新自由主义体制，可谓美国大国财政的大国治理的一次教科书式的尝试。而同时，在数周惊心动魄的金融事件之后，盎格鲁—美国模式已经到了崩溃的边缘，也导致了西方经济陷入严重的萧条状态之中。而这个时候，美国可以借助中国购买美国的国债的资金"过得很舒服"，但这也表明了美国繁荣的脆弱性，以及全球经济中心已经出现美国向中国转移的趋势。[①]

这个现实版的案例充分说明了，大国财政对于全球治理变革的核心作用。若不是美国财政治理的作用，美国的次贷危机所引发的后果可能会更加严重；而若不是中国的财政治理在与美国发生交汇的关系中积极主动作为，不管是全球还是中国，都有可能面临更大的风险。对于中国来说，大国崛起的路径可能没有以前所表现的那样顺畅。

三、大国财政推动全球治理变革

承担化解风险的制度成本

公共风险与人类社会是相伴而生的。人类社会之所以不仅能生存，而且还能不断发展，关键在于其制度结构。制度是公共风险的产物，是公共风险理性的表现，因此的制度结构总具有与其对应的削减公共风险的能力。

在一个国家之内，社会的制度结构是一个系统，由多种制度组

---

① 马丁·雅克：《当中国统治世界：中国的崛起和西方世界的衰落》，张莉、刘曲译，中信出版社 2010 年版。

合而成。不同的制度在这个系统中对公共风险的防范具有不同的作用。各种制度从不同的侧面来应对不确定性和防范公共风险，起着保护社会稳定和发展的作用。财政作为化解公共风险的一种手段，与其他制度一样，对防范公共风险起着不可或缺的作用。但财政在整个制度结构中具有更为特殊的地位。一是财政承担制度成本。无论是显型制度，还是隐型制度，其形成和运行都是有成本的，这种成本属于社会成本或外部成本，是不可能由私人来承担的。公共伦理和法律、宗教习惯甚至包括一些民俗，都需要国家去维护，或提供正常运行的环境。至于显型制度的运转，如企业制度、行政制度，更是需要国家去维护。而国家本身作为最大的一项制度安排是以财政为经济基础，须臾不能离开财政的支撑。二是财政承担最终风险。在一国之内，有各种各样的公共风险，有些可以通过相应的制度来化解，如健康的金融体系和健全的金融监管对化解金融风险——现代社会最不可忽视的一种公共风险——十分重要，但后盾还是得靠财政来保证。在整个制度结构中，财政处于边际位置，是防范公共风险的最后一道防线，即财政总是最后兜底。换句话说，财政是公共风险的最终承担者。这就是财政的本质。①

在全球化背景下，人类社会的制度结构同样是一个系统，由多种制度组合而成。比如目前的联合国、世界银行、国际货币基金组织、世界贸易组织、亚太经合组织、G20、北约、国际气候协定以及各种多边、双边的国际协定等等。不同的制度在全球化体系从不同侧面应对全球各种不确定性，对全球化过程中的公共风险有不同的防范作用。大国财政作为全球治理体系和全球化过程中的制度安排，同样

① 刘尚希：《公共风险视角下的公共财政》，经济科学出版社 2010 年版。

具有特殊地位和作用。

一方面，各国财政、尤其是大国财政要承担全球治理体系中的各种制度成本。全球治理体系中的各种组织体系和制度实施，都需要相应的运行成本。例如，2015年，联合国会费约为27亿美元。联合国会费的缴纳是用一个国家的国民生产总值除以联合国所有成员国国民生产总值之和，得出的比例就是这个国家应缴纳的会费。联合国收取的会费用于联合国日常开支，援助落后国家的费用等。至于维和费用不在其中需另外征缴。2015年，美国分摊比例为22%，中国为5.148%。据统计，20世纪初的1909年只有213个国际组织，到1956年其总数达到1 117个，冷战后的1990年达到26 656个，从1990年到1998年的9年中，国际组织以平均每年净增2 500个的速度扩张，到1998年年底，各种国际组织多达48 350个。其中约95%是非政府组织，协定性政府间组织约250个。[①] 如此多的国际组织，成员国需要负担的运行费用是非常庞大的，其中大国承担的费用更高。例如，上合组织秘书处的会费，主要用于常设机构的日常支出。本着自愿、合理、不摊派原则，每个国家根据本国国力自愿提出应缴纳的数量。这是一种很独特的缴纳方式，因为联合国等国际组织都是根据一个国家的国内生产总值来定会费的。成立后的第一年，6国就为支持常设机构的运转缴纳了350万美元，其中216万美元拨给了秘书处。会费中，中俄各认24%，哈萨克斯坦为21%，乌兹别克斯坦15%，吉尔吉斯斯坦10%，塔吉克斯坦6%。[②]

另一方面，在全球范围内大国财政是全球剩余公共风险的承担

---

① 饶戈平：《全球化进程中的国际组织》，北京大学出版社2005年版。
② 《访上海合作组织秘书处》，《人民日报》2006年6月16日。

者。全球各种各样的公共风险通过各种全球治理机制和制度化解后，总会剩余一些公共风险，这个时候的公共风险只能由大国财政来承担。与一中财政一样，大国财政在整个制度结构中处于边际位置，是防范全球公共风险的最后一道防线，承担最后兜底责任。例如，应对气候变化的挑战，需要一个促进大规模减排的国际合作机制。否则，减排的公平性、效果和效率都会大打折扣，也会大大增加全球减排成本。虽然一些市场机制可以起到全球节能减排的作用，但需要财政起领导作用，作为激励手段，特别是发达国家向发展中国家提供的资金和技术支持，推动发展中国家的节能减排。还有一个案例就是，最近的希腊债务危机，欧元区领导人就希腊成立 500 亿欧元私有化基金达成一致，基金由希腊政府管理，国际债权方监督。德国总理默克尔透露，对希腊的新一轮财政援助金额高达 820 亿欧元至 860 亿欧元，援助期为 3 年。如果不对希腊进行救助，产生的后果和风险比救助应该大得多，这实际上是大国财政在承担公共风险的最后责任。

推动全球治理核心制度变革

不健全的财政体系和制度是全球风险的巨大隐患，甚至是全球风险的重要来源，大国财政应致力于推动全球治理核心制度的变革。

一方面，推动合作机制建设，要强化命运共同体意识，在合作中谋求全人类福祉和全球技术创新。从原始社会开始，一个团体的民生福利只惠及本团体的成员，有清晰的界限。很多时候甚至通过掠夺其他团体来增进本团体成员的福利。这种内外有别的政策一直在很长时间里影响着人类文明的发展。[1] 在今天全球化的背景下，当全球公

---

[1] 史卫：《人类财政文明的起源与演进》，中国财政经济出版社 2013 年版。

共风险让任何人都无法幸免时，只有合作才能增加全球共同的福祉。不仅要在扶贫互助上，还要在环境保护、解决金融危机、促进区域经济发展等方面，都要在全球谋划更广阔的合作空间。全球最大的利益就是全球公共风险的防范，因此把全球利益与国家利益有机结合其实质就是把大国财政与全球治理紧密结合在一起。只有善于谋全球大局，以实现国家崛起，引领人类文明发展方向，把大国财政与全球治理紧密结合起来，既防范和化解一国国内的风险，同时又实现防范和化解全球性或区域性公共风险，这是未来全球化应倡导的主旋律。中国新一代领导人执政以来，通过引领全球化而塑造世界，同时又在全球化过程中解决自身的矛盾和问题。其中关键的一环是倡导建设丝绸之路经济带、21 世纪海上丝绸之路。"一带一路"成为中国塑造欧亚大陆版本全球化的积极倡议。其要旨是将中国开发西部的战略，通过与中亚、南亚、欧洲等地的互联互通，与欧亚经济一体化密切联系起来，推动形成中国全方位开放格局。①

另一方面，推动全球治理变革中要主动作为，强化大国责任担当。过去一个国家的崛起，所获得的利益与其受到的制约和所要承担的责任是可以分离的。而现在和今后，崛起与责任、制约是密不可分的。任何一个崛起的国家在追求自身的利益所得时，还必须考虑所要受到的制约，以及所要承担的全球责任。这些责任，不仅体现在政治层面，还包括经济、社会、文化、资源和环境等各个领域。② 人类社会很快进入更加规范、更具有约束力的发展阶段。特别是随着社会法制和各种监管机构、标准体系的健全与完善，国家在崛起过程中受到

① 王义桅：《"醒狮"中国主动塑造世界的途径》，载人民论坛编《大国治理：大智慧与大视野》，北京联合出版公司 2015 年版。

② 张国君：《大国是怎样崛起的》，中央文献出版社 2014 年版。

的约束越来越多，担负的责任越来越大。如果忽视了这一重要因素，便会处处受阻，影响整个国家崛起的进程。当然，在强调责任的同时，也要与自身的能力相适应，并与崛起的进度相适应。目前的国际体系仍然由美国和西方主导，中国应当承担相应的责任，但这份责任要和自己的能力相适应，因为中国目前还没有具备像美国那样向其他国家"收租"的能力。[①]

引领人类制度文明

历史上，霸权国家对外扩张常常是与传播其文化相伴随的。被征服者往往是从接受征服者文化开始而放弃抵抗的。所以，直到今天，在大国之间的较量中，文化或者说文化传播的较量仍然是一个不可或缺的重要方面。与过去不同的是，现在大国传播文化不是为了对他国实施传统意义上的奴役或殖民统治，而主要是为了让自己的价值观在更广泛的范围得到认同，从而帮助实现对外战略和政策目标。

20 世纪八九十年代，美国获得的巨大发展都直接得益于两个领域的革命性变革——一个是技术方面，另一个则是金融方面的：微型芯片的发明和风险投资的兴起。前者带来了计算机时代，后者则催生了硅谷高新科技工业，而高新科技工业的发展反过来又使"信息技术"的新成果得到了飞速利用。两个领域的发展源头是紧密相连的。同样，两个领域的巨大发展仍然得益于美国对科技移民和创业精神所持的开放型国家政策。[②]

美国建国仅 200 年就成为世界第一强国，这与其广泛吸引全球优

---

① 郑永年：《通往大国之路：中国与世界秩序的重塑》，东方出版社 2011 年版。
② 艾米·蔡：《大国兴亡录》，刘海青、杨礼武译，新世界出版社 2013 年版。

秀人才的国家战略密不可分，而留学生教育正是其招贤纳士的重要渠道之一。美国开始大量吸纳留学生始于第二次世界大战以后。由于欧洲在第二次世界大战中遭受重大打击，美国迅速抢得先机，成为世界头号留学生输入国。赴美留学生的人数也从第二次世界大战结束时的5 000—9 000人猛增到2013—2014学年的886 052人。半个世纪以来，美国不断完善留学生政策，除了美国发达的高等教育体制外，很多优秀的人才还被美国丰厚的奖学金、多样化的打工和签证政策吸引而来。他们的到来不仅让美国的校园更加国际化，文化更具多样性，也让美国始终保持充足的人才储备。这些都是与财政分不开的。美国教育部每年支出300亿美元用于高等教育阶段的助学项目所需用款。教育部官员称，自2008年以来，美国对高等教育阶段助学项目的财政支出处于比较稳定的状态。据教育部提供的统计数据显示，2008年，教育部用于高校的赠款为23亿美元，用于助学体系项目的支出额度为276亿美元，这其中包括174亿美元的学生助学金项目、96亿美元的学生贷款项目以及6亿美元的学生日常管理项目。①

在中国文化传统中，与世界主义相对应的是天下主义。天下体系不仅是一个地理、政治和经济概念，同时也是一个文化和价值概念，它不仅指"人类可以居住的整个世界"，"还指土地上所有人的'民心'"以及"一种世界一家的理想或乌托邦（所谓四海一家）"。中国的天下主义某种程度上超越了西方国际关系理论中的世界主义，具体体现在以下三点：一是近代西方世界主义建立在"利益和谐论"的简单而抽象的假设基础上，将自身的国家利益隐藏于"普世"利益的虚伪外套之下。而中国的天下主义则把天下看作一个不可分割的人类公

---

① 戴正宗编译：《美国助学与财政支持》，中国财经报网，2014年9月2日。

共空间，并以世界为尺度去思考属于世界的问题，故此，得以打破国家利益的束缚，看到世界更加长远的利益、价值与责任。二是近代西方在内、外政策上奉行双重治理标准，对内民主，对外强权，无法超越自身的内部矛盾。而中国的天下主义则可以"实现自上而下的政治治理传递，因而可以作为结束当今世界混乱局面的一种方法论"。三是近代西方世界主义以普遍的共和制政体为结成世界性联盟的前提，怀有"同化他者"的强烈冲动，中国的天下主义则尊重世界的多样性，于异中求同。①

大国财政要谋求中国利益和全球利益的最大交集。坚持国家利益与全人类共同利益相结合，是中国处理对外关系的基本原则之一，也是中国国际法制实践的出发点。全人类共同利益原则是国际关系发展的产物，并随着各国相互依存关系的加深特别是经济全球化的发展而不断扩展。全球化趋势虽使传统的国家主权观念受到冲击，但在相当长的历史时期内，国家仍然是国际关系最基本的行为主体，国家利益仍然在国际关系中占据主导地位。任何国家都是将国家利益作为制订对外政策的依据，中国也是如此。"维护全人类共同利益"这一崭新的思想和命题是对中国国际关系，包括国际法理论的重要发展。维护中国的国家利益当然是最重要的，在经济全球化条件下，中国的国家利益与别国的国家利益更深地相互依存，因此只有寻求中国利益与全人类利益的结合，才能更好地维护和促进中国国家利益。在强调全人类共同利益的同时，不能忽视甚至否认国家利益，两者是和谐统一的。

---

① 王义桅、韩雪晴：《国际关系理论的中国梦》，《世界经济与政治》2013 年第 8 期。

第五章
我们离大国财政有多远

从中国现实来看，我们具备了一定的基础和条件，但大国财政没有建立起来，与大国经济地位、大国治理不相匹配，导致了配置全球资源的能力不足、化解全球公共风险的能力不强、参与全球治理的深度不够、统筹全球利益分配意识和能力尚待提升等问题，这些制约了中国的影响力，未来中国大国财政的任务非常艰巨。

一、具备建立大国财政的基础和条件

软硬实力快速成长

全球经济增长重心转变集中表现为"二八易位"。21 世纪以来，新兴国家取得了突出的经济表现，并因此成为世界瞩目的焦点。在经济增长方面，在 2000 年至 2013 年期间，新兴市场与发展中国家平均增长率为 6.1%，其中金砖国家平均增长率为 6.9%，分别高于同期世界经济增长率 2.4 个和 3.2 个百分点。在经济规模总量方面，2013 年新兴市场与发展中国家按市场汇率计算的 GDP 总额达到 28.64 万亿美元，占全球 GDP 的份额比 2000 年提高了 18.6 个百分点至 38.7%，

其中金砖国家的 GDP 总额达到 15.76 万亿美元，占全球 GDP 的份额
为 21.3%，比 2000 年提高了 13.0 个百分点；如果按购买力平价来衡
量，2013 年新兴市场与发展中经济体占全球 GDP 的份额首次超过发
达经济体，达到 50.4%，比 2000 年提高了 13.4 个百分点，其中金砖
国家占全球的份额为 27.6%，比 2000 年提高了 10.7 个百分点。从经
济规模的增量来看，近年来以金砖国家为代表的新兴国家拥有更为
突出的表现。2008 年至 2013 年 5 年间，新兴市场与发展中国家按市
场汇率计算的 GDP 总额净增了大约 9.45 万亿美元，占全球 GDP 增
量的 77.9%，其中金砖国家净增 6.43 万亿美元，占全球 GDP 增量的
53.0%；而同期发达经济 GDP 总额净增 2.69 万亿美元，占全球 GDP
增量的 22.1%，其中七国集团净增 1.88 万亿美元，占全球 GDP 增
量的 15.5%。[①] 英国一家研究机构 2009 年 6 月发表的一项报告指出：
2009 年，美国、加拿大、欧洲这三大传统的西方经济体在全球经济
中所占比重将下降至 50% 以下，是 19 世纪中叶以来的第一次。

　　20 年前，美国的人均国民生产总值（GDP）是中国的 40 倍，现
在是中国的 5 倍，而且差距还在缩小。国际货币基金组织（IMF）预
计中国经济将在 2019 年超过美国。20 年来中国经济取得惊人发展：
1990—2000 年，中国国民生产总值年均增长率达 9.85%；2001—2010
年更达 10.49%，其中，2008—2009 年美国金融危机，中国经济增长
仍然达到 9%。在这段时间，工资年增长率高达 15—20%，城镇居民
人均可支配收入大幅增加 10.1 倍，新增城市就业人口高达 2.91 亿人。
2005 年，中国的经济规模尚不及美国的一半，仅为美国的 43%。使

① 徐秀军：《新兴国家视角下的金砖国家与全球经济治理体系变革》，《当代世界》2014 年
　　第 8 期。

用购买力平价（PPP）的方法计算，中国在 2014 年占全球 GDP 比例已经超过了美国的 16.14%，为 16.32%。而此前国际货币基金组织的报告也印证了这一点。

国际体系转型的加速与加剧，把中国推向国际舞台的中心，因为无论是在发展中五国、金砖四国还是在二十国集团中的新兴市场群体中，中国在经济实力和国际影响力方面都居于首位。而在应对近年来国际金融危机的过程中，中国举足轻重的地位与作用更是举世公认。中国崛起是迅速的、超常的发展，既告别过去的自我也超越正常发展的他者。改革开放 30 多年，特别是 20 世纪 90 年代中期以来，中国无疑以超常的速度发展，是当之无愧的崛起国家。自 2008 年国际金融危机以来，中国的大国地位更是得到了西方的认可与巩固。随着以中国为代表的新兴国家的整体性崛起，自 1648 年《威斯特伐利亚条约》签订至今 360 多年来的旧格局逐步被打破，国际格局进入破旧立新的特殊阶段。[①] 中国日益成为维护世界和平与发展的重要力量，国际舞台上的"中国声音"日渐增大，当今任何重大全球性问题缺少中国的参与将难以得到根本解决。美国彼得森国际经济研究所所长弗雷德·伯格斯滕提出中美两国集团论，即 G2；英国前外交大臣米利班德公开称：未来十年，中国将与美国并肩成为世界两强。

中国经济的快速成长始终伴随着财政制度和体系的改革与完善，二者形成一种良性互动关系。中国经济体制改革是以分配领域的利益调整作为切入点的。财政作为国民收入分配的枢纽，既是经济体制改革的突破口，又是经济体制改革的核心内容。经济体制改革每往前推进一步，都是在财政的率先启动、有力保障、积极配合与大力推动下

---

① 苏祖辉：《中国与世界关系进入历史性变化的新阶段》，《当代世界》2012 年第 2 期。

实现的。1994 年通过分税制改革，初步建立了适应社会主义市场经济体制要求的财税体制框架，为新体制下政府实施宏观调控奠定了制度基础；建立了财政收入稳定增长的长效机制，基本实现了财政收入的规范化和制度化，"两个比重"得以逐年提高，中央宏观调控能力明显增强；新体制还推动了统一市场的形成，地区封锁和割据问题得到了缓解，同时也促进了经济结构的调整与优化。1998 年财政改革的迫切任务就是进行相对于财政收入改革严重滞后的财政支出管理改革，为此，财政改革的重点转移到规范财政支出，提高财政支出管理水平上来。政府采购、会计集中核算、国库集中收付、部门预算、收支两条线、政府收支分类、公务卡制度等改革措施的相继实施，使财政支出管理逐步走向了规范化、法治化、科学化的轨道，为建立和完善公共财政的基本框架夯实了基础。进入 21 世纪，财政改革进入崭新阶段，提高财政支出绩效和公开透明成为改革的重点，公共财政不断得以完善。尤其是中共十八大以后提出建立现代财政制度，财政改革迈上法治化和现代化的快车道。

影响力越来越明显

国际国内两个大局的互动、国内国际两个市场的开发、国内问题的国际化、国际问题的国内化等诸多的新变化，说明中国全面卷入到全球事务之中，成为世界舞台上屈指可数的主角之一，哪怕是微小的言行，也逃不过镁光灯的投射，甚至放大。经过 30 多年改革开放，不论中国如何韬光养晦，也无法推卸所取得的世界第二大经济体的位置以及国际社会由此派生出的诸多期待和猜想，尤其是作为赶超对象的美国对于距离越来越近的中国的一举一动更为敏感。中国的影响力已经从区域扩展到全球范围，从地缘政治领域扩展到经济、社会、文化价值等诸多领域。今天的中国，已经成为世界经济发展和增长的中心，中国的经济状况、外汇储备、人民币汇率、股市行情、金融政策调整等，对外部世界的影响日益增大，深刻地影响着世界发展的进程。

中国经济增长加速了全球技术进步和促进了全球经济稳定。随着中国不断融入全球经济，中国经济与全球经济的联系也日趋紧密。中国经济的发展为全球其他国家和地区的发展提供了巨大的发展机会。具体来看表现为以下几个方面：一是中国经济的快速增长为全球发展提供了广阔的市场。过去 30 多年来，快速的工业化成功推动了中国经济高速增长，创造了巨大的需求空间。一方面，对于能源、原材料、机电设备的需求快速增长，极大刺激了那些能源、原材料和机器设备出口国的出口增长，带动了这些国家的经济发展。21 世纪以来，中国的铁矿石进口需求增长了 12.5 倍，高新技术产品和机电产品进口需求则分别增长了 8.7 倍和 6.6 倍。另一方面，随着中国经济的增长，中等收入以上人群不断壮大，迅速成为全球市场重要的消费力量。二是中国的发展促进了全球分工深化和技术进步。中国的对外开放不仅提高自身的专业化水平，也促进了贸易伙伴专业化水平的提高，同时带动全球分工体系的深化和资源利用效率的改善。研究表明，过去 20 多年来，亚洲主要经济体垂直专业化指数都有所上升，专业化程度在提高，分工在深化。其中中国的垂直专业化指数上升最快，由 1985 年的 8% 左右上升到 2008 年的 37%，已基本达到韩国的水平。另外，中国的发展也为全球研发提供大量的资金支持。2013 年中国全社会 R & D 投入占 GDP 比重达到 2.09%，这一比重超过了 2000 年的两倍。不仅如此，中国还是全球专利购买大国。2011 年中国已成为全球第五大专利许可支出国和全球第三大专利技术净输入国。三是中国的稳定发展有利于全球控制通胀和稳定经济增长。长期廉价的中国出口对于全球价格的稳定起着重要的作用。数据显示，过去 30 多年中国的出口价格年均上涨只有 0.5%；而同期全球出口的年均价格涨幅则达到 2.3%。另外，过去 30 多年中国经济保持长期稳定高速增长对抑制全球经济波动、维持全球经济稳定增长，在一定程度上起到"稳定器"作用。我们测算的数据显示，过去 30 多年来中国经济增长波动程度大幅低于主要发达国家。另外，金融危机爆发之后全球经济复苏过程更是说明了中国对全球经济稳定的重要作用。[1]

中国是拉动世界经济、促进共同发展的重要力量。中国的经济增长为全球提供了巨大的市场，促进了全球分工体系的深化。中国大规模的技术引进为全球研发提供大量的资金，加速了创新的产业化。中国出口价格长期保持低位对全球维持价格稳定起着十分重要的作用；过去的 30 多年中国是世界上经济增长波动最小的国家之一，这对于维持全球经济的稳定同样也起着十分重要的作用。长期持续稳定的高速增长使得中国经济增长对全球经济增量的贡献越来越大，过去 30 多年中国经济对全球经济增长的贡献率平均达到 13.5%，占发展中国家整体贡献的 40%；金融危机的爆发，促使中国更快取代美国成为全球经济增长最大的引擎。[2] 与此同时，由于中国入世大范围的开放市场，降低了许多产品的关税和非关税品类，从而使得全球市场的大多数商品的价格，因为中国入世而降低了。特别是中国生产的那些价廉物美的产品，使得全世界的中低收入群体最需要的产品价格大幅度降低，因此在某种意义上成为全世界最广泛的一次扶贫的行动。

---

① 何建武：《中国成为全球经济增量最大贡献者》，《中国经济时报》2014 年 12 月 2 日。

② 何建武：《中国成为全球经济增量最大贡献者》，《中国经济时报》2014 年 12 月 2 日。

它使得世界上几亿人口，特别是中低收入的群体，直接从中国大量的廉价商品上取得了好处，得到了实惠，也使长期困扰着许多国家，特别是西方发达国家的通货膨胀得到了一定程度的抑制。使这些国家在经济增长方面获得了更大的空间。

中国是推进人类正义与进步事业的健康力量。中国尊重世界的多样性，认为多样性是世界文明的基本特征，各种文明间的互补和交流是人类发展的重要推动力，不以制度和意识形态划线，主张树立互信、互利、平等和协作的新安全观，反对霸权主义，呼吁以多边主义来推进全球治理。在重大国际危机或事变面前，面对强权政治和霸权主义行为，中国将本国人民和世界人民的根本利益统一起来，捍卫发展中国家生存权和发展权，同时尊重发达国家的某些合理权益。中国加强与周边国家的友好合作关系，积极发展与发达国家的沟通与合作，妥善处理分歧，同时积极参与国际多边外交活动，维护和加强联合国及其安理会的权威和主导作用。

中国是促进国际合作、应对全球挑战、捍卫全人类共同利益的积极力量。对于全人类面临的各类挑战，中国主动参与国际合作，敦促发达国家率先自律，同时倡议发展中国家为保护全人类生存利益尽义务，并且几十年如一日，大规模地开展生态环境治理活动，从宏观上调解了欧亚大陆东部和太平洋西部的气候变化和生态平衡。中国积极参与扫毒、反恐和打击跨国犯罪的国际合作，投身国际防灾减灾事业和国际慈善事业。世界上所有不持偏见的人士都承认，中国在应对全球挑战、捍卫全人类共同利益方面，是一个负责任的国家。

中国大国财政的外溢性特征主要是通过中国作为新兴崛起的大国在国际上发挥的不可替代的积极作用中所体现。而中国在国际上发挥作用的过程中，大国财政起到十分重要的支撑作用，既表现为基本的财力保障作用，又表现为支撑中国参与全球公共事务的基础和重要支柱。

示范作用开始显现

大国财政的示范性建立在大国道路或大国模式的示范性基础上，并成为大国道路或大国模式的骨干内容和重要组成部分。

中国正在从一个世界现代进程的追随者转变为新型现代化道路的创造者。在人类历史上，还从来没有一个如此体量的大国在如此短的时间内实现现代化。中国创造的一些经验对于许多后发现代化国家来说富有启发意义。近年来，关于"北京共识""中国模式""中国经验""中国道路""中美共治"等的争论，虽然尚无定论，但至少反映出中国的发展对于以西方现代化经验为基础形成的理论范式、评价标准、认知系统提出了挑战。越来越多的西方观察家开始承认中国道路的优越性，认识到这种道路有引导社会追求长期目标的优势，避免陷入短视、民粹与分裂的西方民主陷阱。中国道路的成功也让许多发展中国家思考，如何在社会公正、可持续性发展以及市场效率之间实现平衡。可以说，中国道路的成功实践，在西方代议民主体制的经验之外，开创了一条取得"政治正当性"的可选路径。

进一步探究中国道路成功的秘诀，福山的最新研究成果给出了令人信服的答案：福山认为秩序良好的社会离不开三块基石——强大的政府、法治和民主问责制。他强调，三者的顺序至关重要，民主并不是第一位的，强政府才是。他认为尚未获得有效统治能力就进行民主化的政府无一例外地遭到失败，非洲许多地方在此出现问题，民主加剧而不是修正了现存问题。福山对全球政治史做了广泛研究后，肯定中国政治建设的顺序，强大政府是这个国家最重要的优势。这是一个恰逢其时的政治学发现，它表明中国道路的成功不是违反规律的"撞大运"，而是政治规律的正面印证。今天，中国的目的地仍在远方，但我们的确走在正确的道路上。

深刻认识和把握社会主义市场经济条件下政府与市场的关系。今天，我们取得的巨大成就来自较好地处理了政府与市场的关系，既注重发挥市场作用又注重发挥政府作用，注重"两只手"的协调配合。现在，随着实践的拓展和认识的深化，我们党提出了"使市场在资源配置中起决定性作用和更好发挥政府作用"的重大理论观点，对政府和市场关系作出了新的科学定位。这必将推动中国经济体制改革不断深化，把社会主义市场经济体制的优势进一步发挥出来。

一个国家的决策能力和执行效率是衡量其制度优劣的重要标尺。中国的组织能力、整合能力、规划能力总体上超过西方，特别是国难当头之时，我们的制度有担当，有定力。考虑到中国的人口规模比整个西方世界加在一起还大，中国今天"组织起来"的能力应该是中国道路 1949 年以来形成的最大财富之一。这种能力来之不易，它将继续帮助中国克服自己前进道路上的艰难险阻，在更多的领域内实现对西方和西方模式的超越。阿富汗前总统卡尔扎伊曾感叹："如果阿富汗有机会重新选择的话，一定会走中国式的发展道路。因为它行动高效，决策果断，以结果为导向。"我们的制度，能够着眼人民整体利益和国家长远发展，及时科学决策、高效有力执行，把持续性与开拓性有机地结合起来。

"中国模式"的实质是中国在经济全球化背景下为实现社会现代化所做出的一系列自主选择的集中体现。就中国的改革战略而言，它是渐进变化的，中国领导人不赞成激进的政治民主化，只支持渐进的政治试验和温和改革，这使中国保持了政治稳定，并且使投资者稳定了信心。中国道路最重要的经验就是"小规模试验，成功后再向全国推广"的试点制。国外的先进经验在中国的应用往往从特区开始，成功之后再向其他地区推广，如此摸索出一个本土化、适合中国国情的方式。中国道路的第二点经验是"集中决策但不集中实施"。负责"非集中实施"的地方领导通过具体指标来衡量绩效，包括吸引资金、创造就业、开发区域内人力资源的能力。这种做法能有效调动地方利用各类资源促进本地发展的积极性。中国道路的第三点经验是不断推动社会的开放与进步。

中国发展奇迹的根本原因是中国特色社会主义市场经济体制。这是一个包含了战略性中央政府、竞争性地方政府和竞争性企业系统的三维体制，一个把中央政府的战略领导力、地方政府的发展推动力与企业的创新活力三者有机结合的新型经济制度。具体而言，它有以下四大支柱：一是地方政府作为经济主体参与市场竞争，形成了三大市场主体；二是国有企业的资产资本化，形成了国有经济的战略制高点；三是包含中央与地方政府的分级资产负债管理体系，形成了超越西方公共财政的复合型国家理财；四是通过把国家顶层发展战略、中期发展规划与产业政策和短期宏观调控相结合，形成了分层整合的国家发展管理体系，从而超越西方常规市场经济中的被动式宏观干预。这些特征性制度安排的形成与演进，标志着中国已初步形成一种与西方常规市场经济有着系统性差异的、新的经济制度类型。而上述四大支柱共同发挥作用，为中国经济的超常规高速发展提供了战略方向与体制基础。①

中国道路是对西方发展道路的可替代性选择，中国道路解构了

---

① 史正富：《中国奇迹是如何出现的？》，http://www.ftchinese.com/story/001054336。

"西方中心主义"的话语体系，走出了发展中国家实现现代化的和平发展道路，揭示了人类文明发展的多样性，这较为准确地认识到了中国道路的重大意义。中国道路为世界发展提供了一种可替代性选择，特别是对发展中国家具有重大意义。英国剑桥大学学者彼得·诺兰在《处在十字路口的中国》一书中指出："中国自己的生存可能提供了一座灯塔，作为对美国主导的走向全球自由市场原教旨主义冲动的一种替代选择，从而促进全球的生存和可持续发展。这不仅是中国的十字路口，而且是整个世界的十字路口。"[①] 中国道路是在"地方性"条件下寻求另一种现代性和未来的方案，这一道路"一再被援引来建立一种可供选择的现代性主张"，"它不是要回到过去，而是要绕过过去，通向可以选择的未来"。中国道路的兴起不仅对中国未来的发展具有历史意义，而且对世界的发展尤其是对发展中国家具有重大参考价值。

中国公共财政建设的进步和不断完善是中国道路和中国经验的重要组成部分。财政改革作为经济体制改革的突破口，财政体制改革与经济体制改革之间形成良性互动，税制与经济结构相适应，集中财力办大事，基础设施建设先行，财政宏观调控已日趋成熟和完善，等等。中国财政改革走出了一条适合中国国情的发展道路，其中不乏可资其他发展中国家借鉴的成功经验。具体而言，有以下几个方面：一是财政改革坚持了正确的方向，始终坚持了市场化取向，遵循了发展是硬道理的要求，始终把有利于推进经济、政治、社会和文化建设的协调性放在首位；二是财政改革关键在于建立了规范、可持续的制度体系；三是财政改革实现了统筹兼顾，正确处理了各方面的利益关

---

① 彼得·诺兰：《处在十字路口的中国》，张瑾译，大风出版社 2006 年版。

系；四是坚持渐进式改革与突破推进相结合，实现了稳中有进；五是财政改革有坚强的领导力、科学的方案和各方支持与精心操作。

二、大而不强

从大国财政视角分析，中国当前存在的最根本问题是大而不强，大国财政与大国经济地位、大国治理不相匹配。按照当前中国在全球经济格局中的地位，应该建立与之相匹配的大国财政，但中国并没有形成真正的大国财政，致使财政支撑全球治理的能力不足，制约了中国的全球影响力。这主要表现在以下四个方面。

配置全球资源的能力不足

在经济全球化背景下，资源在全球范围内配置成为必然。一个国家的发展能力，并不仅限于对国内资源的配置能力，而是在很大程度上依赖于全球资源配置能力。

"全球资源"在此是一个广义的综合性概念，既包括化石能源、非能源矿产资源等在内的自然资源，也包括资本、人才等社会经济资源和技术资源。资源已成为中国经济发展的一个硬约束。随着中国人口增加，工业化、城镇化进程加快，经济总量不断扩大，资源消耗呈刚性增长，中国已经是诸多初级产品的最大消费国。从资源储量看，重要资源人均占有量低。虽然中国主要矿产品产量总体保持增长态势，但是大宗矿产品的供需缺口依然较大，对外依存度居于高位。随着中国经济不断发展和规模日益增大，对资源依赖程度显著上升。在这种情况下，中国未来经济发展状况在一定程度上取决于中国利用全球资源状况。然而，与这种需求相比，全球资源配置能力不足已成为中国经济短板。一旦资源供给国掐住我们的"脖子"，中国经济发展将会陷入困境。

市场与政府是配置全球资源的"两只手"。市场是配置全球资源的基础方式，企业通过市场机制，实现资源的跨国流动。政府则通过规则制定权、能源定价权以及一些政策的实施，影响全球资源配置。这两只手在全球资源配置中是相互依赖、相互支撑的关系。一方面，"市场之手"是"政府之手"发挥影响力的基础。如果一个国家的企业实力强大、技术先进、处于产业链的高端，则就在全球市场竞争中处于有利地位，在资源配置中掌握主动权。企业在全球资源配置中的实力增加，也就增加了本国政府的影响力，可以使政府在国际规则、能源定价等方面具有较大的话语权。另一方面，"政府之手"为"市场之手"提供保障。政府在全球具有较大的影响力和规则制定权、能源定价权，就意味着给企业提供了更为坚实的后盾，可以提升其全球资源配置能力，使其在国际经济活动中有了更多的发展空间，这也就是常说的"有大家、才有小家"的道理。埃克森·美孚、摩根大通、通用电气、丰田汽车等行业巨头的背后，总有政府的影子。如果一个国家的影响力较弱，那么该国的企业很难在全球资源配置中占有主导地位。

从现实来看，中国全球资源配置能力不足主要表现在两个方面：一方面，市场与政府这"两只手"在配置全球资源中的失衡。目前，中国在全球资源的配置中主要依赖"市场"这只手，而"政府"这只手的配置能力相对不足，使中国在全球资源配置中处于不利的局面，这也在一定程度上，抑制了企业"走出去"的能力。

另一方面，政府与市场这两只手自身都存在一些缺陷，制约了中国的全球资源配置能力。首先，从政府层面上来看，中国全球资源配置能力不足主要表现在以下几点：一是中国对于全球规则制定、能源定价等方面的影响力还不强。例如，从全球贸易规则上来看，国际多边贸易体制主要是在美国等西方发达经济体主导下建立起来的，主要服务于西方的利益，中国的话语权还不强。二是中国政策的独立性和自主性受到影响。例如，2015 年 8 月，中国对汇率政策的调整，完善人民币中间价的报价机制，向市场决定汇率前进了一大步，本来是符合西方国家所持的由市场决定汇率的观点，但却仍遭到一些国家的质疑和不满。三是采取的国际合作受到一些国家的歪曲和抵制。例如，与非洲在能源、基础设施等方面的合作，被个别国家歪曲为"新殖民主义"；实行"一带一路"，也遭到一些国家的暗中抵制。四是对于人力资源和科技的吸引能力还不足。其次，从企业层面上看，企业"走出去"参与全球资源的配置，还面临着一些约束和障碍。例如，企业大而不强的问题比较突出，缺少国际知名品牌，对于资源的吸引能力还有所欠缺；企业"走出去"之后的战略考量不是很清晰，经营不能根据环境和市场的变化及时调整，存在文化上的水土不服等问题，这些都困扰着企业在海外配置资源，使其面临着战略困境、文化困境和经营困境。

中国在全球资源配置中能力不足的原因在于：一方面，不公平的国际规则制约了配置能力的发挥。包括世贸组织规则在内的许多国际贸易规则，都是在发达国家的主导下制定的，中国参与得比较晚，这些贸易规则主要为了保护制定国的利益，在一些规定上对中国及其他一些发展中国家是不公平的。例如，为了保护环境，中国加强对稀土的开采管理，却被世贸组织裁定为违反世贸规则。联合国《建立新的国际经济秩序宣言》第四条第 5 款规定，"每个国家对自己的自然资源和一切经济活动拥有充分的永久主权。为了保卫这些资源，每个国家都有权采取适合于自己情况的手段，对本国资源及其开发实行有效控制。任何一国都不应遭受经济、政治或其他任何形势的胁迫，以至不能自由地和充分地行使这一不容剥夺的权利"。根据这一规定，中国的行为完全是合理的。实际上，稀土储量同样很大的美国、澳大利亚和法国等已停止大规模开采或是根本就没开采，而如今中国稀土产量却高达全球90%以上。这就属于典型的双重标准和贸易歧视。

另一方面，中国的大国财政较弱。财政是政府活动的体现，政府在全球资源配置上能力的不足，是大国财政较弱的一个直接反映。财政不仅对于中国全球影响力的支撑还不强，而且在支持企业"走出去"配置全球资源也还存在诸多需要完善的地方，迄今为止中国还没有一家具有一流竞争力的世界级跨国公司。实际上，上述的第一方面原因，即不公平的国际规则制约了配置能力的发挥，除了中国参与较晚这一客观现实之外，还与中国的大国财政较弱密切相关。正是由于大国财政较弱，与大国经济和大国治理不相匹配，导致了中国在规则制定和国际事务处理中的话语权不足，影响了全球资源配置能力。

化解全球公共风险的能力不强

财政是应对全球公共风险的主要工具。一方面，财政通过财政支出、税收等政策工具，直接防范和化解全球公共风险。另一方面，财政为其他应对全球公共风险的方式和行为提供保障。从表面上看，利率、汇率等政策属于金融政策范畴，但最终需要财政来承担。可以说，防范和化解全球风险的政策和措施，都可直接或间接地归结到财政。财政能力的强弱直接影响防范和化解全球公共风险的能力。全球公共风险的复杂化和传递性增强，对大国财政的能力提出了更高要求。

近些年来，随着财政实力的提升，中国应对全球风险的能力也在提升。不过，在全球风险日趋复杂、影响不断加剧的情况下，相对于防范和化解全球公共风险的需要而言，中国的能力还不强，主要表现在两个方面。

第一，构筑风险防火墙、应对来自外部风险的能力不强。全球公共风险一般都是由一国爆发，然后传递到其他国家。例如，2014年的埃博拉疫情，首先在几内亚爆发，然后是利比里亚、塞拉利昂、尼日利亚，短短6个月，埃博拉疫情蔓延至多达10个非洲国家。因此，大国财政应对全球公共风险，需要构筑风险防火墙，减弱或阻止全球公共风险向国内传递。从现实来看，中国构建防火墙的能力还不是很强，目前化解全球公共风险主要是"被动式应对"，尚未实现"主动式防御"。这主要表现在：对风险的预判性出现偏差、反应较为迟缓、应对措施滞后性和不完善、政策缺乏协调性等。通过2007—2009年的全球金融危机，就可以清楚地看到中国在应对风险中暴露出的诸多问题。受早期次级房屋信贷危机影响，2007年上半年美国等国家出现了流动性危机；到了2007年年中，美国发生"次贷危机"；继而，次贷危机通过"次级债"演化为全球金融危机。从2007年下半年起，美国、欧盟、日本等国推出了系统地应对金融危机的政策。然而，中国对这次由次债危机引发的全球金融危机，缺乏明确的判断，起初低估了危机的严重性、持续时间与蔓延程度，反应不够敏锐迅速，不仅没能及时采取有效的风险对冲和防范策略，反而采取了与之相反的措施。例如，在各国推出宽松政策应对危机之时，2007年下半年中国货币政策逐步从"稳健"转为"从紧"，收缩信贷；2008年年初的政府工作报告中提出了"双防"的调控基调，即防止经济从局部过热转变为全面过热、防止通胀由结构性通胀转变为总体性通胀；2008 年 1 月 15 日至 5 月 20 日，中国人民银行先后四次上调存款类金融机构人民币存款准备金率，推行全面紧缩政策。这些政策，加速了 2008 年中国经济下滑。受全球金融危机以及政策失误的影响，2008 年 9 月中国经济出现了困难，经济增速快速回落。此时，中国对全球金融危机影响的判断又出现了一些偏差，政策的调整又走向了另一个极端，出现"政策性恐慌"，反应过度。中国经济当前正处于"三期叠加"的特定阶段，与此有很大关联。在应对全球公共风险方面，之所以存在这种滞后和反差，一方面由于客观原因造成，与中国的发展阶段和对经济增长速度的要求有关，另一方面，这也表明中国应对全球公共风险的能力还不强。

第二，承担大国责任、化解全球公共风险的能力较弱。化解全球公共风险，不仅要做好国内的"文章"，而且还要站在全球利益的角度，承担大国责任，与其他国家一起防范和化解全球公共风险。从现实来看，中国承担大国责任、化解全球公共风险的能力较弱。主要表现在：在应对全球公共风险上，参与的深度不够，与其他国家的信息共享和情报交换还不足、政策协调不够，等等。这其中的原因主要在于三方面：一是受制于国际规则的限制。现行的国际规则是在发达国家的主导下制定的，中国参与得比较晚，在国际政治经济舞台上的发言权还较弱，影响了大国财政作用的发挥；二是中国大国经济的地位还不牢固，在软实力上与一些发达国家还存在不小的差距，这也限制了大国财政发挥作用；三是在应对全球公共危机上，由于中国是后跟进者，存在经验不足、方式待优化等问题。

参与全球治理的深度不够

近些年来，虽然中国积极参与全球治理，在全球事务中发挥一定作用，但与大国经济地位相比，中国大国财政参与全球治理的能力不足、深度不够，主要表现在以下几个方面。

一是全球规则制定权有限。作为全球治理的手段，治理规则是指用于调节国际关系并规范国际秩序的所有跨国性原则、规范、标准、协议等。全球规则的制定主体可分为三类，即：如联合国之类的由主权国家组成的多功能国际组织、国际官方经济体系及机构、如国际商会和国际红十字会之类由国际联合成立的非政府组织。总体来看，无论哪类主体制定的全球规则，大都是在发达国家的主导下建立的，并最终以维护发达国家利益为目的。受时代背景及外交政策的影响，中国直到1971年恢复联合国合法席位，才开始有限地、被动地参与国际机制。虽然近些年来，中国的影响力有很大提升，但由于参与较晚、对相关规则不熟悉等原因，在全球规则制定上仍处于边缘角色，制定权相对有限。

二是重大国际事务的话语权不够。长期以来，全球重大事务的话语权掌握在西方国家手中。例如，IMF总裁和世界银行行长一直由欧美分别把持，分享IMF和世界银行的领导权，其他国家难以有发言权。随着中国快速崛起，遏制中国的思维逻辑在西方国家中广泛存在。在重大国际事务中，西方国家对中国持双重标准：一方面，在具体事务上要求中国担负超出能力之外的责任；另一方面又拒绝让出部分权利，从而导致中国在全球治理中的权利现状与责任要求不相匹配。此外，在处理国际事务中，中国善意的目的和行为常常被误解或曲解，出现付出与回馈不对等的情况。中国不能一味地接受别国的话语权和规则制定权，必须发挥大国财政在全球治理中的积极作用。否则，将会危及中国的核心利益。

三是参与的方式有待于优化、领域有待于拓广。近些年来，中国参与全球治理的方式日趋多样，范围明显扩大，并积极推动全球治理变革，但尚未实现由"被动参与者"到"积极引领者"的转变，在参与的方式上多停留在呼吁、倡议上，对于实质性的协调、协商和谈判影响力相对较小，缺少主导性和主动性。从参与的领域上来看，中国在全球经济治理中作用突出，但在政治、社会、文化、环境等其他众多领域则更多的还是一个配角，与大国地位不相符合。

四是对中国国际战略支撑有待于提升。一国参与全球治理的深度，通常与其国际战略有关，而一个适合本国需要的国际战略能否得到有效实施，依赖于财政的支撑。长期以来，对于财政的功能定位主要集中在国内治理层面，对财政在国际战略中作用认识不足，甚至许多人将政府预算看作普通的政府收支计划，将财政部门看作是政府的"会计"。在这种理念下，财政只是被看作政府核算的工具，致使财政对中国国际战略的支撑作用并没有完全发挥出来，抑制了财政在全球治理中的积极作用。

五是财政制度的示范性不强。财政制度是一项极为重要的软实力。财政制度示范性的大小，对本国在全球治理中地位产生重要影响。虽然中国当前正致力于现代财政制度建设，但还存有一些不科学、不规范、不合理之处，限制了财政功能和作用的发挥，法治化、规范化有待于进一步提升。特别是财权不统一、不协调，不仅影响了国内治理能力，而且也削弱了中国参与全球治理的能力，无法形成一个有力的"拳头"。

统筹国家利益与全球利益的意识和能力尚待提升

中国崛起的环境与英美等其他大国崛起的环境相比已发生重大变化，不能再走靠掠夺其他国家利益的方式实现自身发展。全球化的纵深发展，使全世界更像一个整体，仅仅考量本国利益已不符合世界发展的潮流。大国财政是统筹国家利益与全球利益的重要工具。从中国现实来看，大国财政统筹国家利益与全球利益的意识和能力尚待提升。主要体现在以下几个方面。

一是存在认识偏差，相对缺乏主动性应对。其一，对国家的核心利益和全球利益缺乏清晰的认识。对于何为国家的核心利益，何为全球利益，以及二者的关系，社会上尚缺乏清晰的认识。以前的财政主要着眼于国家利益，忽视了国家利益与全球利益的互动、转换，因而在政策制定上尚未树立全球意识，未能体现国家利益与全球利益的结合与平衡。其二，对大国财政的外溢性认识不足。长期以来，对于财政的功能定位主要集中在国内治理层面，对财政在国际经济政治中作用认识不足，特别是对大国财政的外溢性认识不足、研究不够，致使在全球经济活动中丧失了主动权。例如，对于大量的财政补贴项目产生的正外部性缺乏客观性分析，也缺乏有效的统筹、协调策略，如光伏产品项目补贴。近些年来，中国对光伏产品进行了补贴，仅国家"阳光屋顶计划"2010 年就投入 2.2 亿元财政资金，使其他国家享受中国的低价产品，但受贸易保护主义的影响，美欧对中国实施了"双反"。2013 年 6 月初，欧盟委员会宣布，欧盟从 6 月 6 日起对产自中国的光伏产品征收 11.8％的临时反倾销税；美国在 2012 年 11 月对中国输美光伏产品已征收高额反倾销、反补贴税的情况下，于 2014 年6 月再次对中国光伏产品发起"双反"调查。

二是缺乏统一的协调战略和体系。长期以来，中国在金钱、交通建设等物质资源方面为一些国家的发展以及全球利益的平衡做出了巨大贡献，但由于没有形成统一的体系，缺乏相应的策略，致使效果不佳，没有产生应有的影响力。

三是未能打破"斯蒂格利茨怪圈"。所谓的"斯蒂格利茨怪圈",也即"资本流动怪圈",是指在国际资本循环中,新兴市场国家在以较高的成本从发达国家引进过剩资本后,又通过购买美国国债等低收益形式把借来的资本倒流美国,美国再将资金投资在新兴市场获取高额回报的现象。之所以出现这一"怪圈",既与新兴国家金融市场的发展相对滞后、美国长期利率走低、美国霸权等因素有关,也与外汇储备的投资渠道匮乏有关。中国也深陷这一"怪圈"之中。这一"怪圈",意味着中国对外负债的回报率远高于对外资产的收益率,高额的负债成本和低廉的投资收益形成了强烈的反差,使中国蒙受巨大损失。

三、大国财政:重任在肩

针对大国财政与大国经济地位、大国治理不相匹配所导致的诸多问题,为完成大国财政的历史使命,大国财政当前的任务非常艰巨,其重心在于促进全球资源效率与公平融合、加强全球公共风险的防范与监控、提升国际财经协调与合作、协调与平衡国家利益与全球利益的关系四个方面。

促进全球资源配置公平与效率融合

公平与效率是全球资源配置的核心与焦点。全球资源配置中的不公平,不仅降低了全球资源配置效率,影响了包括中国在内的发展中国家的发展,增加了国际减贫的压力与难度,而且造成全球经济、社会结构失衡,也危及发达国家的利益。为此,需要构建大国财政,促进全球资源效率与公平融合。

1.大国财政是促进全球资源配置公平与效率融合的有效工具

全球资源配置中的公平，也就是建立公平公正的全球资源配置规则，同时保证资源的分配和责任的承担上都要做到公正、平等，是形式公平与实质公平的统一。从人类的共同利益角度出发，不公平的资源配置，不仅仅是资源配置扭曲问题，还会造成全球经济失衡，有损于人类的共同利益，从而必然降低资源配置效率。而提高全球资源配置的公平与效率，在相应的实力依托、大国财政的支撑和有效的规则保障下才能变为现实。大国财政之所以是促进全球资源配置公平与效率融合的有效工具，基于以下三个原因：其一，大国财政是大国实力的重要体现，为大国活动提供支撑和保障，增强在资源配置规则制定以及资源价格决定中的话语权；其二，大国财政以其税收、财政支出等政策设计和相关制度，直接影响全球资源配置。其三，大国财政还可以通过对本国企业的支持，提高企业在全球资源配置中的地位和能力，提升资源配置的效率。因此，为全球治理提供公平的规则和治理架构，促进全球资源配置公平与效率融合，是大国财政的一个重要任务。

2.发挥大国财政作用应立足于"建设者"和"改革者"的角色

大国财政促进全球资源配置公平与效率融合，必须立足于一个现实：中国虽然在硬实力上有了较大提升，但在软实力上还与美国有很大差距，这意味着中国还不是一个具有改变全球治理规则和结构能力的大国。如果过早地推进全球秩序的改变，可能会适得其反，不符合中国发展的长远利益，也不利于促进全球资源配置公平与效率的融合。因此，发挥大国财政作用，要从"建设者"而不是从"颠覆者"的角度出发，在支持现有体系存续的基础上，推动有利于促进全球资源配置公平和效率的改革，以适应新的国际形势，特别是抓住新兴大国崛起与美欧实力相对衰退的契机，推进国际治理变革，从而扮演国际体系的"改革者"。

3. 大国财政促进全球资源公平与效率融合的具体任务

促进全球资源公平与效率融合，大国财政要承担起以下任务。

第一，促使中国吸引外部资源方式的转变。以前，中国对国外资源的吸引主要靠以税收减免、土地免费使用为主的政策优惠，这种方式已走到尽头，当前需要实现吸引国外资源方式的转变。如何增强中国吸引资源的能力？需要发挥财政的作用，以财政制度优化环境，增强中国吸引资源的能力。首先，在制度趋同和制度创新的基础上，打造现代财政制度。国际经济活动的交往日益密切，全球竞争加剧，制度差异特别是税收制度差异，在一定程度上将会阻碍资源流动，削弱竞争力。为了在竞争中取得优势，各国加大了制度调整的力度，从而使包括财政制度在内的一系列制度必然出现趋同。因此，我们既要适应全球化发展的需求，顺应制度趋同做出改进，又要保持财政制度和政策的自主性和必要特色，在具体国情中形成制度优势，这样才能增强制度的吸引力。其次，提供优质的公共服务。在未来的发展中，优质的公共服务是吸引外部资源最重要的优势之一。通过财政改革，优化公共服务的供给方式，提升供给质量。最后，实行其他一些财政政策。例如，设立专门的科技教育基金，吸引国外优秀人才来中国留学和创业。

第二，推动全球经济治理规则改革。积极推动现有全球经济治理机制的改革，提升经济治理的效果，包括完善经济治理机构、增强规则（特别是国际金融规则）的规范性和强制性、加强对治理过程的监督等。加强与新兴国家的联系与磋商，切实考虑发展中国家的利益和诉求，逐渐在全球经济治理规则上提出中国的新观点和新方案，逐步解决全球资源配置中的不公平和配置失衡问题。采取灵活务实的参与策略，不断提升国际公关能力，明确自身的角色定位并适时调整，提升中国在经济治理机制中的话语权和资源定价权。

第三，提升"走出去"实施效果。一是通过财政政策，提升"走出去"企业的能力，打造中国版的顶尖跨国公司。在税收上，制定和完善相关税收政策，推进企业战略重组和海外并购；建立对风险投资的税收倾斜政策，进一步建立健全对企业应用研究开发的税收优惠政策，完善对高新技术和自主知识产权投资的所得税优惠，提高企业创新能力。在财政支出上，通过建立特别基金等方式，帮助企业实现海外融资的便利性。二是拓广"走出去"的领域和方式。例如，支持"农业走出去"，充分利用境外土地、水源、水产等自然资源，建立稳定、可靠的境外农产品供应基地，掌握粮食安全的主动权；支持"科技走出去"，设立海外研发基地，利用海外的人才、科技资源，提高中国技术体系的创新能力。

加强全球公共风险的防范与监控

在全球化纵深发展的情况下，全球日益表现为一个整体，全球公共风险的传递性和复杂性增强，对全球的影响程度也加深，呈现出"牵一发而动全身"的多面特征。一国的公共风险，特别是大国的公共风险，很容易扩散到其他国家，引发全球性的公共风险。例如，2007—2009年的国际金融危机就是首先在美国爆发，然后传递到欧洲、日本，最后演化为全球金融风险。大国财政加强全球公共风险的防范与监控，主要立足于两个层面。

一方面，立足于国内，构筑风险"防火墙"。当前应对危机的环境与以往相比发生了很大变化，中国与全球经济的联系更为密切、互动性增强。在实行固定汇率制度、资本进出管制的情况下，中国抵御全球金融风险的能力还是比较强的，1997 年的亚洲金融危机，对中国基本上没有直接产生影响。如今中国正在推进汇率制度、资本项目可兑换、人民币国际化等改革，这都可能带来新的风险，对抵御外来风险的能力提出了更高要求。在这种情况下，大国财政需要发挥积极作用，构筑风险"防火墙"。为此，应着力以财政制度为核心，构建公共风险管理机制。规范的财政制度，有利于增强防御外来风险的能力。针对中国财政制度存在的诸多问题，加快改革步伐，构建大财政、强财政。成立全球风险评估机构，及时掌握全球风险的变化以及对中国可能带来的影响，增加应对的主动性。同时根据实际需要和现实条件，逐步开放资本项目、逐步实现资本项下人民币可兑换。人民币国际化是中国大国经济地位的反映和需要，有利于提升中国的影响力和增进中国储备资产安全。但无论是开放资本项目下的可兑换，还是实现人民币国际化，都需要在加快国内结构调整和体制改革基础上，稳步推进，不能急于求成，否则将会带来较为严重的风险。

另一方面，站在全球的角度，承担大国责任，构建全球风险应对机制。在当前"一荣俱荣、一损俱损"的全球风险效应下，单靠某个国家很难防范和化解全球风险，需要各国加强协作，特别是大国更应承担起应有的责任，全面、系统、动态地防御全球风险。大国财政在构建全球风险应对机制中，需要承担起以下具体任务：一是推动财经信息共享和情报交换，消除信息障碍，便于及时发现可能的风险点，降低不确定性，增强防范的前瞻性。二是建立国际风险论坛和建立风险预警机制，定期讨论全球风险点和可能的演化路径及影响，并探讨建立风险预警机制，可以通过设定一系列指数来建立全球风险预警系统，做到防患于未然，从而有效地规避或防范全球风险。三是加强宏观政策的协调，建立联动机制。积极参与探讨财政政策和金融政策的国际协调方式，通过各国政策协调，形成全球风险治理的集体责任，增强应对各种风险的能力。2009年12月，希腊主权债务危机爆发以后，问题不仅迟迟没有得到解决，而且使危机蔓延至更多国家。究其原因，就在于欧元区国家之间缺乏有效的经济与货币政策的统一协调。四是建立区域风险防范与合作机制。区域风险，在区域各国或地区的传递性和影响性更大。在对全球风险监控的基础上，中国应高度重视防范区域风险，发挥在建立区域风险防范与合作机制中的主导作用，加强相关国家或地区的协调。要在各国或地区充分交流的基础上，协商制定推进区域风险防范与合作的规划和措施，增强协同抵御风险能力。

提升国际财经协调与合作

在全球化纵深发展以及风险的全球化、系统化情况下，世界各国加强国际财经协调与合作显得更为迫切和重要。一国在国际财经协调与合作中的地位，反映了该国的实力，是该国影响力的具体体现。提升国际财经协调与合作，应对全球风险，增强中国的影响力，为发展创造一个良好的外部环境，将成为今后大国财政的一个重要任务。

1. 拓展国际财经协调与合作的范围和深度

全球化的广度和深度在不断拓展，决定了国际财经协调与合作的范围和深度也应随之不断拓展。世界各国在国际财经协调与合作中的主要议题由对外贸易和投资等领域向其他国家的国内财税政策、货币政策、产业政策等经济政策领域拓展。从中国而言，随着经济在全球地位中的上升，中国参与国家财经协调与合作也发生了重大变化，进入了快速发展的时期，协调与合作的方式趋向多元化，内容大为丰富。例如，通过参与 G20 峰会等国际较高级别的多边国际财经合作机制化平台，使中国参与国际财经协调与合作的级别升级；中美、中欧、中英、中法等双边领域的财经对话机制日益活跃，对话、交流向纵深发展；国际财经协调与合作的范围不断扩大，2013 年 8 月，中国签署第一份多边税收协议——《多边税收征管互助公约》，在参与国际税收合作领域实现新的突破；中国与其他国家在金融、投资等领域的协调与合作日益密切，为应对国际金融危机、促进全球经济复苏增长做出了积极贡献；中国与其他主要经济体的宏观经济政策协调近年来也大大加强，并主动参与制定国际金融、国际贸易和投资等规则的制定和修改。

随着中国进入改革开放的新阶段、经济深度融入全球经济，中国参与国际财经协调与合作的范围和深度也应不断拓展。在双边和多边财税领域的合作方面，一是加强税收信息交换、应对税基侵蚀和利润转移行动计划以及其他国际税收征管方面的协调与合作，共同应对和打击跨境逃避税；二是加强财政政策、货币政策、债务杠杆调整机制等方面的协调与合作，防范国际金融风险、促进全球经济发展；三是加强在投资、产能、环境等方面的协调与合作。

2. 优化国际财经协调与合作机制和方式

可从国际税收协调与合作、国际金融协调与合作、国际产能合作、其他财政领域的协调与合作等四个方面，优化国际财经协调与合作机制和方式。

其一，国际税收协调与合作。

从发展趋势上来看，国际税收协调与合作应重点防止税收政策调整、应对和打击跨境逃避税等方面。具体而言，主要包括以下几个方面。

一是加强国际税收信息交换。自 2008 年全球金融危机爆发后，作为打击国际逃避税重要手段之一的国际税收信息交换，备受国际组织和各国政府的高度关注。美国国会于 2011 年 6 月通过《海外账户税收遵从法案》，打破了瑞士的银行客户信息保密壁垒。《多边税收征管互助公约》的修订、欧盟《利息税指令》《行政合作指令》的出台，以及 2013 年 G20 峰会"支持将自动信息交换确定为新的国际税收透明度标准"的声明，都将国际税收信息交换推向了国际税收协调与合作的"前台"。国际税收信息交换是国际经济融合的产物，不仅有助于解决金融机构在不同国家遵守不同的合规标准而带来的国际征管难题，打击国际逃避税，而且有助于维护本国的利益。中国已经于 2013 年 8 月签署了《多边税收征管互助公约》，加快推进这项工作势在必行。为此，中国应修改完善相关法律和《国际税收情报交换工作规程》，尽快适应国际税收信息自动交换的标准，制定具体可行并与国际标准接轨的操作指南，并促进自动信息交换多边机制和交换平台的构建，研究跨国纳税人的国际加密身份查证系统，逐渐发挥大国财政在国际税收领域的影响力。

二是应对税基侵蚀和利润转移行动计划方面的协调与合作。全球化不仅破坏了主权国家的税基，而且弱化了主权国家在国际经济条件下的税收能力。跨国企业通过税收筹划，转移利润并侵蚀税基，不仅侵害了企业的公平竞争，而且削弱了政府的税收权力，造成国际税收秩序的失衡。金融危机之后，税基侵蚀和利润转移（Base Erosion and Profit Shifting, BEPS）成为国际税收协调与合作的重点之一，从而使国际税收领域的主题由消除双重征税转向打击国际避税。中国应积极参与 BEPS 方略，明确地提出中国的地域特定优势和征税权的主张，做好国内与国际税制的衔接以及国际税源竞争与合作，完善企业成本定价基础，加强对跨国公司利润监控，把应该属于中国的利润留在中国。

三是国际税收仲裁机制的协调与合作。现行的解决国际税收争议的规则，主要是参照经合范本和《联合国税收协定范本》第25条的规定，通过双边税收协定确立的缔约国双方主管当局间的相互协商。随着全球化的深入发展和国际税收争议的增多，这种相互协商程序的内在缺陷日益明显。OECD在2008年7月发布的修订后的《经合组织税收协定范本》中，提出了新的国际税收仲裁机制。中国也应对考虑在双边税收协定的相互协商程序中纳入后续补充性的仲裁程序，在税收国际仲裁机制方面加强与OECD及其他国家的协调与合作，处理好涉及跨国所得的来源地国、跨国纳税人的居住国和跨国纳税人三方主体之间的权益分配关系。

其二，国际金融协调与合作。

国际金融协调与合作，主要体现在：一是加强在金融监管方面的协调与合作。包括：金融产品的信息披露和交易、金融市场的运行、金融机构的治理和处置、跨境金融机构系统性风险监管和流动性监管以及宏观审慎监管等。二是加强在人民币国际化和汇率政策的协调与合作；三是对外国监管政策和货币政策等产生负面溢出效应的金融政策进行协调，如美国的QE、加息等，防止中国在外国单边金融监管和行动中受损。四是加强在信用评级的风险定价权、金融基准的利率定价权、大宗商品的货币定价权等金融定价权方面的协调与合作，逐步增强中国的金融话语权。

其三，国际产能合作。

2015年9月10日，李克强总理在夏季达沃斯论坛开幕式上发表特别致辞时说，开展国际产能合作是一举多得、三方共赢之道，得到越来越多的发达国家、发展中国家的响应，中国愿在其中发挥承上启下的桥梁和纽带作用。为此，大国财政应围绕"一带一路"、亚投行等项目，推进国际产能合作，需要制定合作机制、框架方案和项目清单。通过投资建厂，建设生产线、产业链、产业集聚区等多种形式，实施国际产能和装备合作。

其四，财政领域其他相关政策的协调与合作。

财政领域其他相关政策的协调与合作，主要包括建立多边机制，不断创新诸如投融资等国际合作模式，推动 PPP 在国际领域的合作；加强双边和多边财税领域的合作，加快推进国际财经领域的各项改革；加强在碳税、化石燃料补贴、应对气候变化等方面的协调与合作。

协调、平衡国家利益与全球利益的关系

大国财政既要有利于实现国家利益，又要具有"天下"情怀，协调、平衡国家利益与全球利益的关系，打造多层次的利益共同体，促进人类共同发展，引领人类新文明。

1. 大国财政应以协调、平衡国家利益与全球利益的关系为己任

从全球视角来看，全球化发展使世界越来越像一个整体，如果一个国家只着眼于本国的利益，而不顾其他国家和全球的共同利益，最终会遭到其他国家的排斥和孤立。从中国视角来看，"中国威胁论"此起彼伏，诚然，全球经济空间是一定的，中国的发展和崛起将会挤压一些国家的发展空间，但也会使其他国家搭上中国快速发展的便车，分享中国经济发展的成果。因此，协调、平衡国家利益与全球利益的关系，创造一个良好的外部环境，对中国的长远发展至为重要。

协调、平衡国家利益与全球利益的关系，不仅要维护本国利益，

还要担负起大国的责任与义务，维护和推进全球共同利益；不仅要克服狭隘的"国家主义"，也要克服泛化的"全球主义"。狭隘的"国家主义"，在国际政治经济交往中一般只考虑本国利益，而不考虑全球利益，要求全球利益服从本国利益，甚至质疑全球利益是否存在；而泛化的"全球主义"，则只考虑全球利益，要求本国利益服从全球利益，其中一种极端的观点认为应该让渡国家主权，甚至认为应该取消国家和政府，成立全球政府。大体而言，美国就是遵循的一种狭隘的"国家主义"，一切以美国利益为国际政治经济活动的出发点和最终归宿，而不顾其他国家的利益，在具体的行动中表现为"单边主义"。中国在构建大国财政、提升国家影响力过程中，要克服这两种观念。实现国家利益是我们追求全球利益的基础，在全球纵深发展的前提下，二者的相互依存度和相关度提升，并相互转化。因此，要兼顾、平衡二者的利益，协调二者的冲突。

大国财政既是维护国家利益的基本手段，也是协调、平衡全球利益的重要工具。大国财政应以协调、平衡二者利益的关系为己任，坚持"共享、共治"理念，通过财政制度的安排和财政政策使用，在税收、金融、投资、产能、结构调整、应对气候变化和低碳发展等领域或项目与其他国家进行深入协调与合作，增加在全球经济规则的制定方面的影响力，实现利益共享，树立负责任的大国形象，消除外界对中国崛起的担忧，优化中国发展的国际环境。

2. 对大国财政的现实要求

协调、平衡国家利益与全球利益的关系，对大国财政提出了诸多现实要求。一方面，通过财政制度建设，需要提升大国财政维护本国利益的能力；另一方面，提升大国财政参与国际财经活动的能力，协调、平衡国家利益与全球利益的关系，促进全球共同发展。

其一，坚持权利与责任对等，积极参与国际财经规则制定，维护本国利益。

中国承担国际责任，需坚持权利与责任对等原则。中国既要担负起大国责任，又要符合中国的实力和现实，避免承担一些不对等的责任，从而损害本国利益。中国所承担的责任，应是"共同但有区别的责任"。例如，在节能减排上，中国不能一味迎合西方的要求，仍需立足于发展中国家的身份，坚持"共同但有区别的责任"。"共同但有区别的责任"，早在1972年第一次世界环保大会——斯德哥尔摩会议上就已萌芽，1992年联合国环境与发展大会里约会议将其确定为国际环境法一项重要的原则，以应对气候变化这一突出的全球性环境问题。"有区别的共同责任"原则，是按照矫正正义（rectificatory justice）的原则对部分成员给予制度化的照顾。一方面，强调每个成员不论大小、强弱都应该承担力所能及的责任；另一方面，每个成员可根据自身能力、特点以及通行的国际法原则允许所承担责任的范围、大小、方式和时限等方面存在差异。不仅在环保领域，而且在国际税收、国际金融、投资、能源等合作方面，中国都应按照"有区别的共同责任"原则，做出力所能及的贡献和责任。

与此同时，中国应积极参与国际规则制定。既要不断增加承担的责任份额，也要不断提升自己相应的权力份额。长期以来，中国深受"权利和义务的不匹配"之苦。例如，中国在IMF投票权（包括港澳地区）仅居第六位，位于美日德英法之后，与中国的经济地位和所做的贡献极不相符。为此，需要提升与中国贡献和实力相符的权力份额，既可彰显中国作为负责任大国的正能量，又可维护本国利益。

其二，优化财政制度和政策安排，增强全球利益分配能力。

当前，中国财政在全球分配方面的能力还比较弱，无法实现协调、平衡国家利益与全球利益的任务，为此，需要重点抓好四个方面。

一是加快建立现代财政制度。针对中国财政制度中存在的财权不统一和不协调、财政汲取比例与方式有待于优化、财政支出结构不合理、预算制度的规范性和透明度有待于提升等诸多问题，加快建立现代财政制度，打造大财政、强财政和有为财政。

二是提高中国维护税收权益的能力。在加快税制改革的基础上，推进国际税收信息交换，应对税基侵蚀和利润转移，加强国际税收征管合作，提高中国维护税收权益的能力。

三是打破"斯蒂格利茨怪圈"。首先，改变投资结构和方向，围绕中国主导的"一路一带"、亚投行等战略，将外汇储备资产投资于相关国家，从而改变储备资产流向发达经济体债券的局面。其次，推进人民币国际化和跨境交易人民币结算的进程，以及推动新兴经济体集团内的主权货币结算制度，允许国家间货币作为结算和投资货币，允许对方货币在境内结汇为本币，形成新的金融货币循环。此外，还应积极推进亚洲债券市场发展。最后，调整进出口战略和产业结构，提高出口产品的科技含量，促进产业升级，增加高新技术产品和设备的进口，提高外汇的使用途径和效率。

四是形成统一的政策体系，增强在全球利益分配中的主动性。要对中国财政的外溢性进行深入研究和分析，既可以让世界各国充分认识中国发展给各国带来的利益，消除对中国的误解和偏见，又可以争取更多的主动权，提升应对能力。同时，形成统一的政策体系，使政策之间相互衔接和配合，特别是加强财政政策、货币政策和贸易政策之间的协调与配合，提升政策的整体效力，产生应有的影响力。

其三，实施四层次的"利益共同体"战略，促进共同发展。

共商、共建、共享与共赢的原则，实施多层次的"利益共同体"战略，以风险凝聚共识，以利益增进合作。通过这一战略，一方面，增加中国的全球影响力和话语权；另一方面为中国的发展提供稳固的战略基点；同时，促进共同体内的国家共同发展。

"利益共同体"战略，可考虑从四个层次展开，在不同的层次采取不同的策略：

第一个层次：核心层。主要包括东亚、东南亚等国家或地区。这些国家或地区无论是地理位置，还是历史文化传统、生活特性，都密切相连、相关。

第二次层次：加强层。主要依托于上海合作组织、金砖四国等中国参与的国际组织，将相关国家纳入其内。

第三个层次：纵深层。依托于"一路一带"、亚投行等战略，将相关国家（包括澳大利亚、新西兰等国）纳入其内。

第四个层次：拓展层。将拉美、非洲、欧洲等不在以上三个层次之外的有关国家纳入其内，依托于传统的友谊与合作关系。

为了实现多层次的"利益共同体"战略，中国需采取更为灵活、主动的外交策略，特别是要处理好两方面的关系。一是与美国的关系。鉴于美国的全球影响力，特别是美国在南海问题、与日本的争端上仍具有重要影响力，需要积极构建中美新型大国关系，增进互信，扩大合作，减少美国在这一战略实施上的负面影响。二是处理好与邻国的争端和纠纷，特别是处理好中日、中印以及南海领土争端问题，减少分歧，凝聚共识。

其四，推动全球治理体系改革，建立包容、互惠、共享的国际合作新模式，扭转全球利益分配失衡。

现行的全球治理体系是全球利益分配失衡的一个重要原因。虽然一些国家、地区或国际组织也在改变不公平的全球治理体系方面，做出了一些努力，但效果不佳。斯坦利·霍夫曼曾说："当国家被迫在经济竞争和保护社会安全网之间做出艰难的选择时，全球'治理'就变得很脆弱了。对于制约美国自由行动的国际组织，美国总是表现出越来越明显的不耐烦。"① 随着新兴国家的崛起，推动全球治理体系改革，势在必行。

推动全球治理体系改革，必须坚持"共享、共治"的理念，要求各个国家从长远的利益出发，将本国的价值和利益融入全球整体的价值和利益之中，在致力于本国利益实现的同时还要兼顾全球利益。例如，一个国家在危机面前，首先想到和采取的措施应该是全力应对，加强国际合作，而不是转嫁给他国。改革全球治理体系，需要充分考虑发展中国家的利益，关注其发展诉求，提升其话语权。

在推动全球治理体系改革中，中国要发挥更为积极的作用。2014年6月28日，习近平在和平共处五项原则发表60周年纪念大会上的讲话中指出："中国是当代国际体系的参与者、建设者、贡献者。"因此，中国要立足于"建设者"的角色，在支持现有体系的存续基础上，推动现有体系的改革，以适应新的国际形势，从而扮演全球治理体系的改革者。中国财政要从这一要求出发，通过积极参与国际财经活动，推动包括联合国、世界银行、IMF在内的全球治理体系改革，建立包容、互惠、共享的国际合作新模式，促进全球利益分配更加公平。

---

① 斯坦利·霍夫曼：《全球化的冲突》，《世界经济与政治》2003年第4期。

第六章
大国财政成长中的挑战

大国复兴之路，过程就如登山爬坡，前半程往往比较容易。但进入了中等收入国家再向富强、民主现代化国家迈进时，就如到达半山腰再往上爬，会面临更多的不确定性和风险。这些不确定性和风险有来自内部的（好比登山者的体能下降、预见不足等），也有来自外部的（好比氧气稀薄、风暴增多等），也有复兴过程中的风险（好比攀爬悬崖峭壁），这些都是走向大国财政所面临的挑战，需不断提高应对能力。

一、谨防后发劣势

在 2002—2003 年的时候，林毅夫和杨小凯之间有一场关于后发国家优势和劣势的"林杨之争"。杨小凯认为，后发国家虽然可以在没有基础制度变革的情况下，通过模仿发达国家的技术和管理而在短期内实现经济的快速超越，但这会强化国家机会主义倾向，从而给经济的长期发展留下隐患，甚至还会使经济的长期发展遭到失败。[①] 因

---

① 杨小凯：《后发劣势》，《新财经》2004 年第 8 期。

此，后发国家的制度变迁过程应该实行"由难而易"的战略，即先完成较难的制度模仿，这样才能获得后发优势。[①]

针对杨小凯的观点，林毅夫基于内生制度变迁理论，提出制度模仿既不是经济发展的充分条件，也不是必要条件。后发工业化国家能否充分利用"后发优势"，关键在于发展战略的选择，即在于通过政府政策，诱导企业在发展的每一个阶段都比较好地发挥由要素禀赋所决定的比较优势；至于政治体制的变革，只有当经济发展到一定阶段时，因内生要求产生变革的动力时才能真正奏效。[②]

林毅夫和杨小凯的争辩，实际上是从各自角度观察后发国家的发展得出的结论。实际上，从复兴之路的角度看，后发国家优势是阶段性的，而劣势则是长期需要面对的。从不确定性和风险的逻辑来看，后发国家的劣势背后反映的是后发国家在崛起过程中所面临的不确定性和风险，而这种劣势往往容易被忽视。

不要被"后发优势"所麻痹

后发优势往往是建立在借用和模仿基础之上的。在一定的历史阶段，后发国家确实存在一定的优势。包括替代性、引进先进国家技术、资金、经验等，可以让后发国家以较低的成本和较低的风险变成中等收入国家或中等发达国家。

持"后发优势"观点的人认为，后发优势源于后发国家的地位，也就是说后发优势来源于落后本身。正因为发展落后，后发国家可以直接吸收发达国家的技术，并借鉴和模仿发达国家的经验和制度，从

---

① 高传胜、刘志彪：《"林杨之争"与后发国家经济长期发展》，《学海》2005 年第 5 期。

② 林毅夫：《后发优势和后发劣势：与杨小凯教授商榷》，《经济学（季刊）》2003 年第 3 期。

而能够在较短的时间内取得发达国家需要在较长时间才能获得的发展成果，并且可以避免发达国家在发展过程中所发生的曲折，从而实现经济社会的跨越发展。在持这种观点的人看来，后发国家开始现代化进程时，发达国家的现代化建设已经有了200多年的历史。先行者有丰富的发展经验与教训可供后来者借鉴，这样可以使后发国家在迈向工业化的发展进程中少走弯路，缩短在黑暗中探索的时间，使后发国家能以较小的代价取得较大的成就。他们认为，后发国家既可以利用发达国家产业结构的调整与升级的机会，在发达国家的帮助下，直接实现产业结构的合理化，使后来者顺利地实现现代化；也可以把发达国家所拥有的大量的闲散资金吸引到后发国家，依靠引进外资解决本国现代化起步阶段的资本积累严重不足的问题，从而实现借鸡生蛋的目的。甚至有人乐观地认为，后发的国家和地区通过学习借鉴发达国家的成熟制度及其操作经验，不但可以缩小和消除同发达国家的制度差距，甚至能够创造出比发达国家更好、更优越的制度，从而既可以实现经济社会的跨越式发展，又完全有可能追赶上或超越发达的国家或地区。①

2. 后发优势是阶段性的和有条件的。"林杨之争"都举出了后发优势和后发劣势存在的具体实例。但两者的存在程度是有区别的，总体来说，从哲学的角度讲，"后发劣势"是绝对的，无条件的。因为"后发"首先意味着与"先发"有差距，处于劣势地位，需要比别人走更多的路才能赶上别人。否则如果没有后发劣势，那还有什么必要去赶超呢？与此相应，"后发优势"是阶段性的、相对的和有条件的。

① 陈国富：《改革题域的内在转换：从单纯追求经济增长到制度变迁与人文关怀——从后发国家的"后发劣势"与"后发优势"谈起》，《湖北社会科学》2009年第3期。

后发优势实际上是说落后者在一定条件下如果充分利用先行者的经验和教训，在特定时期能够比先行者走得更快。"后发优势"为落后者赶上先行者提供了一种希望和可能，是有条件的。① 而且从经验看，真正能够利用后发优势实现赶超的国家凤毛麟角，从一个侧面说明实现后发优势的条件还是相当苛刻的。

落后的发展中国家在追赶发达国家的发展进程中，如果比较重视技术和工业化的进程，而轻视学习技术与工业化之滋生的制度土壤，结果就有可能造成后发国家的技术和工业化没有相应的制度土壤的支撑，使得后发国家的发展缺乏后劲，并有可能引起发展中国家在现代化或工业化进程中的社会冲突，甚至可能会导致后发国家现代化建设的中断或者失败。

大多数后发国家的经济十分落后，工业底子薄、规模小，农业发展极其缓慢。后发国家的现代化一般是在外力作用下才得以启动的。落后的后发国家虽然可以在没有基础制度的情况下，通过对发达国家的技术和管理模式的模仿，在短期内实现经济社会的快速发展。但是，技术和工业化因为没有得到相应的制度土壤的支撑，很难对现代化进程形成强大的推动力。再加上后发国家本身就存在着公民素质及文化的落后状况，并且这些国家的现代化启动之时，便已受到人口包袱、环境压力和传统重负的束缚，所以，难以满足后发国家的经济社会发展及人口增长的需要。②

对于中国来说，后发优势与后发劣势在当下都是客观存在的。

---

① 朱长存、马敬芝：《制度、技术与后发优势、后发劣势——兼评林毅夫与杨小凯关于后发劣势的争论》，《河北大学成人教育学院学报》2007 年第 6 期。

② 朱长存、马敬芝：《制度、技术与后发优势、后发劣势——兼评林毅夫与杨小凯关于后发劣势的争论》，《河北大学成人教育学院学报》2007 年第 6 期。

一方面，中国市场运行目前还存在各种弊端，全面深化改革的路还很长；另一方面，中国目前存在技术和经济增长的巨大潜力。

然而，"后发劣势"和"后发优势"，这一对"冤家对头"，在中国的当今现实中却是我中有你，你中有我，并且会继续在中国未来经济与社会体制演化的过程中"磕磕碰碰""打打闹闹"。在当今中国，后发（经济）优势存在于后发（制度）劣势之中，这将是躲避不了的现实；后发优势又倒逼和克服着实在的或潜在的后发劣势，这也是既存的社会格局。①

强调后发国家优势往往是发达国家使出的诡计，目的是让这些国家永远跟在发达国家后面，成为这些发达国家的追随者。主要体现在以下几个方面：

一是游戏规则的束缚。现代化进程相当于一场竞争游戏，谁抢得先机，谁就能拔得头筹，并制定新的游戏规则。对于发达国家来说，全球化和现代化是全球利益的再分配过程。现在的发达国家大多通过殖民、掠夺、发战争财等方式积累了原始资本，奠定了工业化和现代化的雄厚基础。等到发达国家发展起来之后，他们开始制定一些新的游戏规则，制约后发国家的发展。例如气候变化和碳减排就是如此。发达国家不愿意承担历史减排的责任，而将减排的压力全都附加在后发国家之上。

二是文化入侵和移植。后发国家向发达国家学习经验、引进技术和资本。而发达国家在输出经验、技术和资本的同时，还会借助其强大的经济政治背景输出文化和价值，对后发国家进行文化入侵。而且，后发国家在发展初期高速增长的时候，经济秩序容易发生紊乱，

---

① 韦森：《后发优势 VS 后发劣势》，《新财经》2002 年第 11 期。

贫富差距变大。但是人们对国家和社会的期望则越来越高，导致出现"期望值挫折"。这种"期望值挫折"使得社会价值体系容易出现紊乱，正好为发达国家文化价值体系的入侵提供了机会。这个可能会给后发国家带来灾难性后果，一些国家会因此引发国家政局动荡和政权更替。

后发国家的文化发展面临的不仅仅是同一种文化的传承和变迁，还涉及本土文化与外来文化之间的冲突和对立，而后一问题对于后发国家显得尤为突出。西方文化以强势的科学技术为基础，以西方国家强大的政治和经济势力为引导，对后发国家和地区进行着文化入侵。急于实现现代化的后发国家很容易就会把西方文化等同于现代文化而全盘接受，从而导致传统文化的崩溃。①

三是依附性与边缘化。全球化时代的到来与国际环境的变化使后发国家的现代化进程更加困难，甚至在经济发展中日益处于依附性和边缘化的地位。外源或者外诱的现代化是后发现代化的首要特征，其内部创新动力是第二位的。后发国家在寻求经济快速发展途径时，都希望西方发达国家能够提供大量资金、先进的技术来帮助其实现赶超。但是发达国家在提供资金、技术的时候为了确保自己国家的利益最大化往往会附加上苛刻政治和经济条件，使这些后发国家成为其附庸，受制于发达国家。这些后发国家容易形成某种特殊的停滞与贫困，或造成某种片面的依附性增长，即某种非自主性发展。依附不仅是经济的和技术的，同时也是政治的、军事的与文化的（意识形态）。②

---

① 杨洁：《后发国家现代化过程中的优劣势分析》，《商业文化》2011 年第 23 期。

② 罗荣渠：《新历史发展观与东亚的现代化进程》，《历史研究》1996 年第 5 期。

探索自己的路才能避免后发劣势

后发国家劣势体现在几个方面：一是只能被动接受别人的规则，做发达国家的附庸；二是势力范围已被发达国家划分，发展空间受限；三是难以摆脱路径依赖，容易掉入中等收入陷阱。因此，后发的国家只有争取找到自己发展的道路才能避免后发劣势。

后发劣势源于大国崛起的不确定性和风险。后发国家变为发达国家是大国崛起的过程，这个过程至少可以分为两个阶段来审视。第一个阶段是从起步阶段到中等收入水平的阶段。在这个阶段，往往可以有复制的模式、可借鉴的经验、可以利用的技术，发展的不确定性和风险相对较小，所以很多国家都能顺利实现这一步。这也是有人称之为后发优势的原因。在这个阶段，后发国家借鉴先发国家现代化过程中的经验教训，从而制定更加理性的发展策略，实际上是规避了一些不确定性和风险。就像登山一样，有前面的人已经开出了一条道，顺着这条道往上爬就是了，而不需要再去摸索和排除路上的障碍。

第二个阶段是中等收入水平后的发展阶段。在这个阶段很难得到可复制的模式、可借鉴的经验和可利用的技术。而且这个时候发展的外部环境也不像以前那么好，发达国家对这些国家发展可能采取一些打压措施。从自身来说，经济快速发展积累的矛盾集中爆发，原有的增长机制和发展模式无法有效应对由此形成的系统性风险。如果在这个阶段找不到很好措施来应对崛起过程中的不确定性和防范可能出现的风险，就很容易陷入中等收入陷阱。经济社会很有可能停滞不前，甚至出现倒退。

根据国际经验，中等收入陷阱是由三个圈套组成的。第一个圈套是利益格局的盘根错节，具体表现为利益集团对体制改革的阻碍，这是几乎所有的国家从兴旺走向衰落的直接原因。第二个圈套是泛福利化倾向。对民众过早地采取泛福利化政策，大量的财政支出用于搞社会福利，导致经济活力渐失。第三个圈套是金融危机。大部分进入中等收入水平的国家每隔几年都会出现一次金融危机，而每一次出现金融危机往往导致经济发展倒退 5 年甚至是 10 年。[①]

从大国财政的角度来看，有一些现代理念，如透明、公开等是可以向西方借鉴的。但最基本的理念需要建立在中国现实的基础之上的。西方国家三权分立是建立在以机械论哲学基础上的，是以确定性世界观为前提的，以此为基础的大国财政虽然在一定时期内能够有效运行，但长久是无法维持的。中国的大国财政需要从本国的国情出发探索出自己的路，从而实现真正的后发优势。

二、大国财政成长中面临三重不确定性

由于风险是内生于全球化进程的，日益活跃的人流、物流、资本流、信息流以及各国相互联系和依赖的加深，进一步加强了风险的不确定性、不可预测性和不可控制性；而且在风险传播中，还会产生新的风险。

全球的不确定性

大国财政与全球化的进程是相互融合的。随着全球化进程的推进，以及大国参与全球化程度加深，大国财政面临的风险因素也会大

---

① 李稻葵：《未来十年要对付中等收入陷阱等三个圈套》，http://finance.qq.com/a/20140111/005818.htm。

大增加。2011 年，世界经济论坛发布的《2011 年全球风险报告》指出，三类风险导致人类在未来 10 年面临着重大的责任。①

第一类风险是全球经济失衡长期化。全球失衡和货币波动、财政危机及资产价格崩溃构成宏观经济失衡风险群。表现为内部失衡（国家内部）和外部失衡（国家之间）。

国家内部失衡是由许多因素导致的，主要包括政府的政策和私有部门经济活动，另外还受经济发展阶段的影响。发达经济体的财政失衡问题因政府的铺张浪费而扩大，金融危机又进一步加剧了财政失衡。表现在：许多政府被迫推出一揽子计划，以紧急救助濒临倒闭的银行，稳定金融体系。更重要的是，政府必须进行大规模的财政刺激，以缓和危机对经济衰退的影响。紧急救助和经济刺激方案共同导致了财政赤字大幅上升，债务占国内生产总值的比例提高，这尤其体现在发达经济体中。既要稳定财政，同时还要避免脆弱的经济复苏受到阻碍——这是政府短期面临的挑战。但从长远角度来讲，主要的财政困难是为当前和将来缺乏资金储备的负债进行有效融资。

国家之间的外部失衡更值得关注。全球失衡的核心是储蓄和投资的不对称。财政赤字国家的储蓄相对于自身投资来说不高，而财政盈余国家的投资相对于其高储蓄率而言不够。理论上，外部失衡并不是件坏事。资本往往流向利润最高的地方；在全球化体系中，这包括跨境资本流动。只要资本流入国将资本投向直接创造财富的生产领域（即只要投资产生的收益足够支付和偿还由此导致的债务），外部失衡就不是大问题。如果国家债务高筑，难以负担，或者因为国家主动控制汇率，使得外汇储备过量，外部失衡就成为严重问题。

---

① 世界经济论坛：《2011 年全球风险报告》，2011 年 1 月。

这些不平衡现象导致了两种主要的风险。一是导致经济增长放缓，同时债务和财政压力增加导致某些发达经济体出现主权违约，从而影响全球银行体系。二是这些弱点使大规模资本流向新兴市场的风险增加，导致泡沫风险，资本价格可能崩溃。全球失衡意味着资本从盈余国家净流向赤字国家，当资本从发达经济体流向新兴经济体，而新兴经济体不能有效吸收流入的资本时，风险就会出现。

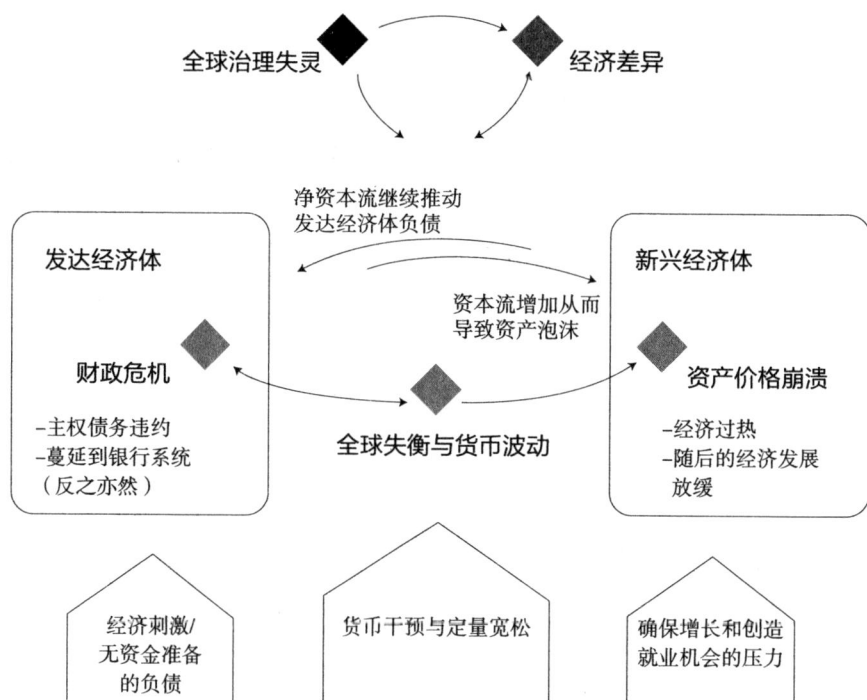

图 6.1　全球宏观经济失衡风险群关系图
资料来源：世界经济论坛发布的《2011 年全球风险报告》。

全球失衡在 1996 年到 2009 年期间不断加剧。尽管金融危机使全球失衡有所缓解，但是国际货币基金组织和其他机构都预计未来全球失衡仍将不断加剧。持续的大规模经常项目赤字要求赤字国家实现资本流入。财政赤字则意味着公共债务增加。

　　财政和宏观经济失衡的压力将对全球金融和经济体系构成严重的挑战。尤其是以下三种情况下更为突出。

　　一是经济衰退的压力、短期内市场缺乏信心，长期内无资金准备的社会负债等因素综合起来可能导致某些发达国家出现财政和金融危机。在某些国家，公共财政危机意味着政府债券贬值和金融机构投资的资产价值减少。对于私人借贷比例高的国家来说，随着主权债务违约的威胁上升，资本将从银行撤离，使银行最终依赖于公共救助。无论哪种情况，信贷和银行危机很可能加剧财政危机的直接影响，从而对全球金融体系产生消极影响。

　　二是新兴市场的资产价格崩溃。发达经济体货币政策宽松，经济增长缓慢，而新兴市场经济快速增长，这些因素吸引着越来越多的资本流向新兴经济体，使新兴经济体的股市和发达经济体的股市脱钩。因越来越多的股市资金流向房地产市场，最终可能出现资产泡沫。尽管一些新兴市场试图限制国外资本流入，但所有新兴市场难以同时抵制货币升值压力。因流动性过剩而不是内在价值增加带来的资产泡沫会引起严重的经济崩溃，从而危害新兴市场和整个世界经济。①

　　三是重复发达国家 20 世纪 70 年代的"滞胀"，虽然人们普遍认为不太可能。在这种情况下，宽松的货币政策无法刺激经济发展，而商品和能源供应因中东地缘政治冲突而受到限制；或者，新兴国家市场增长强劲，全球供给不能满足需求，致使人们对发达国家和新兴国

---

① 世界经济论坛 2011 年的报告在 2015 年夏天似乎得到验证。2015 年 7—8 月，全球资本市场犹如多米诺骨牌，股市、债市、大宗商品、汇市接连"倒下"。亚洲股市集体重挫，股指陷入两年来低谷。

家的中央银行控制通货膨胀的能力失去信心。

第二类风险是非法经济。非法贸易、有组织犯罪和腐败是发生概率很高、影响力中等的长期风险。作为代表非法经济形式的一类高度关联的风险群，它对全球风险格局极其重要。该类风险群和经济差异之间有着紧密的联系。经济差异为非法贸易、腐败和有组织犯罪在发达经济体和新兴经济体间蔓延提供了温床。反过来，从非法经济中获得的收益又会增大利益阶层的权力，增加合法经营的成本，从而破坏经济发展，加剧国家内部和国家之间的不平等。此外，跨国公司转移定价，通过转移定价逃税避税也是其中重要的类型。全球治理失灵为非法活动创造了一个更广阔的空间，这些活动反过来又会破坏全球的有效治理。

第三类风险是资源限制和生存危机。水资源安全、粮食安全和能源安全是影响经济发展和社会稳定的长期因素。这些因素之间的相互关联。粮食生产需要水资源和能源；水资源的汲取和配送需要能源；能源生产又需要水资源。粮食价格也对化肥、灌溉、运输和加工过程中投入的能源成本高度敏感。经济发展和人口增长共同推动了以上三种风险的出现，尤其是新兴经济体生活水平的提高导致资源密集型消费模式出现。环境压力也增加了资源不安全风险——气候变化和极端天气等因素改变了降雨量并影响了作物的生产。

全球在管理共享资源（如跨境水资源、能源和粮食交易协议）方面的治理失灵导致局势紧张，引发冲突。全球资源占有不平衡，发达国家占有更多的资源。经济差异也恶化了这些风险关系，因为某些政府和消费者采取短期、不可持续的方式解决经济困难，如在水资源短缺地区种植价值高但耗水的出口作物。在未来 10 年内，预计世界人口将从现在的 68.3 亿增加到大约 77 亿，其中大部分新增人口出现在

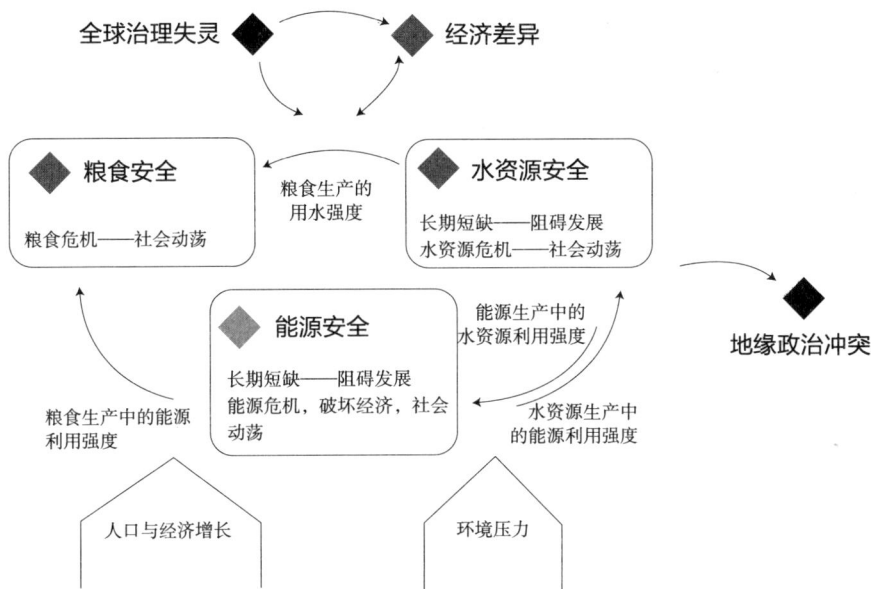

图 6.2 资源环境和生存危机风险群关系图
资料来源：世界经济论坛发布的《2011 年全球风险报告》。

新兴经济体中。联合国粮食和农业组织（FAO）预计到 2030 年粮食
需求将增加 50%，联合国粮食政策研究机构（IFRI）预计水资源的
需求将增加 30%，预计其他产品需求增加将超过 40%。联合国能源
组织（IEA）预计到 2030 年世界经济对能源的需求将增加 40%以上。
这些能源的产出将严重依赖淡水资源。要满足对水资源、粮食和能源
不断增加的需求，需要对水资源的使用方式进行重大甚至根本性变
革，另外要探索粮食和能源生产的新方式。与粮食供应相关的挑战可
能会限制农民的生产能力，难以满足未来对粮食增加的需求。

除上述三类主要风险外，还有五类需要关注的风险，包括网络
安全：即控制信息的新领域，从黑客和大范围服务故障，一直到鲜为
人知的国家网络战的可能性；人口挑战：在资源有限的脆弱国家，人
口增长可能会导致人口集束炸弹、暴力行为增多和国家崩溃；资源安

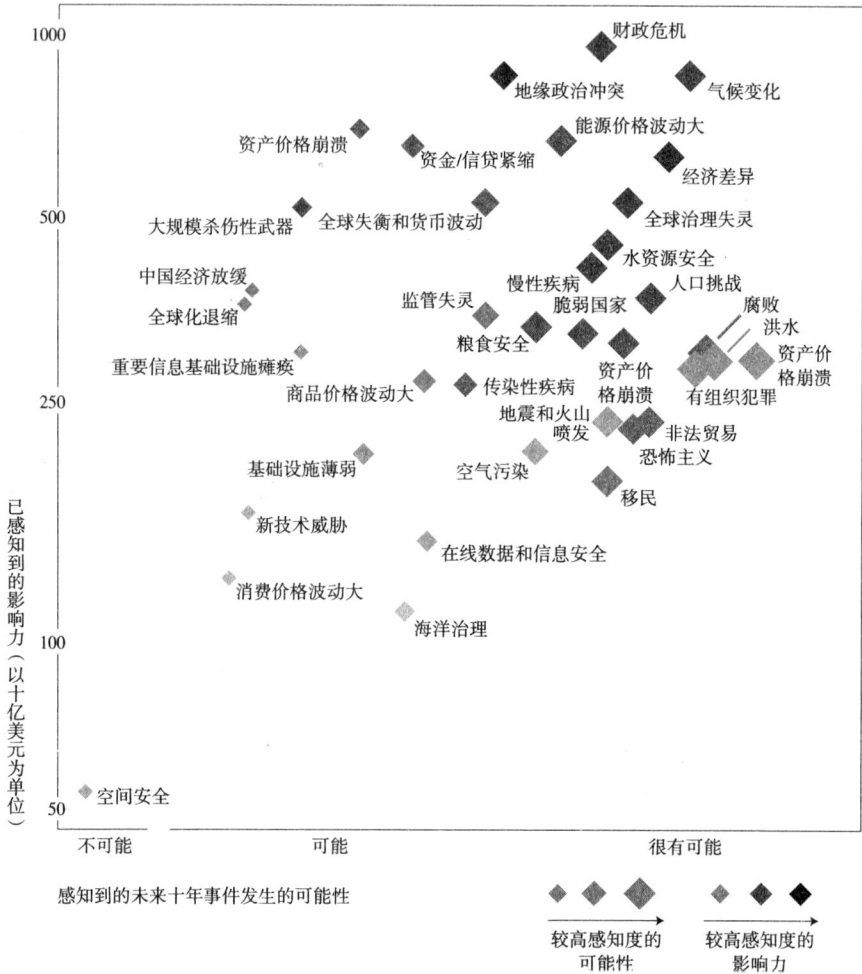

图 6.3　2011 年全球风险格局

资料来源：世界经济论坛发布的《2011 年全球风险报告》。

全：在商品、水资源和能源方面受到的限制会极大地抑制增长，并产生出冲突热点地区；全球化退缩：随着经济不平等的加剧，反对全球化的风潮可能会破坏经济和政治一体化；大规模杀伤性武器：在脆弱的世界中，这一风险格外令人担忧。

内部的不确定性

内部的不确定性主要来源于自身的脆弱性，需要通过提高大国财政韧性来应对。当前，经济社会发展过程中的主要脆弱性和其所蕴含的公共风险包括以下几个方面。①

一是经济脆弱性及其所蕴含的经济衰退公共风险。 在目前中国经济领域，政府与市场的角色准确"归位"依然十分困难，自主创新能力明显不足，体制转换成本不断加大，与世界经济增长摩擦越来越大，要素成本不断上升，人口与人力资源的约束持续加重。经济领域的脆弱性随时有可能导致经济衰退的风险。例如，目前中国投资与消费已经出现严重失衡，且部分产业和行业出现产能严重过剩，这种趋势如果得不到有效抑制，中国经济将会面临严重的衰退风险。

潜在增长率是未来中国现实经济增长的基准。根据有关机构的预测，中国的潜在增长率将会从 2011—2015 年的 7.8%—8.7%，下降到 2021—2030 年的 5.4%—6.3%。潜在增长率下降，与投入产出低效有内在关联。从投入看，以 GDP 来衡量，目前中国已成为世界第二大经济体，但为此付出的代价也极为巨大。长期以来，我们的经济增长主要是依靠相当于 GDP 一半的投资以及接近 10% GDP 的净出口支撑的，仅此一端，便使中国经济增长的成本位居世界前列。如果把生态环境等外部影响也视为"投入"，我们为增长付出的成本更高。从产出看，对于我们这种典型的投资拉动型经济，增长中是否存在水分，关键要看投资能否形成有效供给，"豆腐渣工程"和无效产能便

---

① 刘尚希、李成威：《基于公共风险与财政风险的公共服务评估》，《中国财政与经济研究》2014 年第 3 期。

是产出中的水分。高投入，低产出，广种薄收，这种增长方式无疑是不可持续的。未来的出路是把经济增长转到依靠全要素生产率、特别是与技术进步有关的生产率基础上。这其中的关键就是要推动国家创新体系建设，实现创新驱动发展战略。创新包括技术创新和商业模式创新。实施创新驱动，知识、技术必须转化为现实的生产力，实现国民经济整体素质提高和经济结构的优化，使国家竞争力持续提升，国民生活持续改善。实施创新驱动的关键是，政府必须改变现行"发布指南——组织申报——专家评审——拨付资金——项目验收"的行为模式，而转向优化创新环境的"风险—环境"行为模式，从对研发活动的直接补助为主，转变为后补助、引导"天使投资"、购买服务、提供学习机会等灵活多样的支持方式，并加强直接投入与税收、金融、政府采购等政策的衔接配合，促进技术供给与带动市场需求相结合。

另外，经济层面，除了经济增长乏力以外，还存在企业和地方政府高负债的风险。企业和地方政府高负债是目前摆在中国经济面前的两颗定时炸弹。到 2014 年上半年，中国总债务与 GDP 之比已经达到 251%，而在 2008 年这一数字只有 147%，仅 2013 年一年就上升了 20 个百分点。有研究表明，企业的负债如果占 GDP 的 90% 就很危险，日本约为 99%，美国和意大利分别为 72% 和 82%，澳大利亚、加拿大和德国分别为 59%、53% 和 49% 左右，而中国企业债务占 GDP 的比重超过了 120%。地方政府债务问题更加严重，在财政收入增速放缓而支出刚性增大的背景下，地方政府偿债压力会进一步加大。企业和地方政府高负债背后反映出金融结构的扭曲，社会融资效率低，同时也说明金融资源的使用效率很低，需要越来越多的货币来推动低效的增长。

　　二是民生脆弱性及其所蕴含的社会分化、失序和动荡的公共风险。改革开放以来，中国的发展并不是齐头并进式的均衡发展，而是表现出明显的差距，突出变现为城乡之间、区域之间以及不同社会阶层之间的差别。经济快速增长，而社会发展严重滞后，上不起学、看不起病的人依然存在。究其原因，这不是由市场分配差距扩大造成的，而是社会事业发展长期受到资源配置的约束所致。义务教育、公共卫生等领域资源配置不合理。此外，贫富差距进一步扩大，为富不仁者大量存在；不少政府官员脱离群众，吃、卡、拿、要之风盛行，官员腐败屡见不鲜；社会不正之风屡禁不止，且有与公权相勾结的趋势；人与人之间存在信任危机，唯利是图普遍。种种不合理的社会现象使得社会大众对强权者、为富不仁者产生心理上的憎恨，对社会公正合理产生怀疑，对社会前途抱有悲观思想。民生领域的脆弱性会导致遇到公共事件，极有可能引发社会对立、失序和动荡的公共风险。产业结构调整、社会保障体系、教育、卫生、收入分配、"三农"等方面暴露出来的问题，使得社会矛盾与冲突日益加剧。在一些群体性事件中，不少参与的群众，并不是有直接的利益诉求，而只是因怨泄愤。社会失序会造成社会动荡，阻碍改革发展的步伐。

　　三是资源环境脆弱性及其所蕴含的可持续发展公共风险。中国现有的人均 GDP 比发达国家低得多，还需要大力发展。中国人多物薄，人口占世界的 1/5，而耕地、水、能源、各种矿产等，按照人均来计算，都处于世界的末位。如石油，是世界平均水平的 1/10。若达到美国现有的消费水准，每年需要 50 亿吨以上，全世界的石油不够供给中国。一方面，经济快速增长；另一方面，资源和环境的承载力已趋向极限。中国资源环境的脆弱性蕴含了极大的可持续发展风险，一旦遇到任何来自自然、经济、社会和国际方面不确定性的冲击，都有可能爆发严重的公共危机，如雨雪冰冻灾害的疲于应付和各种环境群体性事件的频发，都说明了这一点。

四是财政风险应对公共风险的回旋空间越来越小。财政是治理公共风险的最后一道防线。治理公共风险，并非没有代价，通常会引发财政风险，也可视为必要的风险成本。通过公共服务治理公共风险的过程，是将分散的公共风险集中为财政风险，相当于用财政风险置换公共风险，将分散风险点置换为单一风险点，避免公共风险扩散。如果财政风险在可控范围之内，则财政风险可以成为治理公共风险的政策工具。从风险管理的角度看，分散的风险点比单一的风险点更加难以管理。由于风险点之间存在关联性，分散的风险点会产生系统性风险，使公共风险对经济社会的破坏力倍增。例如国际金融危机爆发前，美国金融衍生品的场外交易市场上存在着大量关联度极高的对冲风险，构成巨大的系统性风险，最终演化为国际金融危机，蔓延到多个国家。

财政风险作为主动干预公共风险的一种政策工具，并不是没限度的。财政风险的上升，不但给财政自身正常运行带来制约，而且也会在达到一定程度后，外溢影响到公共风险。这在欧洲主权债务危机中表现十分突出。① 财政风险的上升，休现为主权债务的积累和偿债能力的下降，通过国债市场渠道，直接影响金融市场，带来了更大的系统性风险，进而冲击经济体系。这说明，运用财政风险治理公共风险应该有一个适度比例，即财政风险可控条件下的公共风险最小化。

中国财政风险目前总体可控，但财政风险的空间已经很小。从

---

① 财政部对外财经交流办公室：《从国际视角看财政风险管理作为政策工具的意义》，《外经要情与分析》2013 年第 26 期。

财政形势来看，虽然现今的财政总体状况保持健康，主要财政指标如赤字和债务等还在通常认为的警戒线范围之内，但赤字和债务呈现攀升之势，财政可持续性堪忧。从外部环境看，过去支持中国经济高速发展的因素趋于弱化，未来 10 年经济增速预计会放缓，加之中国财政收入对 GDP 增长、特别是 PPI 变化的弹性较高，随着经济增速放缓，财政收入增速的下滑幅度更大。按照到 2017 年 GDP 年均增长 7%、通胀率年均上涨 3%、外贸进出口年均增长 8% 测算，今后几年财政收入年均增长 8.5% 左右，财政收入增速下降到一位数阶段。在收入增速大幅下滑的同时，支出刚性增长，导致财政赤字呈扩大趋势。2014 年，全国财政预算赤字占 GDP 比重为 2.1%，2015 年预计达到 2.3%。今后几年，在财政收入降速和支出刚性增长的情况下，预计全国财政收支缺口还将继续扩大，赤字率可能突破 3%。此外，2007 年以来地方政府性债务年均增长超过 20%，2013 年审计署公布的全国地方政府债务规模为 17.8 万亿元，个别地方已经出现债务逾期现象。上述情况和数据说明，从目前及今后的预测情况来看，中国财政风险总体可控，但未来不确定性因素很多，财政风险的空间愈益缩小。

走向大国财政过程中的不确定性

走向大国财政过程产生的影响引发不确定性包括：发达国家的战略遏制；资源和市场的外部约束；决策性失误；等等。

一是发达国家的战略遏制产生的影响是不确定的。近代历史上，中国衰落，不断受列强侵犯，如鸦片战争、日本侵华、还有为了保卫新中国政权的抗美援朝战争等。如今，美国战略紧逼，遏制崛起的中国。现在中国主要面临的是战略遏制，美国高调宣示重返亚洲，是一种综合的战略调整，遏制中国的崛起是这个战略的中心设计，但也不全是对付中国。①

2015 年 4 月 13 日，美国《国家利益》杂志刊文《醒醒吧美国，中国必须被遏制》，这篇文章反映了发达国家对后发国家崛起的心态和策略。文章提出：要理解中国崛起如何挑战美国的全球影响力，远的不说，不久前美国在亚投行问题上的溃败就是例证。过去 30 多年的经济成功令中国累积了强大力量，成为最能主导亚洲的国家。由于历史、战略文化和国内政治等方面的深刻差异，美中对未来亚洲力量平衡有着截然相反、互不相容的看法。因此，美国有必要从根本上改变对华战略。美国的大战略，长期以来主要着眼于获得并维持针对对手的优势。但面对不断崛起的中国，却未能运用好此战略。华盛顿急需在地区范围内采取新的行动方案——制衡中国力量的上升，不再协助其崛起。但由于全球化的现实，如今美国新的对华大战略既不能以遏制为基础，也不能突然丢弃长期以来让中国融入国际体系的做法。美国的政策应瞄准 5 个目标：重振美国经济以保持不对称的经济优势；在盟友中建立有意识排除中国的新的贸易协议；重建技术管制机制，防止中国获得先进的军事和战略力量；采取行动增强中国周边的美国盟友的力量；提高美军向亚太投送兵力的能力。同时，还要继续以符合美国国家利益的方式与中国合作。② 文章在最后提出，中国在今后几十年内都将是美国最强劲的对手，其崛起给美国造成日益严峻的地缘政治、军事、经济和意识形态挑战。

二是全球资源和市场的约束越来越紧。国家的现代化和崛起需

---

① 张蕴岭：《大国崛起过程中的两大风险》，《人民论坛》2013 年第 4 期。

② 罗伯特·布莱克威尔等：《醒醒吧美国，中国必须被遏制》，美国《国家利益》2015 年 4 月 13 日，转引自 http://www.guancha.cn/america/2015_04_14_315867.shtml。

要更多地利用全球资源和全球市场。发达国家通过殖民掠夺和不平等贸易获得了工业化和现代化的资本积累。但是后发国家不可能再有这样的机会了。不但如此，发达国家长期强加在后发国家之上的剪刀差反而加大了后发国家的不发达问题。更不幸的是后发国家的工业化正面临着全球性的能源危机和环境危机，这进一步恶化了后发国家的发展条件，提高了后发国家工业化和现代化的成本。同时，全球市场上劳动密集型商品严重过剩，造成了后发国家的贸易条件的严重恶化，企图再想通过出口导向实现现代化已基本不再可能，市场约束十分明显。不仅如此，发达国家对于发展中国家的工业化还十分敌视，认为这将进一步加剧全球的能源问题和生态问题。[①] 全球争夺资源和市场的竞争越来越突出，由此带来的不确定越来越明显。

三是改革的复杂性所引发的不确定性。我国经济社会发展正面临着重大转型，随着经济生活日益复杂化，社会生活日益多元化，改革的复杂性也越来越突出，对大国财政成长带来巨大挑战。其一，改革已经越过了最初的"帕累托改进阶段"。让各方普遍受益的改革措施越来越难找到，达成改革共识的难度进一步加大；其二，改革面临利益固化的现状。未来改革会越来越多地触及深层利益关系，越来越多地要求对现有利益进行重大而深刻的调整，推进改革的难度在加大；其三，改革面临政府部门"自我革命"的课题。从一定意义上来看，固化的既得利益往往和政府部门自身的利益相关联，"革思想的命、削手中的权、去部门的利"是一个新的课题；其四，改革面临跨越"中等收入陷阱"特殊阶段的挑战，需要通过深化改革来优化经济

---

① 王文龙、唐德善：《后发劣势：对后发国家发展战略的深层思考》，《经济问题》2007 年第 4 期。

结构，加快农村的改革，协调好各种利益关系，成功跨越这一阶段，避免重蹈一些中等收入国家经济徘徊不前，社会矛盾凸显的覆辙；其六，改革任务发生了重大变化。现在的改革已经不单单是经济体制改革，涉及经济、政治、生态、文化等方方面面。改革面临的任务都是难啃的硬骨头。

三、提高应对风险挑战的能力

大国财政，提高风险应对和防范能力，要内外兼修。在提高自身财政能力的同时，要在全球化过程中主动作为，应对挑战，利用新的文明来引领世界。如危机既是"危"但也意味着"机"一样，风险又是一个"致力于变化的社会的推动力"，风险社会同时也产生推动改革（变革）的力量和机遇。它将促使人们反思现有的保险（保障）体系，创造一种新的文明，以便使自己的决定将会造成的不可预见的后果具备可预见性，从而控制不可控制的事情，通过有意采取的预防性行动以及相应的制度化的措施战胜种种副作用。

强化风险意识

首先，提高风险理性。在全球化过程中，大国财政充满了不确定性，这种不确定性将会使国家和社会陷入风险和危机。在这种情况下，旧的观念必须加以革新，对以科学宿命论为特征的传统世界认知观进行改造，有助于我们及时更新观念，提高对经济社会发展不确定性的认识，树立强烈的忧患与风险意识。

观念是指导人类行为最深层的、也是最容易固化的因素。全球化过程中的大国崛起总是要求人们观念的革新，而一旦人们的观念发生改变，对国家实力提升的促进作用是巨大的。树立新观念，充分认识"不确定性是世界的基本性质"，是防范与化解公共风险的理论前提。① 这种新思维、新观念对指导全球化过程中的公共风险防范至关重要，它关乎是否能迈过中等收入陷阱。

如何努力减少全球化过程中崛起的种种不确定性因素，提高风险理性水平为我们提供了总体的应对之策。但最终要落实到制度上，这样才可能减少不确定性，防范、化解公共风险。制度既是不确定性引发的公共风险导致的，也是防范和化解公共风险的手段和工具。加快制度创新，对于防范和化解公共风险具有极端重要性。与全球化和崛起进程相比较，制度变革显得滞后了。这种滞后放大了不确定性，从而扩散了公共风险。

此外，建立健全全球化和崛起过程中的公共风险预警系统和应急反应机制，在全球"风险社会"中应对不确定性和防范公共风险就会更加从容。公共风险的预警系统与应急反应机制属于危机管理系统，包括平时监控、实时分析、数据计量、危情报告等内容。从理论上讲，公共风险的应急反应机制至少应包括目标系统、应急决策系统、应急动员系统和应急反馈系统等。在大国财政成长过程中，应对经济领域的风险，特别是金融风险与金融危机的应急机制建设，还需要加快步伐。应急反应机制的建设是一个复杂的过程，涉及方方面面，难以一蹴而就。不论公共风险的预警与应急反应机制建设得如何，只要在决策中总是能够考虑到这些因素，就会增强对全球化和崛起过程中不确定性控制，从而提高抗击公共风险的能力。就此而言，风险观念要先行。

---

① 刘尚希：《公共风险视角下的公共财政》，经济科学出版社 2010 年版。

其次，要弘扬中国传统文化风险理性的基因。大国财政成长过程会遇到各种挑战和风险，如何从容应对，其实中国古人提供了很好的思想和智慧，在中国传统文化中，有很多风险理性的基因，其中如"预则立、不预则废"以及以柔克刚等就是重要的法宝。"预则立、不预则废"是针对风险全球化，做好应对准备。以柔克刚就是针对对手咄咄逼人的架势、苛刻的条件，采用平和、柔缓的态度应对，使对方犹如重拳击海绵，没有效果。而己方则可以以静制动以逸待劳，挫其锐气，待对方烦躁、疲惫之时出击，最终取得斗争的胜利。弘扬中国传统文化风险理性的基因，必须树立持久的思想，同时还要学会利用迂回策略和以守为攻策略。① 要不被对方的气势所吓倒；要有充分的耐心，坚定的信念，准备打持久战；采取的行动要有理、有利、有节，使对手无可奈何；坚持自己的原则。

在全球治理中发挥大国财政的作用，同样需要运用好中国传统文化的思想和智慧。目前，虽然美欧等西方国家对世界经济事务的主导地位日趋减弱，新兴经济体整体实力有所增加，但国际力量对比还远未发生转折性变化，美欧等西方国家综合实力仍占绝对优势，在国际体系中仍处于主导地位。国际经济格局的演变、体系调整与新秩序的构建将是一个长期、曲折和复杂的过程。② 为此，要通过积极的国际交流和磋商等，争取中国提出的各项主张最大限度地被国际社会所理解，为国家的发展创造一个宽松、和谐的氛围和环境，同时在相互合作中提高全球治理水平。

① 冯华亚：《商务谈判》，清华大学出版社 2006 年版。
② 郑晓松：《把握世界经济形势变化推进国际财经交流与合作》，《中国财政》2010 年第 9 期。

从输出商品和资本到输出文化

中国大国财政的全球思维根源于中国传统文化和价值观以及新时期治国理政的基本理念。"和平学之父"约翰·加尔通说过,中国以自己特有的视角来观察现实,阴阳平衡、尊重智慧、众生平等的理念被视为理所当然。①"有朋自远方来,不亦乐乎",讲信修睦、善待他人的传统思想,塑造了中华民族敦厚平和的禀性;"己所不欲,勿施于人",海纳百川、兼容并包的传统哲学,孕育了中华民族推己及人的文化;"四海之内皆兄弟也",天人合一、世界大同的共同理想,熔铸了中华民族强不凌弱、富不侮贫的精神。在这种寻求和谐共存的世界观念中,不会出现当代西方关于"历史的终结"和"文明的冲突"的描述。因此,博采众长、重王轻霸、义利合一、重合轻分、和谐共处等这些中国传统思想和价值观,它们与中国天下观一道成为指导中国外交的基本理念,也必将成为中国大国财政全球思维的基点。

中国传统重博采众长。中国的文化属于学习型文化,强调"博采众长"和"厚积薄发"而非"广泛传播"和"极力推进",这些都与西方的传教士精神尤其是美国的天定命运观相违。中国历史上只经历了"西天取经""丝绸之路"和"百邦朝圣",但这些都是文化的学习、交流与示范,丝毫无传教之意。即使郑和七下西洋,也只是宣示皇室威严,丝毫无文化输出之意。《论语》曰:"三人行,必有我师焉。"中国人惯于从"他者"处学习而非为"他者"提供模范。而今,孔子学院虽走出了国门,但其根本任务是继承"万世师表"衣钵在教授汉

---

① 《和平学视野下的中国与西方——访"和平学之父"约翰·加尔通》,http://ies.cass.cn/Article/tszl/omml/201012/3327.asp。

语。中华文化的本质是内敛的学习型文化，与西方的传教士精神截然不同，这构成中国学派产生的一个主要障碍。

中国传统重王道轻霸道。在西方的国际关系理论中，霸道是描述最高层次国际领导权的概念。所谓"霸道"外交思想，其含义包括：不管邻国对己是否友好及是否构成现实威胁，都一味地使用武力，进行对外征服与扩张；只相信实力，唯利是图，只顾本国利益，根本不在乎邻国权益，以争夺霸权、取得霸主地位、成就一番霸业为最大目的。与西方的政治概念不同，中国崇尚王道，而王道价值观为崛起的中国提供了超越美国霸权价值观的传统文化基础，在此基础上依据全球化时代特点进行现代化的发展，是可以建立起更为文明进步的价值观的。荀子认为，王权国与霸权国的区别不是实力上的差别，而是道义水平的高低之分。王道思想的核心是"仁"和"义"二字。"仁"非常接近现代意义上的"公平"，"义"则几乎等同于现代意义上的"正义"。以"仁"促进国际公平规范。"仁"的本质是强者同情和爱护弱者的原则，是客观强弱差别矛盾的调和剂。国际社会中的成员有强弱之分，不讲"仁"的平等实际上是使弱国处于非常不利的地位。在"仁"的思想指导下建立起"公平"的国际规范，就可以在很大程度上消除平等规范引发的冲突。"公平"是比"平等"更有助于促进国际社会和谐的价值观。以"义"促进国际正义原则。①

中国传统强调义利合一。义利兼顾、弘义融利。"独乐乐不如众乐乐。"世界上少数国家日子过得好，不如大部分国家日子都过得好。当前国际政治存在许多风气不正的地方，最大的缺失就是道义，哪个新兴新型大国能够在道义上为世界逐步树立"正"的风气和标准，哪

---

① 阎学通：《公平正义的价值观与合作共赢的外交原则》，《国际问题研究》2013 年第 1 期。

个国家就能聚拢巨大的软实力资源。全球化所以遭遇重挫，原因之一是重私利轻大义，少数人得利，大多数人失利，没有互利共赢的结果。经济全球化版本要升级，也需要坚持正确的义利观指导。义利失衡是当前世界的一大特点。总之，义利观的提出为构建合作共赢的新型国际关系提供了价值指导，也丰富了中国特色外交理论的核心价值体系。

中国传统重合轻分。西方政治学和国际关系理论重"分"，在对外关系上擅长用各种学说将对象国和地区分裂开来。中国政治学和国际关系理论重"合"，在对外关系上将有利于对象国和地区的团结与整合摆在首要位置。如在对非政策上，西方将非洲分而治之，而中国倾向于将非洲作为一个整体来看待。同样，以斗争为基础的西方国际关系理论，不相信中国的和平发展道路；而以分而治之对待第三世界国家的西方外交理论，也很难理解中国支持发展中国家的联合自强和互联互通。[1]

中国传统重和谐共处。共生主义是我们认识自然界、人类社会及其发展存在的新的世界观和方法论，它是对人与自然、人与人之间相互依存、互利共荣、协同发展的生存状态和发展方式的一种观念反映。共生主义发展模式的核心，就是在倡导社会制度、发展道路和文化形态等多样性的前提下，追求世界各国的和谐共生、互利互惠、共同发展。这一理念体现在新中国的外交上就是不走对抗的绝路，不走冲突的老路，要走和谐共生的新路，建设一个包容有序的和谐共生世界。中国与发展中国家、周边国家和新兴国家形成命运共同体，要让命运共同体意识在这些国家落地生根；在大国关系尤其是中美关系层

---

① 苏长和：《中国外交理论引领世界潮流》，《人民日报》2015 年 3 月 20 日。

面，提出要构建不对抗、不冲突、相互尊重、合作共赢的中美新型大国关系；在大小国家关系上，强调构建大小规模不同的国家之间的新型关系；在地区合作问题上，提出政治沟通、经贸畅通、交通联通、货币流通、民心相通的地区合作共生新理念。

崛起中的大国，其一举一动往往牵动周边，牵涉全球。历史表明，那些最终成长为世界性大国的国家，往往把自身的利益界定为国家利益和国际利益的总和。大国利益在很大程度上反映国际社会的要求，体现国际责任，而这种国际责任表现为承担全球公共事务的责任。英国在两个世纪内称霸世界，它的主要全球公共事务责任是欧洲均势，而这个均势保证了欧洲国际社会中的任何主权国家的独立和欧洲的基本平衡。美国在第二次世界大战之后成为世界大国，部分原因在于它倡议并主导了战后世界政治与经济秩序的重建，为世界各国提供了集体安全和经济发展的公共支持。可见，大国的成长要始终考虑到国际社会的实质需求，要从自身国家利益的实现中体现国际社会的实质需求。当今时代，全球化乃世界潮流，日趋开放的国际环境是各国竞技的同一舞台，环保、反恐、经济危机是国际社会面对的共同威胁。世界各国无论大小、制度、理念相差多么悬殊，其命运却是如此紧密相连。中国作为崛起中的大国，要有超越自我的胸襟和胆略。

今天，世界再次走到了历史的十字路口，与过去不同的是，这一次大转型具有强烈的中国因素。今天的中国再次从全球意义上来看待世界，中国再次认为世界能够成为而且应该成为自己承担大国责任的舞台，中国再次把世界作为自己无限广阔的市场，中国再次凭借自己的竞争力和创造力赢得先机。中国的转型伴随着世界的转型，国际竞争日趋尖锐，其中，财政竞争越来越成为国家间竞争、制度间竞争的重要方面，财政已经成为国家战略的组成部分，财政服从并服务于国家利益的重要性在不断上升，发展趋势在不断强化。

在走向大国财政的过程中，要注意讲好中国发展故事，提升文化影响力。对外表达，包括对外财政方面的表达，是促进外国民众了解、认同中国的重要方式，在一定程度上关乎国家安全。塑造中国的国家形象，需要弘扬中国文化、阐明中国特色、讲好中国故事，这是表达中国的重要主题。弘扬中国文化，着眼于"传统中国"。其主要任务是阐明中国走和平发展道路的文化基因，培养人们对中华优秀传统文化与当代文化的兴趣和热爱。通过系统梳理优秀传统文化资源，让收藏在博物馆里的文物、陈列在广阔大地上的遗产、书写在古籍里的文字活起来。正如习近平所指出的，要使中华民族最基本的文化基因与当代文化相适应、与现代社会相协调，以人们喜闻乐见、具有广泛参与性的方式推广开来，把继承传统优秀文化又弘扬时代精神、立足本国又面向世界的当代中国文化创新成果传播出去。阐明中国特色，着眼于"现代中国"。现代化是近代以来世界历史发展的一条主线。在世界现代化浪潮中，饱受屈辱的中国人民在逆境中探寻自己的现代化道路，经过反复比较和探索，选择了中国特色社会主义道路。中国的现代化，既坚持以宽广的世界眼光借鉴世界各国现代化的经验，又立足本国的基本国情和文化传统，不盲目照搬别国模式，丰富和拓展了世界现代化道路，为后发国家现代化提供了有益借鉴。讲好中国故事，着眼于"全球中国"。中国被认为是经济全球化的受益者。这并非偶然，需要我们讲清中国成功故事背后的制度根源与文化基因，尤其是中国国家治理体系与发展模式。阐明中国故事背后的价值诉求，是表达中国新的努力方向。长期以来，国内外有一种错误认识，认为中国的成功缺乏自身的价值观，因而具有偶然性、不可持续性。对此，必须讲清楚中国成功故事背后的价值根源。中国梦为此出了个好题目，社会主义核心价值观则进一步将中国梦理念化。阐释好中国梦的世界意义，是讲好中国故事的重要任务。①

构建新型大国财政关系

和而不同。 大国财政关系是大国关系的核心。关于新型大国关系的内涵，习近平做了精辟的概括：一是不冲突、不对抗。就是要客观理性看待彼此战略意图，坚持做伙伴、不做对手；通过对话合作、而非对抗冲突的方式，妥善处理矛盾和分歧。二是相互尊重。就是要尊重各自选择的社会制度和发展道路，尊重彼此核心利益和重大关切，求同存异，包容互鉴，共同进步。三是合作共赢。就是要摒弃零和思维，在追求自身利益时兼顾对方利益，在寻求自身发展时促进共同发展，不断深化利益交融格局。②

构建新型大国财政关系，包括处理好与发展中大国及主要发达国家的关系，这也是应对不确定性和防范大国财政风险，确保中国参与国际经济合作取得务实成果的重要基础。我们的优势在于同各方都有联系，同各方都有利益交汇点。一方面，应继续利用"金砖国家"等现有平台，加强与发展中大国的合作，在重大国际财经问题上形成共同立场，提高发展中国家整体发言权，同时巩固与发展中国家合作的信任基础，避免出现单打独斗的局面。另一方面，考虑到美、英等西方大国在国际经济金融体系中仍起主导作用，且在诸多重大财金议题上需借重中国力量，应妥善处理与主要发达国家的关系，在大国博弈中切实维护国家利益。在区域合作中，还应客观分析和处理与日、

---

① 王义桅：《如何讲好中国故事》，http://cul.qq.com/a/20150906/009511.htm。
② 人民网—中国共产党新闻网：《如何理解习近平一再强调的中美新型大国关系》，2015 年 5 月 19 日，http://cpc.people.com.cn/xuexi/n/2015/0519/c385474-27021248.html。

美在具体领域的合作，将中日、中美在本地区的互动变为促进双方关系健康发展、促进地区政治经济稳定发展的积极因素。①

风险共治。随着全球化进程加深和全球风险社会的到来，人类社会是一个相互依存的共同体已经成为共识。当前国际形势基本特点是世界多极化、经济全球化、文化多样化和社会信息化。粮食安全、资源短缺、气候变化、网络攻击、人口爆炸、环境污染、疾病流行、跨国犯罪等全球非传统安全问题层出不穷，对国际秩序和人类生存都构成了严峻挑战。不论人们身处何国、信仰何如、是否愿意，实际上已经处在一个命运共同体中。与此同时，一种以应对人类共同挑战为目的的全球价值观已开始形成，并逐步获得国际共识。② 在快速发展的全球化进程的推动下，在日益严重的全球问题特别是生态环境问题的倒逼下，各国联系日趋紧密，人类整体利益日益凸显，人类"命运共同体"正在出现，"命运共同体"思想也在逐步形成。在这样一种世界形势面前，自我中心主义的发展模式正步入"死胡同"，取而代之的则是以"命运共同体"思想为价值理念基础的共生主义的发展模式。③2014 年 3 月，习近平在联合国教科文组织总部演讲时指出："当今世界，人类生活在不同文化、种族、肤色、宗教和不同社会制度所组成的世界里，各国人民形成了你中有我、我中有你的命运共同体。"④

从财政的角度来说，命运共同体强调的是一种更高形态的利益

---

① 郑晓松：《把握世界经济形势变化推进国际财经交流与合作》，《中国财政》2010 年第 9 期。

② 曲星：《人类命运共同体的价值观基础》，《求是》2013 年第 4 期。

③ 邱耕田：《"命运共同体"：一种新的国际观》，《学习时报》2015 年 6 月 8 日。

④ 习近平：《在联合国教科文组织总部的演讲》，http://news.xinhuanet.com/politics/2014-03/28/c_119982831.htm。

共同体，也就是说，世界各国之所以能成为命运共同体，关键在于各国之间具有共同利益、整体利益。而在具有共同利益或整体利益的世界各国之间，经济社会发展和财政之间存在着"荣损与共"、利益相连的"连带效应"。因此，"一个强劲增长的世界经济来源于各国共同增长。各国要树立命运共同体意识，真正认清'一荣俱荣、一损俱损'的连带效应，在竞争中合作，在合作中共赢。在追求本国利益时兼顾别国利益，在寻求自身发展时兼顾别国发展"。[①]

创新风险防范机制。深处全球化时代和全球风险社会，全球治理和国家利益呼唤和要求中国要以更加主动积极的态势，全面参与国际组织的活动，尤其是与大国财政相关的国际组织体系。

在全球化过程中防范全球风险，加强全球治理，国际体系中既有的制度机制显得难以胜任，但新的全球性制度尤其是地区性的制度安排，并没有完全定型。由某些西方发达国家主导的现行国际经济治理体系，存在较大问题：一是它没有回应以中国为代表的新兴市场国家新的诉求，而仍然维系发达国家在国际治理体系中的霸主地位；二是在 IMF 与世界银行中，某些国家不愿放弃其一票否决的地位，引发众怨；三是某些国家作为最大的国际货币发行国，没有担当其应有的责任。[②]

中国推动的防范全球化公共风险的机制，要给这个世界带来一股新风，通过制度创新让世界看到，中国作为一个负责任的新兴大国，也是一个具有古老文明传统的大国，能够给这个世界带来崭新的理念。首先，使命要清晰，定位要体现出无私的境界和道德的高度。

---

① 习近平：《在联合国教科文组织总部的演讲》，http://news.xinhuanet.com/politics/2014-03/28/c_119982831.htm。

② 李稻葵：《让亚投行吹响国际治理体系改革的号角》，《新财富》2015 年第 4 期。

中国倡导的国际体系要为全球及区域的广大民众谋求长期经济发展和繁荣，换言之，国际体系不是为某一国的狭隘利益服务的，它的目标是带动国际体系中各国国家经济的长期发展。如此清晰而高尚的使命，在全球范围内都会具有感召力。其次，治理机制必须要有创新，决不搞美国式的霸道条款。具体说来，要体现多方利益和聆听多方面的声音；最后，应该强调文化建设。应该强调一种开明、高效、包容的文化。这样的文化才能够吸引全世界的精英都来为其工作。这种文化也能够保证国际体系的决策能够合理、有效，符合相关地区大多数民众的利益。

着力推进大国财政合作。区域财金合作涉及区域合作利益分配格局，是中国运筹周边、积极有所作为的重要平台，也是中国可发挥核心作用的财金合作机制之一。中国在地理、历史、人文等方面具有独特的优势，完全有能力发挥重要作用。应继续推进区域财金合作向前发展，统筹运用各种区域、次区域和双边渠道，进一步完善参与合作的总体布局；加大在资金、人力等各方面的投入，积极有所作为，巩固和提升在合作中的重要地位；根据本区域的现实情况，围绕资金救助、经济监测、金融市场发展等重点领域推动合作取得实效。

建设可持续的新型大国财政关系。打铁还需自身硬，一个大国在全球治理中的作用最终还是要靠实力说话。财政职能与国家职能的表里关系，财政能力与国家能力的互映关系，表明财政能力是国家职能保障程度的度量，是国家能力水平的真实刻画。中国的大国崛起之路要想以和平的方式实现，不战而屈人之兵的后盾是强大的国防实力，而强大的国防实力的后盾又是强大稳固的财政保障能力。国家现代化是整个现代化进程的核心。而要实现国家在推动现代经济发展和现代社会关系重构中的作用，就必须使国家拥有与之相称的国家能力。在一个特定的国家中，国家能力主要体现为资源汲取能力、政治渗透能力和危机解决能力。所有这些能力的提升都要依靠财政活动加以支撑。换言之，国家的重要性越是突出，财政建设就越是必要。①

---

① 刘晓路：《现代财政制度的强国性与集中性》，《中国人民大学学报》2014 年第 5 期。

第七章
大国财政看美国

一、美国财政概览[①]

美国财政的作用

在美国最初的 140 年历史中，人们对私人部门和私营机构更广泛地处理公共事务有十足的信心。在那个年代，美国的一大特征是，政府规模很小且州政府处于主导地位。州政府及其下属的地方政府负责公共服务提供、监管控制和征税，被认为足够胜任。联邦政府的职责通常非常有限，而在主要战争时期（包括美国国内战争和第一次世界大战）得到扩张，但通常的模式是，联邦政府会在战后重新回归战前的小政府状态。司法部门和政治力量对联邦政府职能的狭义解释维护了这种模式。

20 世纪 30 年代的大萧条、接踵而至的第二次世界大战及后来的朝鲜战争，造就了权力持续向中央政府集中的过程，这一过程历时

---

① 安瓦沙：《践行财政联邦制》，科学出版社 2014 年版。

40—50 年。庞大的中央职能积日累久，至今仍未完全扭转。利用法院诠释宪政作为联邦政府职能的基础，这一点在这一时期更为广泛。联邦财政开展了一系列广泛的计划，包括医疗救助（对低收入人群提供的医疗服务）、医疗保障（对老年人提供的医疗服务）、社会保障以及针对州和地方政府的大笔资助计划，尽管某些特定计划在 20 世纪 60 年代之后才开始启动。

过去的几十年中，尽管联邦在一些州和地方政府传统职能范围的领域中保持着强大的影响，但是联邦体系却是更为平衡了。香农（Shannon）对目前的联邦环境有 3 点理解。第一，支配政治形势的中产阶级投票人将不会保守到让美国政府退回到由州政府主导的模式。现在的人们看起来更为保守，尽管确实有关于州权利的讨论，但是对联邦国防、安全和其他支出的需求使得大大降低联邦支出占 GDP 的比重根本不可能。美国人已经习惯了这种政府支出，回到大萧条前小联邦政府的结构反而会不适应。第二，中产阶级投票人也可能不喜欢回到联邦政府有更大职能的结构。联邦政府在处理美国所面临的许多重大问题时，表现得让人信心不足。各种危机可能在一定时期突然加强联邦职能，例如：在国际恐怖主义的威胁下，给予国防和国家安全相对有力的支持，但联邦、州及地方政府的职能将很可能会回到更为平衡的关系当中。第三，对于未来，香农期待"不偏不倚"（middle-of-the-road）的联邦制，即无论是联邦政府还是州政府都不会在政府结构中占主导地位。也就是说，适当的政治力量能够引起一种缓慢变化的趋势，这种趋势就是无论联邦政府还是州政府都倾向于不去承担过多的职能。一个不错的选择是，州和地方政府保持提供公共服务这一主导地位，但是联邦政府同时也保持对此的影响力（并且可能会更大一些）。

美国财政支出责任的分配

美国与其他国家情况类似：对相关的公共服务提供职能是如何在联邦、州和地方政府之间划分进行概述，实属不易，因为许多公共服务已经被分类，每个政府平台负责不同的组成部分。财政支出和收入的数据可以在某种程度上对此进行说明，但却无法充分解释政府间关系的细微差别。本部分概述了支出责任，下一部分将概述收入结构。相对于州或地方政府，联邦的职能通常基于历史和现实，且对于大多数公共服务提供而言，美国宪法中没有特别地阐明。相对于地方政府来说，州政府公共服务职责的分配须基于宪法和法律的规定，所以各州存在很大差异，这使得概述有一定难度。某些州的宪法对特定分配进行了规定。例如，许多州的宪法将教育的职责划归州政府，但即便如此，除了夏威夷之外的所有州都把小学和中学教育分配或委派给了地方政府。由于需要提供诸多公共服务，中央、州和地方政府的职责通常或至少在某种程度上是分担的。一般来说，联邦政府在直接提供公共服务上的总体作用比州和地方政府要小得多，但是联邦政府通常在公共服务的提供上发挥重要的影响作用。不仅是联邦的法律和规定，还有存在各种限定条件的联邦拨款、贷款和成本分担机制，经常使联邦优先权的使用远远超出提供资金的狭窄范围。联邦命令也通常被用来在州和地方政府之上宣称联邦优先权。无资助的联邦命令（Unfunded Federal Mandates）是州或地方政府增加支出的重要原因。国会1995年颁布实施的法律要求联邦政府可以通过国会或者行政管理来决定联邦命令的支出成本，但是联邦政府却很少为这类支出提供直接的资金支持。盖洛（Gallo）考察过联邦命令这种方式，并对信息披露的增加表示赞赏，但是她质疑其对联邦决策的长期影响，因为这项法律的适用范围很狭窄。据预算和政策优先权中心（the Center for Budget and Policy Priorities）估计，由无资助的联邦命令所导致的州政府成本有 730 亿美元，比 2002—2005 年间，在选举改革、"不让一个孩子掉队"（No Child Left Behind）教育改革和残疾儿童教育中的成本还高。

实际上，州通常所说的联邦命令可以分为两种类型。在一些情况下，利用权力控制州际贸易的国会直接要求州或地方政府采用特定的方式提供特定公共服务。例如：对驾驶执照和选民注册的限制。但许多领域，如：国会的权利，被特别地排除在无资助联邦命令的法规之外。相反，国会可以对拨款设定一些条件，而州或地方政府可能会认为这些就是命令。然而，法律并不认为对拨款设定条件就成为命令。"不让一个孩子掉队"的法规可能是描述后一种类型命令的最好案例。联邦政府对州政府行为施加的影响更可能是通过拨款而不是直接要求来实现，列入清单的命令是联邦项目中可能变化的部分，这一变化对州和地方政府而言，可能非常昂贵，至少部分来说是如此，因为州和地方政府需要按照新的情况调整之前的资金分配方案。

因为政府体系被设计成强大的州政府和相对较弱的中央政府，所以政府体系一般遵循附属原则，由最接近服务对象的相应级别政府制定决策。正如上文所述，权力的平衡在过去的几十年里发生了重大的变化，结果是联邦收入大为增加，这些收入经常被用于鼓励州或者地方政府的特定行为、相对扩大联邦作用的法院判决和基于拓宽宪法条款司法解释的国会立法，如：州际贸易条款。中央政府对一些公共服务有专属的责任，包括国防（即使有州卫队的存在）、国际事务和邮政服务。联邦、州和地方共同提供一些公共服务，包括司法、警察、环境保护、公园和经济管理，每级政府承担不同的责任。举例来说，就环境保护问题，联邦政府通常负责州之间的监管问题，州政府负责更为当地化的事务。州和地方政府对一些公共服务的提供也担负着几乎是专属的职责，包括消防、教育、图书馆、固体废物的管理、污水排放、供水和交通。正如上文所述，联邦政府对公共服务提供具有重大影响，即使在这些"专属服务"领域。

数据可以为公共服务的分配提供一些证据。有趣的是，美国统计局（Bureau of the Census）提供州和地方政府支出的详细数据，但并没有提供联邦政府支出的相应数据。然而，统计局提供联邦、州和地方政府的就业数据，这对公共服务提供职责的划分有一定的指示作用。地方政府雇佣了美国 1 820 万非军事公共部门雇员中的 5/8。地方政府雇员绝大部分工作在教育领域，特别是小学和中学。州政府雇员占政府总雇员人数约 1/4，而联邦政府雇员数量为 1/8。

专属职责表示各级政府在该领域内承担 100% 或 0% 的财政支出。就联邦政府而言，专属职责包括国防、邮政服务和航天研究。各级政府共担的职能包括司法、警察、惩改机构、卫生和医院、公园、自然资源和航空运输。许多卫生保健都通过私人部门提供，但公立医院和诊所也很普遍，且监管职责由各级政府分别承担。

联邦和州政府共同负责社会保险。联邦政府负责社会保障养老金计划（the Social Security Pension Program）和医疗保障计划（the Medicare Program）。州负责提供食品券、医疗救助和主要的福利计划，及贫困家庭临时救助（Temporary Assistance for Needy Families，TANF）。然而，联邦政府为贫困家庭临时救助（通过整笔拨款）和食品券提供资金，还为医疗救助开支提供 1/2—3/4 的资金（通过配套拨款）。州主要负担这些计划的管理，但服务提供受联邦规定的严格限制。各州可在一定程度上对医疗救助和 TANF 计划进行权变，但事前须得到联邦规定的豁免批准。州政府实施计划中的权变一般被认为是在探寻更好实践方法，通常是低成本提供方式。

供水、供电、供气和污水排放是州和地方政府专属职责，尽管联邦政府在这些领域承担监管和财政功能（例如：美国环境保护署编制供水质量标准）。在某些情况下，公共部门直接提供公共服务，此外，私人部门也提供公共服务。提供公共服务的职责，其重叠和混乱横向在地方政府之间和纵向在各级政府之间都是存在的，因为哪家政府负责或者应该负责某项公共服务的提供并不总是透明的，尽管总体而言这个问题并不突出。各级政府对 2005 年卡里特娜（Katrina）飓风（是多年来美国遭遇的最严重飓风袭击）的应对是说明此问题的一个很好的例子。联邦、州和地方政府的官员都互相指责，无论谁对谁错，许多居民都认为联邦政府应当受到强烈谴责。可能的结果是联邦政府可能切实为许多地方应急事件承担责任，而这一责任由政府来承担可能会更好。

那些没有充分理解他们是分别缴纳联邦和州所得税的民众导致了另一个混乱，这可能会限制特定税收的问责制。人们可能希望对服务的提供发表意见，但是他们不清楚应该联系哪级政府的哪个部门。公共服务提供责任的重叠也是存在的，这既造成了混乱，也导致了潜在的高成本。例如，环境管理职责在联邦和州级政府之间如何划分就令人困惑。另外，对民众来说，某些任务是由联邦、州、郡县还是市政府的执法部门负责，也不清晰。

美国税收收入的分配

美国宪法对美国联邦和中央以下政府税收权限的限制相对较少（第一条第 8 款）。州政府不能对其出境产品征税，这是美国宪法对州税收权限唯一一个广为人知且非常明确的限制。早前的 1788 年美国宪法要求直接联邦税在各州中平均分摊，但宪法第 16 修正案于 1913 年颁布实施后，所得税便可以在各州按固定的标准征收。隐含的征税限制也是存在的。防止州税收扭曲州际贸易的禁令来自休眠商业条款（Dormant Commerce Clause），对州政府征税能力而言是一项非常重要的制约。根据 1819 年最高法院的判决，一个政府不能对另一个政府征税。州宪法中也包括一些针对州征税权力的限制，最重要的限制是州宪法不能做出违反国家宪法的规定。同样，州可以决定地方政府的征税权限，无论是通过州法令还是州宪法。例如，一些州在对物业税税收目的评估中对其年增长率进行了限定。

联邦政府占全国税收总收入和财政总收入的比重为 1/2 多一点。尽管每级政府都采用多种税源，但还是发展了某一个专精（Specialization）的税源。联邦政府最为专精税种是个人所得税，该税收占联邦税收收入的比重超过 80%。联邦所得税收入也大约占美国所得税总收入的 80%。此外，几乎所有的保险—信托收入都由联邦政府征收。物业税（Property Taxes）几乎完全专属于地方政府，占地方政府收入的比重接近 3/4。绝大多数有税收权限的地方政府都可以征收物业税，尽管州对税基和税率的控制和监管普遍存在。需要特别指出的是，物业税收入被认为是教育经费的主要来源，非教育类特别区（与学区相比）很少征收物业税。物业税在地方政府筹资中的作用随着时间已经慢慢被淡化了；因为一些州给了地方政府可替代的税收选择，还有就是州政府在教育经费提供上发挥了更大的作用。有 34 个州同意地方政府征收地方销售税（Sales Taxes），有 13 个州允许地方政府征收地方所得税，这种地方所得税通常是工薪税而不是广义的所得税（指对综合收入征收的所得税）。在许多州，对物业税的严重依赖已经导致了大规模的公开论战，特别是当财产价格快速上涨的时候（正如最近几年发生的那样）。例如，1994 年密歇根（Michigan）调低了地方物业税，收入的减少由州销售税增加 2 个百分点来弥补。新泽西（New Jersey）、得克萨斯和其他一些州目前正在讨论利用其他税种来降低地方学校对物业税收入的依赖。平均来看，州的税收结构比联邦和地方政府更为平衡。州从销售税和个人所得税征集的收入大体相当。有 41 个州征收广义的所得税，45 个州征收一般销售税。州是销售税和机动车牌照税收入的主要使用者，州也是选择性销售税收入的最主要使用者。平均的数据并不能清晰反映各州之间税收的巨大差异。新罕布什尔（Hampshire）既不征广义的所得税，也不征销售税。俄勒冈（Oregon）2004 年州税收收入的 70% 来自个人所得税，相反有 9 个州来自个人所得税的收入基本为零。田纳西（Tennessee）和华盛顿州（Washington State）来自销售税的收入所占的比重超过60%，相反有 5 个州的销售税收入几乎为零。州和地方政府征收所有的使用费收入，这些政府也承担更多的公共服务。

美国财政的政府间财政关系

联邦和州政府对各自的税基和税率都有独立的控制权，当然是在上文所述的限制条件下。各州给地方政府的自由度有很大差别。美国没有关于要求各级政府协调税基和税率的规定，实际上，每个州政府以及中央政府在税基上都不尽相同。州内的地方政府一般采用相似或者相同的税基，但是有些情况下还是存在很大的差异。例如，科罗拉多（Colorado）允许其下属地方政府规定自己的地方销售税税基。在一些其他州，如弗吉尼亚（Virginia），由州政府规定地方销售税的税率和税基，使地方销售税更像一个拨款计划。联邦、州和地方税收结构经常是纠缠在一起的，即使它们的法律和宪法是独立的。大多数州需要个人和公司根据联邦应纳税活动的定义来自行计算他们应交纳的所得税。例如，37 个州开始采用联邦的定义来计算州个人所得税的税基，27 个州采用了联邦调整的总收入（税收豁免和抵扣前的所得），10 个州采用了联邦应纳税所得额。说到这，虽然联邦法律允许州把州所得税背在联邦所得税上，但是还没有州选择这样做。州不动产和遗产税也与联邦不动产税有联系，尽管后者在很多年前就已经被终止了。联邦、州和地方个人和公司所得税之间的关系同样延伸至管理层面。每个州有自己的税收管理部门，但是特别依赖联邦的审计和数据库来帮助征集税收。政府间纵向的竞争也是存在的，一级政府对另一级政府的决策的反应全凭经验。基本的概念是被迫接受一级政府的一种税收将减少其他政府的税基。受影响的地方政府可能根据税收弹性的不同，通过增加税率或者降低税率来弥补收入的损失。关于这些关系的各种可能性的研究已经得出了结论。一些证据表明，州在联邦增加税收时会倾向于增加汽油和烟草税的税率，理由是州认为可以通过增加税率来弥补税基下降的损失。另外，关于美国个人所得税的研究显示，州在联邦增加（个人）所得税税率时会倾向于增加州个人所得税和州销售税的税率。州之间和地方政府间的平行关系也是重要的，无论从收入在政府间的分配还是从政府在税基上的竞争来看都是如此。州在税收收入结构上有较大自由度，这会增加遵从规定的成本。一个例子是重要的州税种（如州个人所得税、企业所得税和销售税）的收入在某些情况下（当纳税人或者经济活动超过州的边界时）是跨州取得的。税源是工资的州个人所得税在收入获得地交纳（属地原则）。非劳动所得在居住地缴纳州个人所得税。销售税在商品和服务的使用地征税，即按目的地原则征税。通常是假定在商品的购买地征税。公司所得税根据公式分配，尽管各州的公式差别很大。这些一般的方法要比实际中应用的更为统一，实践中州对每个税种的细节的规定有所差异。结果是，对跨州经营的企业和个人来说，遵从不同税收要求的成本就增加了。实际上，就 Quill 案例，美国最高法院的判决基于这样的理念，即远方的卖方需要按州和地方政府的各自规定在一些州和地方政府纳税，承担的税收负担高于在单一州经营的当地企业。而对于依从不同规定而纳税所需的成本方面，几乎还没有可靠的数据。州也在征税方面开展税收合作。一些州签署了与其他一些州的合约，分享例如税收遵从方面的信息。多边的州税收委员会（the Multi-State Tax Commission）就是一个这样的组织，同时也对一些跨州纳税人进行税收审计。

二、财政与经济相辅相成

美国财政支撑货币主权

美国财政在日常运行中主要有八大职能，分别为：管理联邦财政，收集所有根据美国法律规定的税务，生产邮票、货币，管理美国政府账户和美国国债，监督国家银行以及储蓄机构，对美国金融、货币、商业、税收以及财政政策提供建议，执行美国联邦金融活动以及税收法律，调查并检举逃税者、造假币者、走私者以及非法持枪者。

铸币税，也称为"货币税"。指发行货币的组织或国家，在发行货币并吸纳等值黄金等财富后，货币贬值，使持币方财富减少，发行方财富增加的经济现象。美元作为世界货币，显然更具此条件。一般情况下，一国铸币税的总量近似地等于该国中央银行投放的基础货币

量。由于美元是国际公认的储备、支付和结算货币，美联储就成为
"世界中央银行"，这样美国就拥有了在全球范围内攫取铸币税的权
力。美国在购买别国的商品、劳务或进行对外投资时，就可以通过印
发美元来支付。这部分美元就是由美联储投放出来，而输往国外的基
础货币量，是美国获得的最基本的国际铸币税。目前，在全球流通的
美元现钞超过 9 000 亿美元，大约 2/3 左右在美国体外流通，这意味
着美国征收的存量铸币税至少为 6 000 亿美元。美国平均每年能获得
大约 250 亿美元的铸币税收益，二战以来累计收益在 2 万亿美元左右。
由于人民币不具有国际支付货币的地位，中国国际贸易不得不大量借
助美元计价和支付，目前以美元计价的贸易约占中国对外贸易总额的
80%，也就是说，2013 年 4.16 万亿美元的贸易额中，约有 3.33 万亿
是以美元计价和支付的；同时中国外汇储备中有相当大的一部分是以
美元资产的形式持有的，大约占全部外汇储备的 60%—70%。按照
2013 年年底 3.82 万亿美元计算，在全部外汇储备中美元资产大约占
到 2.29 万—2.67 万亿美元。这样，按照广义铸币税概念计算，假设
中国的外汇储备全部以美国国债的形式持有，同时美国财政部与中国
财政部国债息差为 1%，则每年美国从中国经济发展中不用支付成本
就至少拿走了大约 230 亿—260 亿美元的铸币税。

美国大国财政是大国经济的有力保障

美国（联邦）政府机构对货币政策有强大的控制权，对财政政
策有极大的影响力，尽管州和地方政府也承担一些财政政策行动。联
邦、州和地方政府的财政政策之间没有协调的机制。美联储（FED）
在美国管理货币政策。美联储由总统任命并经美国参议院批准的 7 个
成员组成的一个独立的董事会管理。董事会成员任期 9 年（董事长任

期 4 年，可以续任自己一次），下一任期可以继续被任命。美联储公开市场委员会监视货币政策的方向。该委员会由 7 个理事会成员和 12 家地区联邦储备银行中的 5 个行长组成。美联储把控制价格作为其首要目标，但是对其他目标如经济增长和汇率等目标可以自主考虑决定。保持稳定增长一般在政策目标中排在第二重要的位置。州没有权力印刷货币或者参与货币政策。中央行政和立法部门决定大多数的财政政策。中央政府对联邦预算的构成、支出水平、税收水平和债务水平有绝对的控制权。中央政府赤字在 2005 年达 4 152 亿美元，相当于 GDP 的 3.3%。州也控制着州预算的构成、支出水平、税收水平以及上文提到的其他方面。49 个州在宪法或者法律上都规定州的经常性预算必须平衡，这当然会限制州政府采用财政政策的能力。但是，州有很多办法规避这项平衡预算的规定，州经济发展政策远超传统的期望，对经济活动的潜在影响增大了。如上文所述，联邦政府没有平衡预算的要求，近些年来联邦赤字规模很大。州和地方政府借款主要是资本投融资，但是他们也为日常运营经费借款（即使有平衡预算的规定），如：加利福尼亚近年来借款已达 150 亿美元。大多数情况下，州和地方政府的借款没有清晰的对宏观经济施加影响的意图。州和地方政府的长期债务在 2003 年达 1.81 万亿美元，比上一年增加了 7.5%。从 20 世纪 90 年代开始，债务每年以 5.8% 的复利增长。地方政府而不是州政府持有绝大多数的州和地方债务（61.5%）。所有州和地方政府债务的绝大多数（97.8%）为长期债务，长期债务中的 38.1% 由"政府完全信用"担保。剩下的 61.9% 没有政府担保，但是通常有专门的收入来偿还债务。债务绝大多数是资本投融资，其中的 23.8% 是公共债务，收入用于为私人部门的活动融资。债务的很大一部分用于建学校。联邦政府为州和地方政府债务提供补贴，因为这些债券的利息收入免交联邦个人所得税。对这些利息征税的提议不时被提出，依据是对联邦财政部来说免税的成本大于收益。布什政府的税收改革小组没有建议取消该税收扣除。

就宏观经济管理来说，州和地方政府更倾向于用税法而不是财政政策来实现其与私营经济或经济部门相关的经济发展战略。州和地方政府为了涵养税源，会对销售税、物业税、公司所得税和个人所得税给予一定的减让。在一些情况下，这种优惠通常只有满足特别条件的企业才能获得，特别的条件经常是与企业的大小、所处的行业或者经营地点等相关。其他一些情况下，优惠专门给予个别的企业。政府也提供激励性的支出措施，如培训、基础设施建设、免费的土地或者场地开发。州和地方政府提供的涵养汽车企业税源的激励措施最引人注目。每级政府通常都会预留资源调节宏观经济周期性不景气的影响。过去几十年间，中央政府有两次在州面临财政压力时施以援手。一是在 20 世纪 80 年代经济严重下行过程中，为一些州的失业保险体系提供贷款。绝大多数的州按州宪法或法律的规定不能有跨财政年度的赤字，一系列贷款就成了解救处于严重财政困境的失业保险计划的办法。二是国会在 2003 年和 2004 年间向州政府提供了 200 亿美元以缓和很多州在 2001 年和 2003 年间经历的收入严重下滑的打击。另外，州政府也有以备不时之需的资金或者预算稳定基金来帮助抹平经济形势转变对财政收支的影响。这类资金一般来说数量相对很小，占支出的比重不到 5%。地方政府很少设立以备不时之需的资金，但是他们的年末余额在一定程度上也起类似的作用。

美国财政能够有力应对经济危机

随着金融危机全面爆发，美联储加大了货币政策力度，分别于

2008 年 10 月 8 日、29 日和 12 月 16 日三次大幅度下调联邦基准利率累计达 175 个基点，联邦基准利率调至 0.25% 的历史最低水平；同时继续下调贴现利率至 0.5% 这一阶段，美国政府最大限度地利用了货币政策的操作空间，基准利率和贴现率双双下调到历史罕见的低水平，表明美国政府从急、从快应对金融危机的迫切心情。由于联邦基准利率和贴现率已无进一步下降的空间，传统的货币政策手段已经用尽，美联储被迫采取"定量宽松"的非传统政策手段，进一步加大公开市场操作力度。2009 年 3 月 18 日，美联储宣布，为维持市场稳定在未来 6 个月内直接收购高达 3 000 亿美元的长期美国国债，并将旨在降低抵押贷款利率的贷款项目规模进一步提高 7 500 亿美元。长期以来，美联储和其他主要国家的中央银行均不为商业银行的法定存款准备金和超额准备金支付利息。在次贷危机的严重冲击下，为了增加受困金融机构的收入并减少公开市场业务的压力，2008 年 10 月 15 日美联储宣布向存款准备金支付利息。其中，向法定准备金支付的利息比准备金交存期的联邦基金目标利率均值低 10 个基点，向超额准备金支付的利息初定为比准备金交存期的最低联邦基金目标利率低 75 个基点。12 月 16 日，法定存款准备金利率和超额准备金利率进一步分别降至 0.79% 和 0.25%。向存款准备金支付利率的政策目的在于鼓励商业银行在美联储存放超额存款准备金，使美联储在应对危机方面处于更有利的位置。继流动性管理工具短期标售工具、短期证券借贷工具和一级交易商信用工具推出之后，美联储分别于 2008 年 9 月 19 日、10 月 7 日、11 月 10 日推出新的资产支持商业票据、商业票据融资工具、货币市场投资者融资工具等非常规流动性管理工具，进一步提高货币市场的流动性。

在货币政策操作空间难度增大的背景下，美国政府在危机的恶化阶段强化了财政政策的运用。大规模的经济刺激计划成为这一时期美政府救市的主旋律。2008年10月3日，美国总统布什签署有史以来最大规模的7 000亿美元的金融救援计划。此外，布什政府还对濒临清盘的金融机构直接注资。2008年9月，美联储向国际集团提供了1 500亿美元的救助资金；对债券和基金进行回购和担保，宣布计划从"政府资助机构"收购100亿美元的抵押贷款支持债券，并计划动用多于500亿美元外汇稳定基金（ESF）为货币市场基金提供临时担保。2009年2月10日，奥巴马政府出台"金融稳定计划"，包括：通过压力测试筛选对受困金融机构进行注资，设立"公共及私人投资基金"，通过扩大定期资产支持证券贷款工具的规模启动消费和商业信贷，强化对救助资金使用的监管和信息披露，通过提高担保率等方式启动小企业和社会融资等。2月17日，奥巴马签署高达7 870亿美元的《美国复苏与再投资法案》，该法案把保障就业作为应对经济危机的直接举措，而发展清洁能源作为美国经济未来转型和发展的一个长远战略，后一项是奥巴马政府全力打造的化解金融危机、振兴美国经济、领跑全球经济的新的增长点。2月18日，奥巴马政府公布"房屋所有者负担能力和稳定性计划"，用至少2 750亿美元资金实现保障美国家庭的"清偿力""稳定性"和加强对"两房"的支持以维持较低按揭利率水平的目标。随着金融危机的影响日益加深，美国汽车业等实体经济形势日益恶化。为刺激消费，推动实体经济恢复，2008年12月19日财政部动用174亿美元用于为汽车业提供短期贷款。2009年6月，美国又通过总额为10亿美元的旧车换现金计划，拉开挽救汽车业等实体经济的第一步。根据该计划，消费者通过以旧换新的方式购买更经济环保的小轿车和卡车，可以获得政府提供的3 500美元至4 500美元的补贴。这一计划极大地刺激了美国的汽车市场，有助于提振经历破产重组的美国汽车业。

随着金融危机不断恶化，美联储加大了货币政策的国际协作力度，先后与 10 个国家签订或扩大了临时货币互换协定以增强离岸市场美元的流动性。为改善全球金融市场的流动性状况，美联储联合加拿大银行、英格兰银行、欧洲央行、日本央行、瑞士央行等设立互惠货币掉期机制，同时执行以多种有价证券为抵押资产的回购协议，对全球金融市场进行注资。自 2007 年 12 月 12 日起，美联储分别与欧洲央行和瑞士银行交换 200 亿及 40 亿额度的美元，此后多次增加交易额度并扩大货币互换的对象国家。在美国的推动下，西方各国央行都深度介入，形成了对美联储流动性操作的密切配合，共同应对美国短期融资市场压力提升的局面。欧洲央行连续数日大规模公开市场操作，于 2008 年 8 月 9 日、10 日、13 日分别向银行系统注资 948 亿、610 亿、476 亿欧元，日本、澳大利亚等国央行也纷纷注资。美国政府加强货币政策的国际协作，对于扩大市场的融资来源、缓和融资的短缺局面起了一定作用。

此外值得一提的是，为了加强国际联合应对这场空前严重的"金融海啸"，美国政府还将原有的"二十国财政部部长和中央银行行长组织"（即二十国集团）的活动级别升格为"金融峰会"，积极推动在华盛顿、伦敦和匹兹堡举行了三次"二十国集团金融峰会"，这些峰会的成果尽管有限，其实施效果更往往大打折扣，但对于稳定各国应对危机的信心、协调各国应对举措，避免重演第二次世界大战前面临危机时各国以邻为壑、竞相转嫁危机的悲剧，促使各国经济企稳回升的作用仍值得充分肯定。

三、世界的超级财政

主导全球资源配置

石油、黄金、粮食、铁矿石、稀有金属等大宗商品期货都是美国的操控对象。通过操控大宗商品期货价格，不但能够获得巨额的利润，还能够打击政治、军事和经济领域的竞争对手。1980—1990 年，美国及其盟国将石油价格控制在每桶 30 美元上下，严重制约着苏联能源出口收入，抑制其经济发展。2004 年，美国操控大豆期货价格先升后降，使中国 70% 的大豆压榨企业破产，外资顺利垄断了中国的食用油市场。2010 年 5 月 16 日，中国商务部新闻发言人曾说：在国际市场中，虽然中国占 65% 的铁矿石进口量，但是没有发言权。从 2002 年至今，进口铁矿石价格已经由不足 30 美元涨到 150 美元，而钢材价格仅由 2 000 元左右涨至目前的 4 400 多元。"中东有石油，中国有稀土"，中国拥有超过全球 50% 的稀土资源储量，并占据全球 90% 的市场份额，但 1990—2005 年，中国稀土出口量增长近 10 倍，平均价格却跌至 1990 年时的一半。

主导全球投资

美国的资本无论是在国内还是在国外，都从事着最有利可图的行业，而别国只能将手中的美元外汇存入美国银行或购买美国国债，获取微薄的利息，因而，美国对外直接投资回报率远高于外资在美国获得的回报率。按 2013 年情况计算，美国 10 年期债券的名义利率是 2%—3%，减去同期国内通货膨胀率 2%—2.5%，实际支付的利息在 0%—0.5%；而美资跨国公司在国外直接投资的平均回报率高达 10%—20%。美元的一进一出，一来一去，让美国赚得盆满钵满。美国商务部经济分析局 2011 年 6 月 28 日发布的美国对外金融资产高达 203 153 亿美元，美国对中国的资产总值约 22 500 亿美元，约占总资产的 11%。2007 年美国直接投资领域获得收益 3 682 亿美元，支付外国投资者 1 344 亿美元，净收益 2 338 亿美元。据中国社会科学院专家估算，中、美投资的收益差，让中国在 1996—2006 年年均损失 700 亿美元。以美国通用汽车在华投资为例，其投资回报率大约为 25%，四年便收回投资成本，五年之后每年从中国净赚几亿美元。而中国对美债券的投资回报率仅有 2%—3%，扣去美元不断贬值的损失，中国在美投资的收益实际为负。美国彼得森国际经济研究所所长弗雷德·伯格斯坦研究指出：仅美国每年从经济全球化当中获得收益就超过 1 万亿美元，而付出的成本只有 500 亿美元。与此同时，由于美元在全世界通用，美元的金融市场规模很大，资金流动性很强，而且世界上很多金融市场都用美元进行定价和交易，因此，美国发行美元债券成本低、卖价高、利润大，这就是流动性收益。美国金融机构大搞金融创新，无限制地滥发各种美元债券，就是追逐这种超额的流动性收益。世界现有外汇储备总额为 7.5 万亿美元，60% 为美元，如果 1/3 为流动性美元，那美国就相当于无偿地获得了 2.5 万亿美元的资产。如果这些资产的回报率为 10%，从这部分资产中美国每年就可净赚 2 500 美元。美元是如同流水一样到处流动的，哪里低洼，就流向哪里。只要中国紧缩，美国就能够宽松；中国紧缩出来的空间，就会被美国宽松出来的货币挤占。2008 年金融危机以来，美联储于 2008 年 10 月、2010 年 11 月、2012 年 9 月先后实施第一轮、第二轮和第三轮量化宽松政策，这些量化宽松所印出来的美元，多数都流入了中国等新兴经济体，美国保持其通胀压力不大的背后，是这些货币流入了其他国家，而其他国家为此付出了巨大代价。

主导全球利益分配

除了铸币税以外，美国财政主导全球利益分配还突出表现在享受全球债务收益以及全球通货膨胀税。首先，美国财政享受全球债务收益。欠债对别国来说是坏事情，但是对美国却是好事情，债务是美国掠夺世界各国财富的基本手段之一。美国是一个超级债务大国，截至 2014 年 11 月 30 日，美国联邦债务总额高达 18.01 万亿美元，与美国名义 GDP 之比上升至 103%，历史上首次突破 100%。2011 年，俄罗斯总理普京曾经一针见血地批评美国是世界经济的"寄生虫"。他说："14 万亿美元甚至更高的巨额债务，说明美国靠举债生活……在很大程度上依靠世界经济和自己的美元垄断地位过着寄生虫的生活。"其次，美国财政享受全球通货膨胀税。约翰·梅纳德·凯恩斯曾说："通过一种持续不断的通货膨胀过程，政府能够秘密地和不被察觉地没收其公民的大量财富。"由于美元是国际本位货币，通货膨胀，美元贬值，其实质就是美国掠夺世界各国财富。美元通过贬值获取的巨额利益，在学术上被"雅称"为攫取"国际通货膨胀税"收益。自美元与黄金脱钩以来，黄金从每盎司 35 美元，到 2011 年 8 月已突破每盎司 1 900 美元，按此标准计算，美元贬值已经超过 98%。如果估定 1967—2006 年美国的外债平均为 3 万亿美元左右，那么通过美元贬值 90%，美国因减轻外债负担而获取国际通货膨胀税为 2.7 万亿美元，年均获益 675 亿美元。2001 年诺贝尔经济学奖获得者约瑟夫·尤金·斯蒂格利茨说："发展中国家在自己也非常需要的时候，几乎零利率借给美国数万亿美元。这反映了问题的实质。从某种意义上说，这是对美国的净转移，是颠倒的对外援助形式。"估计以此手段使世界上的财富每年进入美国的数额约占美国新增 GDP 的 30%，使美国成为世界上最大的食利国。

主导全球贸易

2002 年国际发展及救援非政府组织乐施会发布的一份报告称：由国际贸易所产生的收益当中，97% 流向了富国和中等收入国家，只有 3% 的比例流向了贫穷国家。作为 WTO 的领导者，美国无疑是全球自由贸易的最大受益者。如一件在中国工厂生产的汗衫成本为 4 美元，它在美国沃尔玛公司的售价可以达到 40 美元，中国只获得极小比例的利润，却为美国国内生产总值贡献了 36 美元，中国收益占整个产品的比价是 10%；在美国市场销售的芭比娃娃，若以每个 10 美元计，其中 8 美元是美国境内的运输销售成本与利润，1 美元为管理运输费用，65 美分为日本等国的原材料成本，中国只能拿到 35 美分的加工费，仅占整个产品比价的 3.5%；一台标有中国制造的 iPad，在美国售价每台 499 美元，其中 LCD 平板占 95 美元、苹果 A4 处理器占 26.8 美元、16GB 存储器占 19.5 美元，这些高附加值的零配件成本占售价的 54.4%，组装费只占售价的 3.4%。摩根士丹利的一项调查显示，1998—2003 年间，仅中国制造的婴幼儿服装就为美国的父母们节省了 4 亿美元。研究表明，由于能够购买中国低价的出口货物，使得美国低收入人群的生活水平可能提高了 10% 左右。

四、美国财政的启示与反思

美国财政带给我们的启示

如上所述，美国财政总体看来，具有很强的主导性，无论对内、对外，都具有极大影响力。这表现在三个方面。

第一，特别注重规则制定，并能够主导规则制定。1944 年 7 月，美国、英国等 44 个国家在美国新罕布什尔州的布雷顿森林召开会议，讨论国际货币金融体系问题，建立了以稳定国际金融、间接促进世界贸易发展为目标的国际货币基金组织（IMF）和世界银行（WB，又称"国际复兴开发银行"）。1945 年 11 月，美国提出新计划，缔结一个制约和减少国际贸易限制的多边公约，以补充布雷顿森林会议决议，公约规定成立国际贸易组织（WTO），以作为贸易领域中与国际货币基金组织、国际复兴开发银行相对应的贸易组织。1946 年 2 月，美国正式拟定《国际贸易组织宪章》草案，提请联合国经济与社会理事会第一次会议通过决议，该草案由 1946 年 10 月英国伦敦会议组建的筹备委员会成员国两次讨论和审议。1947 年 4—10 月，筹委会在瑞士日内瓦召开的会议进行最后敲定，将修改后的协议定名为"关税与贸易总协定"，23 个缔约国签订了《关税与贸易总协定》，美国、英国、法国、加拿大、澳大利亚、荷兰、比利时和卢森堡的 8 国代表共同签署《关税与贸易总协定临时适用协议书》，宣布于 1948 年 1 月 1 日开启"临时适用"。而后的几十年中，在关贸总协定框架下，全球各个经济体进行了多次、多轮谈判磋商，不断完善和改变着国际贸易中的规则，然而国际贸易中美国通过国际组织主导秩序的格局并没有发生任何改变。时至今日，国际贸易组织、国际货币基金组织、世界银行等国际经济组织仍然在经济全球一体化过程以及国际经济贸易中占据主导地位，而这些国际组织背后是美国，美国大国财政主导下的全球经济战略辐射全球，对全球经济体而言更是牵一发而动全身。作为 WTO 的领导者，美国无疑是全球自由贸易的最大受益者。

第二，特别重视风险监控，并能够实现风险化解。美国财政具有全球化职能，在机构设置方面，运营署工作人员占 98%，负责完成分配给财政部的具体工作。其中，公共债务局负责借入联邦政府运转所需要的资金，铸印局负责设计并制造美国货币、债券及其他官方证书和奖项，货币监理署特许建立国家银行并进行管理和监督，以确保安全、稳定和有竞争性的银行体系，为公民、团体和美国经济提供资金支持，美国铸币局负责设计并制造国内金银和外国硬币，以及纪念章和其他钱币。铸币局同时将美国铸币分配给美国联邦储蓄银行，并对国家金银资产实施实体监管和保护。由此可见，美元作为世界货币，其印刷及相关管理工作大都通过美国财政部门来完成。在机构设置方面，美国财政部专门设有国际事务办公局（Office of International Affairs），下设国际金融办公室和国际市场及发展办公室。这些体制机制决定了美国是以大国财政为基础的唯一超级大国，美国财政高水平的国际化是美国特别重视风险监控的主要表现，相关机构设置、体制机制是实现风险化解的有效路径。

第三，特别重视全球资源，并能够切实主导资源控制权。石油、黄金、粮食、铁矿石、稀有金属等大宗商品期货都是美国的操控对象。通过操控大宗商品期货价格，不但能够获得巨额的利润，还能够打击政治、军事和经济领域的竞争对手。美国的资本无论是在国内还是在国外，都从事着最有利可图的行业，而别国只能将手中的美元外汇存入美国银行或购买美国国债，获取微薄的利息，对外直接投资回报率远高于外资在美国获得的回报率。

美国财政带给我们的反思

从美国财政对全球的影响力来看，其大国财政是始终为其全球经济地位服务的，绝不止步于国内制度运行的成本和效率，而是切实在国际贸易中扮演着绝对主导者的角色。第一次世界大战后，美国首先爆发了1929—1933年大萧条，自然而然成为贸易保护主义浪潮的先锋，并于1930年颁布《霍利—斯穆特关税法》将关税提高到历史最高水平，而后随着经济危机波及全球，加拿大、古巴、法国、墨西哥、意大利、澳大利亚、新西兰等也先后提高关税，世界范围内经济体之间的关系呈现出国家主义、以邻为壑、相互倾轧的局面。尽管第二次世界大战爆发的原因是多重的，但是我们不得不承认各个经济体在国际经济贸易中的深刻矛盾也是导致这次战争爆发的重要原因之一。

美国大国财政的强有力在这一阶段得以充分体现，表现出"一枚硬币的两面"：一方面，美国大国财政通过国际经济组织的建立重建了国际贸易秩序，切实起到了防范全球公共风险的作用；而另一方面，美国大国财政通过控制国际经济组织而取得的国际贸易秩序中的主导权，实际上为其参与全球利益分配开辟了绿色通道。与美国主导国际贸易秩序建立相伴随的，是美国在全球货币主权的建立。

尽管如此，特别值得注意的是，美国文化与中国文化的深刻不同，美国文化中蕴含着与我们不同的价值观和理念，尤其是以经济第一强国的地位扮演着世界警察的角色，通过战争的方式强行控制着世界部分资源的配置。基于"全球利益分配"和"全球风险防范"两个基点来看，美国的大国财政实际上一直都面临着本国利益与公共利益之间的博弈。对于美国自身而言，利益分配和风险防范是一枚硬币的两面，而就世界范围来看，美国利益分配直接影响着世界各个经济体的利益分配，各个经济体的利益分配直接影响着其自身的风险防范，而其自身的风险又对美国利益分配产生重要影响。国际贸易中的确有对发展中国家特惠待遇等相关原则的规定，但总体来看美国对全球经济贸易的主导仍不能说是以全球和谐作为目标，而是通过独霸和领导全球来扩大自己的在全球利益分配中的份额。与此同时，从大国财政两个理论基点出发，美国大国财政更加倾向于在全球利益分配中利己的行为选择，实际上已经造成全球公共风险的增加。

这一点可从近年爆发的挑战整个人类的公共风险考察。以埃博拉（Ebola virus）为例，埃博拉又译作伊波拉病毒，是一种十分罕见的病毒，1976 年在苏丹南部和刚果（金）（旧称扎伊尔）的埃博拉河地区发现它的存在后，引起医学界的广泛关注和重视，"埃博拉"由此而得名。已确定埃博拉病毒分 4 个亚型，即埃博拉—扎伊尔型（EBO-Zaire）、埃博拉—苏丹型（EBO-Sudan）、埃博拉—莱斯顿型（EBO-R）和埃博拉—科特迪瓦型（EBO-CI）。2009 年 7 月 9 日，在新一期美国《科学》杂志上报道，在菲律宾一些农场的猪身上鉴别出一种名为 reston 的埃博拉病毒（EBO-R），病互此但与其他类型的埃博拉病毒不同，到目前为止，它还没有对人造成威胁。关于埃博拉的信息告诉我们，作为全球经济最不发达的区域，这些落后的非洲经济体由于在全球利益分配中占据极少的份额而导致公共风险的爆发，这种公共风险绝非停留在爆发地，而是随着全球经济一体化流向各个区域，包括作为在全球经济贸易中占据主导权的美国，极低的收入、极差的卫生条件和极差的医疗水平，为这些本就落后的地区雪上加霜。因此，我们认为，作为全球经济贸易的主导者，作为在全球利益分配中占据绝对优势的经济体，其强有力的大国财政绝不应仅仅针对国内，而是应当在全球公共风险防范中承担更加积极和更加重要的责任。

　　总之，美国的做法一方面给予我们经验的借鉴，另一方面也引发了我们的反思。如上所述，随着中国大国经济的建立、在全球经济一体化中的地位上升及多方影响力的增强，中国大国财政与大国经济的匹配一方面应当借鉴美国做法中的精华，积极与大国际经济匹配，实现统筹内外而辐射全球；另一方面更应吸取美国做法中的教训，在全球利益分配中逐步占据优势地位的同时，相应地承担全球公共风险防范中的更多责任，从而真正实现和平崛起。

第八章
大国财政的战略前瞻

建立现代财政制度，构建强大、稳固的国家财政是大国财政的战略基石。为推进全球治理变革，防范和化解全球公共风险，需要实现财政统一、构建现代财政和打造有为财政。

一、实现财政统一

现代财政制度与公共财政相比，其基点是治理，如果说公共财政是与市场经济相适应的财政，那么现代财政制度就是治理财政，其目标是成为国家治理的基础和重要支柱。规范、法治、民主与透明是现代财政制度的鲜明特色。大国财政是一种使命财政，即肩负实现"两个一百年"宏伟蓝图乃至实现中华民族历史复兴重任的财政。公共财政、现代财政制度与大国财政不是一种替代关系，而是既肩负不同的历史使命又密切相连的财政类型，其中，公共财政是基础，是基本导向；现代财政制度是手段，是当前及今后相当长一段时期着力的重点；大国财政是目的，是前两者的历史使命。因此，构建大国财政必须在完善公共财政的同时，立足治理，建立现代财政制度，为大国财政的构建培根固本。

大国发展必须财政统一

财权是政府依法拥有的、用以强制调整收入分配关系的权力。财权的范围包括财政的立法权、司法权、行政权，涵盖了预算、征收、支配、收益、减免、监督以及控制、管理、使用、申诉、起诉等权力，涵盖政府所有的财政收支的行为。凡属财权范畴的权力都应统一，其标准是财政部门是否具有掌控权。

统一政权必须统一财权。财政历来是国家兴盛衰亡的一面镜子，没有统一的财权，就没有统一的政权。财力分散导致政出多门，政出多门导致政令不一，政令不一导致权力弱化，权力弱化导致政权崩溃。从历史的角度看，无论何种政体的国家在其财政活动的决策上，都体现了财权的集中统一。中国历史上的"文景之治""贞观之治""康乾盛世"，现代世界上发达的美日，都无一例外地整治财税，都无一例外地把统一财权作为关键环节。然而，任何政令不畅与财出多门都导致了皇朝更替，国家灭亡或政府垮台。西晋的"八王之乱"、唐朝的"安史之乱"、元朝的分封食邑等都因财权肢解而导致衰败。尤其是元朝依靠强大的军事实力开拓了中国历史上最大的版图，但其统治却仅维持了 98 年，究其原因便是政出多家，财出多门，中央政府拥有的财力无法维持足够的军事力量来牵制和控制地方分封势力。改朝换代的历史事实表明，财权不统一导致政权瓦解是一条历史铁律。

大国呼唤财政统一。大国财政的本质特征是财权完整、体系完备、功能完善的大财政。财权完整统一是大国财政的首要特征。大国由于人口、领域、经济等规模十分庞大，需要强有力的中央集权予以统辖，而完整统一的财权是中央集权的基本手段。从美国来看，尽管是名义上的联邦制，而从其联邦财政收支占比以及联邦公务员占比来看，美国是一个不折不扣的中央集权制国家。从美国财政部的职责范围来看，美国财政部完整掌控财权有力支撑了联邦政府的集权。美国财政部的主要职责不仅包括制定和拟定国内、国际金融、经济和税收政策、参与制定广泛的财政政策、管理国家债务，还管辖着海关总署，酒、烟和火器局，掌控美国特勤局。美国财政部部长是美国总统政策顾问，是美国政府的金融代理人，在内阁官员中位居榜眼，并兼任国际货币基金组织、世界银行、美洲国家开发银行、亚洲国家开发银行的美方首脑。因此，大财政是大国财政的本色，大国离不开实至名归的财政统一。

大国财政的职能要求财政统一。由于大国财政应对的局面极其复杂，面对的矛盾极其尖锐，履行的使命极其艰巨，因此大国财政天然就是统一财政。应对极其复杂的国内外局面是中国无法回避的历史宿命：中等收入陷阱、转型陷阱、未富先老等国内局面复杂；边界纠纷、霸权围堵、环境污染、气候变化、恐怖活动、贸易纠纷等国际局面复杂，妥善应对复杂的国内外局面需要强大财政支持。大国因其之大，相应存在严重的地区差距、贫富的两极分化、复杂的民族矛盾、欲清还乱的央地关系等尖锐矛盾，化解和消除这些矛盾，重要和基本的手段就是利益关系的调整，因为这些矛盾的产生很大程度上也是利益矛盾。更为重要的是，大国要担负其历史赋予的发展经济、缩小差距、赶超战略、工业化、城镇化、巩固边防乃至和平崛起的庄严使命，更离不开的强大的财力支撑。

国家治理的基础和重要支柱亟待大财政。国家治理首要的和最基本的目的是维护政治秩序，保障政府能够持续地对社会价值进行权威性的分配。财政作为国家治理的基础和重要支柱，从夯实国家治理基础的现实出发，内在地要求财政统一，只有财政统一才能承担和履行这一历史使命。

提升财政能力亟待财政统一

总体上看，国家财权至今未能实现统一。中国现有的财政体制是一个典型的碎片型财政体制，本应统一行使的财政分配权散落于政府的不同职能部门，结果导致了部门利益的逐步形成和自我强化，妨害了政府的整体性功能的发挥。碎片型财政与部门利益唇齿相依，部门分割的碎片化的财政必然引致部门利益，反过来部门利益又必然强化碎片型财政。历史地看，由于财政改革在经济体制改革中的先行作用，放权让利作为启动改革的突破口，财权的肢解成为改革的必要代价，因此，造成长期以来中国财权的不统一，分散化和碎片化现象严重的局面。

过去长期存在的自收自支的预算外资金，就是国家财权分散割裂的集中表现。现在，这个问题名义上解决了，"预算外资金"已经被取消，但预算"切块"的问题仍以各种形式存在，并形成了难以撼动的既得利益和权力。基金预算的存在，实际上就是预算权统一过程中遇到阻力而妥协的产物。基金预算的背后是各部门的权力和利益。一些专项收入，如矿产资源补偿费、探矿权采矿权使用费和价款收入、排污费收入、教育费附加收入、车辆购置税、成品油消费税、城市维护建设税等，都规定以收定支，专款专用，使财政资金使用碎片化。部门的"二次分配权"，严重肢解了预算的统一性，成为预算中的"预算外"，妨碍全面完整统一预算的真正实现。"二次分配权"使得各个部门都把注意力放在了分钱上。财政资金异化为一种权力，而不是责任。近年来，部门利益法制化现象较为普遍，与财政收支增幅或国内生产总值（GDP）挂钩的重点支出就涉及 6 类，包括教育、科

技、农业、文化、医疗卫生（含计划生育）以及社保。2014 年这 6
类规定要挂钩的支出占到全国财政支出的 47%。中共十八届三中全
会已经明确了要取消这种挂钩机制，但法律规定还在。这种做法实际
上也是以另一种形式行使预算分配权，是以法律方式分割预算权，是
对人大预算权的自我否定。在公共部门之间，责权配置不当，导致政
出多门，财政资金和政策严重"碎片化"，资金安排使用上重复、脱
节和沉淀问题突出。一些地方重复花钱，迫切需要钱的地方却没钱，
影响国家长治久安的公共风险难以有效化解。因此，财权分散后的财
政成为碎片化的财政，各方面表现得比较"散"和"乱"，缺乏统筹
整合，各类规划，各自为"规"；生产力布局，各自为"阵"；资源配置，
各自为"营"；部门力量，各自为"战"，严重制约了财政职能的有效
发挥。大财政的目标就是将这种纵横肢解的拼盘组合式财政体系转变
为利出一孔的统筹整合式的财政体系。

实现财政统一的路径选择

统一国家财权，就要统筹财政资金，减少专项资金，从法律上
取消各种挂钩支出以及一般公共预算中专项收入以收定支的规定，这
肯定会触动各地方、各部门的权力和既得利益。但这个问题又不能回
避，拖延和置之不理不仅影响全面深化改革的进程，也会给国家治理
带来风险。在制定、修订相关法律时，避免明确规定设立专项资金；
新出台的税收收入或非税收入政策，一般不得规定以收定支、专款专
用；清理规范重点支出同财政收支增幅或生产总值挂钩事项，防止以
法律的方式割裂、否定人大自身的完整预算权。

构建"大预算"，提高控制的质量。在统一财力、统一分配的基
础上，统一、协调预算体系，使公共预算、政府性基金预算、国有资

本经营预算和社会保障预算有机衔接，纳入统一的"大预算"，以全面反映政府收支总量、结构和管理活动。其次，改进和完善预算科目体系，完善收支标准的确定方法，使预算科目的设置能全面、准确地反映政府职能，体现政府的所有收支活动。再就是改进年度预算控制方式，将审核重点转向支出政策和政策拓展，强调支出的政策效应，提高财政资金的使用效益。同时，建立跨年度预算平衡机制，逐步引入中期的预算框架。增强财政政策的前瞻性和持续性，提高财政资金的整体使用效率，并通过建立跨年度弥补超预算赤字机制，强化对财政赤字和债务管理。

重构预算权力结构，形成有效的制约与平衡机制。重构预算权力结构，实质上是在预算的编制、审议、执行和监督之间形成有效的制约和平衡机制。从预算权力配置的大框架上来看，我国对预算各个环节的相关部门的权限作了明确的划分，但在实际权力行使中，却存在人大权力多流于形式、预算权力碎片化、权力与责任非对称性等问题。重构预算权力结构，首先要处理好党委、人大和政府间的预算关系。党委决定预算的原则、方针、重点等宏观性问题，人大对预算进行审议和监督，政府根据党委的预算指导方针编制政府预算。其中最为重要的是进一步明确人大的审议和监督权，完善审议和监督模式与程序，增强其控制能力。其次，进一步规范财政部门与各个支出部门之间的权力关系，防止预算权力的碎片化。维护财政部门对各支出部门在预算审查领域的权威，建立制度化的分配资金方式，减少非正式的预算权力的影响，改进资源配置效率。此外，建立财政责任的问责机制，解决权力与责任的非对称性。

二、构建现代财政

从推进国家治理体系和治理能力现代化的角度考察，很容易发现如下事实：当前中国财政存在的问题，既有基本制度层面的问题，也有行政管理层面的问题，还有技术层面的问题。财政基本制度层面的问题主要有：人大监督弱，审计不独立，预算执行缺乏问责等。行政管理层面的问题主要有：政府间事权划分不清晰、权责不明，行政管理法制化程度低，政策多变等。财政管理技术层面的问题则有：年度预算平衡忽略政策，资金分配缺乏长期视角；资金使用管理不严，跑冒滴漏现象严重；资金使用效果差，绩效管理缺位等。导致这些问题出现的两个关键环节是缺乏现代理念与现代人才。因此，立足治理，建立现代财政制度，就要着眼于四个现代：现代理念、现代制度、现代手段与现代治理。

现代理念

理念引导实践。现代理财理念是建立现代财政制度的行动指南，亟须将现代理财理念充分融入到现代财政制度的建设实践。长期以来，中国传统财政学研究，主要从"管理"角度来构建财政管理的框架，通过既定的财政管理体制来确定国家财政不同构成环节之间的责、权、利关系。由于没有充分重视现代理财理念，导致了一系列的财政低效和财政风险。为此，建立现代财政制度的首要任务就是导入现代理财理念。

公共风险。公共风险的理念是现代财政管理的重要理念，最近几年世界银行一直用不确定性和脆弱性的理念来观察和应对世界经济形势，这里的不确定性和脆弱性就是公共风险的理念。卡普兰指出，公共财政管理者与其他管理者都在努力减轻因资源来源和资源量的不确定性带来的管理上的困难，同时他们都力图协调组织与外部利益的关系，希望能够达到"组织能够生存下去的目标"。从中国财政的现实来看，导入公共风险的理念尤为迫切，目前经济处于下行趋势，相应的财政收入增长面临经济增长的硬约束，而财政支出的刚性作用不断加强，财政风险凸显，与此同时，地方债务和地方融资平台风险加剧。因此，建立现代财政制度亟待把公共风险理念作为基本理财观。

公共问责。公共问责是现代财政体制机制良性运行的社会纠错机制之一，公共问责还是确保公众利益得以表达的一个基本途径。其主要特点为：公众可运用自己的公民角色、某些利益团体或协会的成员等身份，通过公共辩论、评估和批评等非正式控制方式来对政府机构进行质询，政府机构则通过相应的程序和方式作出满足社会期望的回应，其内在本质是政府与社会的良性互动关系。它具有很强的民主性、自愿性、多样性和互动参与性。

公民参与。现代预算程序已经成为引导公众表达话语、政府恰当回应的平台和机制。以社会自治与合作网络为基础的新型社会管理体制，通过社会管理创新完成政府角色转换。政府通过提供法律支持，让法律定义社会群体间的关系，并实现社会利益群体之间的和平、和睦、互补与合作关系。通过建构"多中心"社会管理机制，发挥公民在社会管理和公共事务中的职能作用。

公众委托。委托代理理论作为制度经济学契约理论的核心概念已经成为现代财政的基本理念。现代市场经济中，社会公众与政府之间的关系本质上是一种委托—代理关系，即社会公众委托政府为其提供公共产品或者服务，并相应承担一定数量的代理成本。政府预算涉及的关系人有：社会公众、立法机构、政府、政府提供公共产品和公共服务的供应商，并形成了三层委托代理关系：社会公众委托立法机构，立法机构委托政府，政府委托公共产品和公共服务的供应商。从政府内部看，政府预算中存在三组委托代理关系：上下级政府之间，财政部门与其他职能部门之间，政府部门与政府官员之间。在诸多委托代理关系中，要处理好委托与代理之间的权责利关系，要处理好激励与约束关系。

公开透明。财政公开透明是良好政府治理的必要条件。全面、及时地公布财政信息，形成社会公众与政府之间信息的互动，有利于社会公众方便地评估政府财政政策的意图，也使得市场自身对政府的行为形成纪律约束。同时，财政运行过程的公开和透明，可以使财政部门的职责权限、办事程序、办事结果和监督方式等为公众广泛知晓；可以打破政府部门对信息的垄断，大大提高管理的透明度；可以将财政工作置于广泛的监督之下，规范财政运行行为，防止滥用权力、暗箱操作，促进财政管理现代化，提高公共权力运作的透明度。

现代制度

制度选择与制度设计，成为中国现代化发展的首要前提；而制度的有效成长，则成为中国现代化的重要保证。从大国治理战略分析，在制度层面就是要构建符合中国国情，与社会主义市场经济相适应，与国际惯例相衔接的现代制度体系。从社会变革的角度讲，现代化的过程是新旧制度体系的替代过程；而从现代化的价值取向上讲，现代化是政治生活全面制度化的过程。因此，建立现代财政制度的立足点和着眼点就在于制度重构。

涵盖收入掌控支出与规范透明的预算制度。现代预算制度是现代国家治理的核心内容。改进预算管理制度，加快建立全面规范、公开透明的政府预算制度，主要内容就是预算编制科学完整、预算执行规范有效、预算监督公开透明，并使三者有机衔接和相互制衡。一是健全政府预算体系。预算体系要涵盖政府所有收入，预算支出要由统一口径安排，完整财权要由预算体系集中体现。要合理界定公共财政预算、政府性基金预算、国有资本经营预算和社会保险基金预算四大预算的功能范围，加大对政府性基金预算、国有资本经营预算与公共财政预算的统筹力度。加快建立将政府性基金、国有资本经营预算调入公共财政预算的机制。二是易获、易读、易责的预算公开制度。预算公开的目的是方便公众易于获得政府预算信息，易于解读政府预算信息，易于问责政府预算行为。逐步扩大公开范围，细化公开内容，完善预算公开工作机制，强化对预算公开的监督检查。三是推行中期预算制度。以政府战略决策为依据，以实现国家中长期发展规划和预期绩效目标为导向，以各领域中长期发展规划和年度发展计划为参照系，力求为政府实现中长期施政目标提供财力保障。四是完善转移支付制度。完善一般性转移支付的稳定增长机制。增加一般性转移支付规模和比例，更好发挥地方政府贴近基层、就近管理的优势，促进地区间财力均衡，重点增加对革命老区、民族地区、边疆地区、贫困地区的转移支付。五是推进绩效预算改革。逐步将绩效管理范围覆盖各级预算单位和所有财政性资金，将绩效评价由预算项目拓展到财政政策、财政制度、部门整体和财政综合管理等领域，并加强绩效评价结果应用。

高效聚财与调节有力的税收制度。税制的首要目标是组织财政收入，如何高效地组织和保障财政收入是税制改革的出发点，税制改革要改变目前税收占财政总收入比重不高，非税收入占比较大，财政收入质量较低的局面，要强化税收组织财政收入的应然功能。与此同时，税制改革着眼于系统性，注重各个税种之间的功能协调和整体配合，税收法治优先，兼顾当前现实条件，构建现代税收制度。当前税制改革的重点是推进增值税改革，完善消费税制度，加快资源税改革，建立环境保护税制度，加快房地产税立法并适时推进改革，逐步建立综合与分类相结合的个人所得税制度，全面修订税收征管法。中长期税制改革的重点是清费归税，完善地方税体系，建立全民财产与收入认证体系，强化税收征管，逐步实现流转税与所得税双主体结构。

兼顾两重关系与两个积极性的分税制财政体制。财政体制事关政府与市场以及政府层级之间的双重关系，需要发挥政府与市场以及各级政府的积极性，是国家利益调整的枢纽与核心。立足于国家治理现代化，着眼于建立现代财政制度，在转变政府职能、合理界定政府与市场边界的基础上，充分考虑公共事项的受益范围、信息的复杂性和不对称性以及地方的自主性、积极性，合理划分中央地方事权和支出责任。一是坚持分税制改革的基本导向。分税制改革基本解决了两个比重过低的问题，兼顾了两重关系与两个积极性，搭建了中国财政体制的基本框架，要坚持分税制改革的基本方向。根据省情区情因地制宜地推进省以下分税制改革。二是稳定中央和地方财力分配格局。坚持中央适度集中财力的分配格局，落实中央宏观调控和平衡地区财力的客观需要。三是强化和落实辖区责任。扭转分税制层级化趋势，强化各级政府的辖区责任，根据事权和支出责任，在法规明确规定前提下，中央对财力困难的地区进行一般性转移支付，省级政府也要相应承担起均衡区域内财力差距的责任，建立健全省以下转移支付制度。四是加大地区和城乡之间的财力平衡力度。着眼于人口和生产力布局，着眼于新型城镇化和城市群战略，遏制特大城市人财物过度聚集带来的规模不经济效应，加大调整城乡与地区之间的财力平衡，加大调整生产要素的区域布局，激活中小城市创业创新热情和吸纳人财物的能力。

现代技术

现代财政制度以专门的治理技术为依托。黄仁宇曾把实现数目字管理作为现代市场经济国家的标志。不同于传统财政制度下的管理，现代财政制度基于一整套专门的财政治理技术体系。随着计算机技术的普及和互联网的发展，财政管理赖以的决策信息取得途径在发生变化，取得成本在下降，财政管理的半径在缩小，因应互联网时代的需要，正成为现代财政制度建设的重要内容。财政信息化为财政管理提供了重要的基础和保证，能比较全面、及时、准确地提供财政管理决策和计划所需的信息。同时还为财政活动进行有效控制和监督提供了重要依据。财政管理决策实施是一组织实施阶段输出的信息为依据的，根据输出信息监督、检查财政活动与目标是否背离信息反馈。进而，决策部门又依据反馈信息对偏差及时采取措施进行调节、控制，从而保证财政活动的正常运行和原定目标的实现。

中国财政现代化的滞后表现主要在组织财政收入方面。应该积极借鉴国际先进经验，加快实现税收征管的现代化。美国税收征管快捷高效的背后有一套健全、规范、权威的第三方信息作基础，有科学高效的信息化手段作支撑。通过每个纳税人的社会保障号码，可以查出其个人基本情况、经营盈余情况、收入来源情况、消费支出情况、存款增减情况、财产储备情况、捐赠或义务活动情况等。同时，美国政府和经济管理部门以及银行等机构都实现了网上互联，税收征管实现信息共享，其中的关键是社会各部门的标准化程度高。企业和个人经营的准入程序标准化，全国的企业和个人生产经营时必须在税务机关准确规范登记，税务登记号码全国统一，能全国互查。全国的生产资料、生活资料及各类成产品都有自己的类别号和登记号，生产和销售的商品都有货号可查。税务机关与有关部门的信息化支持手段高度统一，管理模块、网络主机等应用技术相互匹配。然而，现实地看，中国财政管理信息化手段相对落后，信息孤岛现象突出，"十二金"工程互不联网，金财工程与银行、国企、民企等没有实现互联互通，财政数据作为国家大数据的核心作用远远没有发挥出来。因此，建立现代财政制度，需要加快实现财政管理技术的现代化。

现代治理

建立现代财政制度的立足点是治理，应对的局面是复杂多变的，解决的问题是错综复杂的，不存在一成不变的套路和结果。

现代治理的机制是民主治理。国家作为复杂性的组织，决定了治理途径的多样性，决定了各相关组织和个人主动性发挥的重要性，决定了磋商和多方参与在财政治理中的重要性。专门的财政治理技术包括政府内外的制衡机制。财政部门、审计部门、专业部门、人大等形成具有中国特色的国家财政治理制衡关系。除了人大的外部监督之外，国家财政活动也需要在政府内部形成制衡机制。特别是，在政府内部，国家审计部门对财政部门和所有使用财政资金的主体的监督就显得至关重要。

现代治理的形式是动态治理。面对现实和未来的复杂性和不确定性，现代财政制度能够致力于调动各方积极性，在各主体平等磋商的基础上，实现财政的动态治理。技术进步和制度变迁正深刻地改变世界，财政治理正面对人口结构、信息化、全球化等的严峻挑战。现代财政制度既要给市场和社会一个稳定的预期，又不能静止不变。财政制度必须协调稳定和变化的需求。确定性需求呼唤财政制度的稳定，经济、政治、社会、文化、生态文明建设任务的不断变化要求财政制度因时因势而变。财政动态治理需要未雨绸缪，及早关注财政支出结构的变化态势，把握重点领域的演变趋势。财政治理还必须重新审视一些陈旧的假设和价值观，以应对不断涌现的新问题。财政动态治理旨在将一系列支离破碎的直觉转为"治理"的整体概念，增强实际操作的系统性和可行性。

现代治理的本质是法治。提高财政运行的法治化水平，首先要加强财政立法。要结合国家经济社会的发展情况，逐步制定效力层级较高的立法，对中央与地方关系、财政支出、财政收入、财政管理等问题进行全方位的规制。尤其要注重对财政权力的合理配置和规制。国家财政权实际上是一个"权力群"，既包括立法机关的财政立法权，也包括政府及其所属各部门就财政事项所享有的决策权、执行权和监督权等，其中，重点是要加强权力机关在财政运行中的决策和监督作用。要注重完善对财政违法行为的救济。"徒法不足以自行"，财政活动必须以相应的立法、行政乃至司法方面的救济机制为基础。

三、打造有为财政

有为才有位。发挥大国财政作用，防范化解全球公共风险，提升中国在全球治理中的话语权，需要打造有为财政。

大国都是以经济、军事、科技硬实力为基础的，大国都具有强大的国际影响力，具有实现国家战略意图和国家利益的能力。为此，构建大国财政的目的就是要为使中国成为真正意义上的大国提供硬实力支撑，并通过财经交流与合作获得国际影响力，最终实现国家的和平崛起与民族的伟大复兴。

国家和平崛起的财政能力供给

财政职能与国家职能的表里关系，财政能力与国家能力的互映关系，表明财政能力是国家职能保障程度的度量，是国家能力水平的真实刻画。财政能力可以概括为三大能力：基础保障能力、调节能力与战略攻关能力。

基础保障能力。财政的基础保障能力是指财政提供公共产品和公共服务的能力，具体包括保障政权运行、提供基础设施、构建完善的社会保障体系以及巩固国防安全等。财政的基础保障能力是财政本身应该具备的最基本的能力，也是财政宏观调控能力和战略攻关能力的前提和基础。长期以来，中国财政是吃饭财政，就是指财政仅能保障政权运行和基本国防建设，而在基础设施方面长期欠账，社会保障制度碎片化，保障水平低，在此基础上的社会保障制度宏观调控能力弱。随着经济的持续快速发展和两个比重的相应提高，财政的基础保障能力大大提高，财政对巩固政权和促进改革提供了坚实的物质保障；基础设施建设飞速发展，对国民经济发展的瓶颈约束大大缓解；完善的社会保障体系初步成型，保障力度不断提高。总体来看，财政能力不断提高，财政的基础支撑作用大大增强，然而，经济下行趋势和土地财政的难以为继，警示我们要关注财政的基础保障能力下降的可能性，以及建立在其基础上的财政调节能力和战略攻关能力降低的可能性。今天，面对复杂严峻的国际形势以及大国崛起过程中"修昔底德陷阱"的历史镜鉴，我们尤要关注财政对巩固国防安全的财力支撑能力。古希腊著名历史学家修昔底德认为，一个大国的崛起往往伴随着一场与原有大国之间你死我活的战争。雅典和斯巴达的战争之所以最终变得不可避免，就是因为雅典实力的增长，以及这种增长在斯巴达所引起的恐惧。这就是人们一直担忧的"修昔底德陷阱"。美国哈佛大学学者最近研究表明，自 1500 年以来，15 次大国权力转移中，有 11 次是以战争为结局的。因此，中国的大国崛起之路要想以和平的方式实现，不战而屈人之兵的后盾是强大的国防实力，而强大的国防实力的后盾又是强大的财政保障能力。

调节能力。财政的调节能力首先表现在对经济运行的调控上，其次是调节收入分配和地区差距。从调节经济运行来看，政府把财政作为国民经济运行的均衡力量来运用的政策，是政府谋求经济稳定的重要工具。与货币政策相比，财政政策在结构调整方面具有明显的优势。这是因为，财政在国民收入分配和再分配中处于枢纽地位；财政政策工具具有很强的差别性和针对性。财政收入按不同税种来组织，可以直接调节不同地区、部门、企业及个人的收入水平；财政支出按资金性质与用途来安排，可以直接调节产业结构、部门结构和社会经济结构的各个方面；税收政策可以根据国家结构调节意图针对不同的地区、产业、企业和产品进行优惠或限制措施；财政投资和补贴政策可以向国家鼓励的地区、产业和市场主体倾斜；政府采购可以对符合国家鼓励政策的产品进行支持；转移支付可以对不同地区特别是民族地区、贫困落后地区进行补助等等。可以说，通过调整财政收支的流向和流量，通过财政政策的鼓励和限制，可以较好地实现促进结构优化的目标。正因为财政政策工具作用对象和强度的可选择性，使得财政政策在实施国家结构调整中处于重要的地位。另外，财政是调节收入分配与地区差距的基本手段。"看不见的手"要实现经济的市场化，而经济的市场化带来了中国经济的奇迹;"看得见的手"要实现社会的公正化,而社会的公正化是当前中国迫切需要解决的课题。目前,中国经济发展水平和规模都有了很大提高,已经到了关注社会公正的时候了,因为离开了社会公正,中国飞速发展的动力就会失速。因此,要发挥好"两只手"的作用,找到经济市场化和社会公正化的平衡点,就需要发挥财政在调节收入和地区差距方面的主导作用,让财政这一国民收入分配的中枢成为调节收入分配和地区差距的总阀门。

战略攻关能力。集中财力办大事这一举国体制是基于中国大而不强、大而未富的基本国情做出的正确抉择,这种体制可以让仍处于发展中国家的中国有能力进行战略攻关,让中国在世界科技前沿有重要的一席之地。北斗系统、热核聚变、高温超导、大飞机、超级计算机等高门槛的科技前沿领域,都是因为这一体制让中国迈过只有发达国家才有能力介入的门槛。今天,中国要想跨越中等收入陷阱和转型陷阱,必须在重大科技创新领域实施战略攻关,整体提升国家的科技创新能力,提高全社会劳动生产率水平,引领产业结构的转型升级。科技创新是推动经济在波动中实现稳定增长的强大杠杆。科技创新的活跃带来经济繁荣,而科技创新低迷,则往往成为经济危机的重要诱因。美国在大萧条后依靠科技创新迅速进入以重化工为主的工业化发展高峰期。日美两国在石油危机后依靠科技创新使得节能型、低耗能产业迅速崛起,美国大力推动附加值高、能源消耗低的新兴产业发展,使通信设备、计算机、航天航空、生物工程等一批高技术产业快速崛起,成为经济新的主导力量。科技投入是科技创新的物质基础,财政科技资金投入在支持公共科技活动、引导企业等社会投入方面发挥着重要作用。发展经济和转型升级应多增加"科技元素",培育发展高技术新兴产业,提升企业技术创新能力。一是确立和提升科技创新在国家发展中的战略地位。二是将科技投入视为重要战略投资不断加大力度。三是超前部署前沿技术研发奠定结构转型基础。四是重视发挥科技创新政策的导向作用。五是大力支持企业创新发展。

增强全球影响力

20世纪70年代到80年代末，随着整体国际形势的缓和以及中国恢复联合国的合法席位，中国开始有限地、被动地参与国际机制。由于刚刚重返国际社会，对各类机制和规制尚处于懵懂状态，因此这个时期主要以学习和适应为主要特点。20世纪90年代后，随着改革开放的深入以及经济的持续发展、全球治理的兴起，中国对国际形势有了深入的认识和判断，参与国际机制的态度也逐渐变得积极，参与的广度和深度均大幅提升。进入21世纪以来，国际社会面临的非传统安全威胁越来越多，全球性问题日益突出，全球治理变得不可或缺。从中国自身角度来看，经济实现了飞跃发展，整体实力大步提高。基于此，中国参与全球治理机制的态度变得更加积极主动。为了推动全球治理变革，防范和化解全球公共风险，亟须增强中国的全球影响力。

随着中国重返联合国等国际组织，经过短暂的被动参与，中国的大国地位和大国影响逐渐发挥出来，尤其是改革开放之后，中国的经济实力不断增长，中国逐渐成为国际舞台上的主要角色。但此时的角色远远不是1号角色或2号角色，因为无论是联合国或者世界银行和国际货币基金组织等国际机构，发达国家在这些国际机构中拥有重大事项的否决权。甚至直到2001年中国才重返世贸组织，中国在国际组织中的话语权严重不足。更为重要的是中国难以提出适用于全球而且有利于中国深化国际经济合作的全球规则。尽管中国加入WTO

以后逐步形成了全球的规则意识，但中国参与全球治理的经验并不丰富，对相关规则的理解有待深化。

进入 21 世纪以来，中国政府进一步强调外交的战略谋划、主动塑造、开拓创新和积极运筹的思维和意识，开启了中国参与全球财经活动的新征程。中国通过奥运会、世博会、APEC 峰会、中非合作论坛、中拉合作论坛、金砖峰会、中美战略与经济对话、中欧领导人峰会、中国和中东欧经贸合作论坛、G20 等主场外交，尤其是多边主场外交，进一步提升自身对外开放水平和国际交流水平，提高包括软实力在内的综合国力。中国通过发挥主场外交的大舞台功能，统筹和协同双边、多边外交和其他各种形态的外交活动，积聚和营造复合效应。中国利用主场外交的东道主"特权"，主动开展"集束式"的双边交往互动，通过邀请一些重要的非成员国与会，以多边促进双边互动；同时通过积极的双边互动，促进多边议题的推进和落实。中国通过密集举办高规格的主场外交，参与乃至主导了国际新规则的制定和新国际组织的创办，极大地提升了中国的国际影响力，中国外交实现了主角外交到主场外交的转型，并为进一步实现主导外交进行了成功的热身，中国外交进入了新时代。

主观上看，国家与个人一样，也有"生存、安全、归属感、声望、主导地位"等逐层递进的需求。客观而言，随着大国实力的提升，国家必须承担相应的国际责任，尤其是在国际社会深刻转型的时期。查尔斯·金德尔伯格认为，20 世纪 30 年代的经济大萧条是全球实力从英国转移到美国的结果，当时日薄西山的大英帝国已无法打理世界经济，而缺乏经验的美国又不愿意管理起这些事务。今天，美国一超独霸，但是美国的综合国力远不足以支撑其单独履行全球治理的重任。更为重要的是，中美国力的发展趋势仍在向中国倾斜，不远的将来中国就会被推到国际舞台的最前端。因此，思考和着眼于增强全球影响力恰逢其时。

增强全球影响力，可以通过承担全球公共事务责任的方式实现。全球公共事务作为国际合作的产物是权力在国际层面的存在形式，是国家之间权力和利益互动的重要媒介和载体。一是捍卫开放性贸易体系。作为世界新兴贸易大国，中国在捍卫开放性贸易体系方面是美国的天然继任者。中国作为全球贸易大国，确保自身创建或参与的地区贸易安排遵守全球规则是其重大利益之所在。二是确立资源定价机制。中国日益依赖进口工业原材料，就大多数原材料而言，中国业已是世界第一大进口国。对中国来说，拥有资源定价机制中的话语权意义非凡。三是主导区域和全球合作新机制。党的十八大以来，中国提出的"中国梦""新义利观""新型大国关系"等理念和构想已经引起国际社会广泛反响。未来 5 至 10 年内，中国主导外交的一个基本任务就是把新时期中国提出的外交新理念、新思维、新构想进一步体系化和具体化。今天，我们已经有了良好开局：丝绸之路经济带、21 世纪海上丝绸之路、打造中国—东盟自贸区升级版、设立亚投行和丝路基金、孟中印缅经济走廊、中巴经济走廊等一系列重大合作倡议等，正在由倡议走向现实。2014 年 5 月，习近平在亚信上海峰会上作正式提出"共同安全、综合安全、合作安全、可持续安全"的"亚洲安全观"，引发与会代表的高度认同和国际舆论的极大关注。总之，随着中国对世界经济繁荣和国际和平稳定的作用愈加突出，国际社会对"中国倡议"和"中国声音"的需求和期待也不断提高，中国具备了更加充分发挥作用的国际舆论条件。

长期以来，财经问题始终是全球治理中的重要议题，尤其是中美战略与经济对话、中国和中东欧经贸合作论坛等，成为重要的国际财经活动。30 多年来通过财经交流，为中国改革开放和经济社会的发展发挥了极其重要的作用：引进优惠资金以弥补中国发展资金的不足，加快了重点项目建设，推动解决了经济发展的瓶颈约束问题；引进了国际先进技术，促进加快了中国民族产业升级换代步伐；培养了改革开放所急需的大批技术管理人才；推动了国内的机制和制度创新；利用国际知识资源，推动了国内改革进程；促进了中国发展理念的更新和转变；加快了中国减贫的进程。

伴随着中国全球影响力的提升，财政部门顺应中国对外开放新形势新变化，坚持互利共赢的开放战略，推进各项财经对外交流与合作深入开展。通过不断加强与世界主要国家和经济体、周边国家、国际及地区金融组织的财经交流与合作，在国际财经事务中发挥着重要的建设性作用，为中国经济社会发展争取了良好的国际环境。关注国际财经问题，重点是加强宏观经济政策的国际协调，加强与国际金融组织的务实合作，推动国际金融体系改革，增强中国在国际财经事务中的话语权。要用好现有机制、平台，发挥其更大的作用，包括利益实现、信息收集和经验借鉴等。推动中美战略经济对话机制化、长期化，做好与有关国家的双边对话及高层互访。深化东亚财金合作，开展人湄公河次区域和中亚区域合作，充分利用二十国集团等多边财经对话平台和论坛，有效推动财经合作。

打造国家战略实施的基础和重要支柱

大国财政支撑大国战略的实现。大战略就是运用国家力量，以实现国家政策所规定的目标的艺术和科学。在国家战略概念提出之前，国家战略思想早已存在于国家指导实践和一些著名的古典文献之中。战国军事家吴起所著《吴子》一书，首篇即为《图国》。所谓"图国"，用现代汉语来说，就是国家战略分析。

"一带一路"战略，是在冷战结束之后，世界政治经济格局及中国综合国力和改革开放水平都发生了质的变化背景下，中国新一届政府审时度势，以新的视野、新的理念应对变化，从而"开展更大范围、更高水平、更深层次"国际合作的全球战略。这一战略是在遵守现有国际秩序准则，发挥现有世界治理机制及利用多重国际合作机制的前提下，以"政策沟通、设施联通、贸易畅通、资金融通、民心相通"为主要内容，各个国际行为主体、经济组织和平合作、相向而行，从而实现"政治互信、经济融合、文化包容的利益共同体、命运共同体和责任共同体"的目标建构。显然，这一战略有中国新一届政府改变国内经济发展战略、提升改革开放水平的具体考虑。

"一带一路"涉及外交、国际经济、投资和发展规划，是一项目标宏大的国家战略。一端是活跃的东亚经济圈，一端是发达的欧洲经济圈，"一带一路"横跨亚欧大陆，涉及三大洲数十国，展现了大国外交的纵横捭阖。联通中国国内、国外，沟通开放、改革，贯穿投资、贸易，该政策反映了"走出去"战略的升级，也体现了中国对外开放战略乃至整体经济发展战略的升级。首先，"一带一路"可以将中国在经济领域多年累积的"外势"向"实地"转化。中国独特的发展模式带来了长期的超高速增长，同时也导致了工业产能和外汇资产"两个过剩"，而中国在基础设施建设和制造业发展方面的"两个经验"也特别值得其他发展中国家借鉴。面对保增长的迫切需要，如何拓展海外需求，将资本和产能方面的"外势"向经济增长的"实地"转化，这是"一带一路"推出的现实考虑。其次，"一带一路"可以帮助中国将经济规模上累积的"实地"向国际经济秩序的"外势"转化。实际上，基于其现有经济总量、贸易规模、外汇储备，以及不断增长的海外投资和发展融资，中国完全可以在推动全球化进程和完善世界经济治理体系中有更大的作为，而"一带一路"战略的实施将在这方面起到积极的推动作用。最后，"一带一路"也蕴含着从经济"实地"到政治"外势"转换的意味。该战略所推动的"更大范围、更高水平、更深层次"的区域合作将有利于加强政治互信，维护地区安全。现有各个区域一体化和其他合作机制都是迈向"命运共同体"的途径；而"一带一路"则是重要的助推器，其核心在于各国发展战略的对接。

亚投行、金砖银行、丝路基金等也都是一种国家战略。建立亚投行是中国在外交、经济、金融领域的一次历史性尝试。中国希冀通过亚投行与"一带一路"相辅相成，通过共商、共建、共享的平等互利方式实现与各国的共同发展与繁荣。亚投行将与中国倡导成立的新发展银行（金砖银行）、上合组织银行等多家新型国际金融机构形成互补，从而构成与现行由美欧日主导的世界银行、IMF、亚洲开发银行的布雷顿森林体系相平行的由新兴市场主导的国际金融体系。亚投行将成为中国在世界各地争取朋友和商业优势的一个关键支柱。

建立亚投行是中国在外交、经济、金融领域的一次历史性尝试。中国紧紧抓住亚洲诸国发展落后的瓶颈性问题——基础设施不足且资金匮乏。根据有关国际组织估算，从现在到 2020 年期间，亚洲地区每年基础设施投资需求将达到 7 300 亿—10 000 亿美元，而现有的国际金融机构远远不能满足这个需求。此外，中国以往主要是通过双边政策性贷款协议在其他国家寻求资源、市场与建立战略联盟，但在一些发展中国家由于政治不稳定、自然资源价格剧烈波动、商业信用低等原因使中国的金融贷款承受着巨大的风险，近期委内瑞拉、阿根廷、厄瓜多尔、乌克兰、津巴布韦等国出现的贷款违约事件就是典型例证，因此，中国通过建立亚投行实现更加规范化、透明化与机制化的商业运作能够有效地分散风险，并提高投资收益。更为重要的是，中国倡导建立亚投行可以充分展现"软实力"，通过释放一种"亲诚惠容"的温和的经济外交策略去平衡与周边国家在领土争端和海洋资源纠纷中体现出的"硬实力"，从而实现既定的"睦邻、安邻、富邻"的外交精神理念。

亚投行的建立既包含上述与时俱进的中国动机，又蕴含着具有当代时空背景的中国特色。首先，亚投行将中国周边地区与国内区域发展紧密联系起来。在中国构建全方位对外合作格局中，加快中西部开发、化解区域不平衡、开拓新的经济增长极。其次，亚投行将为中国产业升级优化、消化产能过剩、资本存量调整创造有利条件。巨额的基础设施投资与建设将为中国具有国际竞争力的装备制造、钢铁、水泥、有色金属、石化、船舶等企业打开海外市场。中国的贸易结构也随之将从以消费品出口为主逐步转向以资本品出口为主。第三，亚投行将成为人民币国际化的重要平台载体。亚投行发放贷款可以使用人民币作为主要货币，其他国家可通过亚投行担保等方式发行人民币债券，亚投行还可以使中国以多边金融机构的形式开展人民币资本输出和主权财富投资。这将迅速提升人民币的国际化地位。第四，亚投行的商业行为将与中国一贯坚持的和平共处五项原则和不干预内政方针保持一致，不附带西方常见的价值标准改造要求，并与意识形态脱钩。最后，亚投行将有效地将中国倡导的"一带一路"与其他国家的基础设施发展规划有机联系起来，共同打造开放、包容、均衡、普惠的区域经济合作网络。

由于"一带一路"和亚投行战略层次和战略实施的需要，政府必须在其中发挥重要作用，不仅要做好相关规划的设计、相关投资的估算、相关国别风险的评估，还必须依托财政作为支撑。"一带一路"

战略实践与税制改革要相衔接，不能简单地靠税收优惠政策刺激，而要靠合理规划布局，激活市场和社会资本。"一带一路"建设既有经济发达省份，也有相对落后省份，其中不少省份都要靠中央财政转移支付来解决发展资金问题。按照中央财政转移支付制度改革方案，今后要以一般性转移支付为主体，这有利于平衡各地基本公共服务差距，创造良好的投资环境。"一带一路"建设所需资金规模大，采用政府和社会资本合作（PPP）模式是一个必然选择，比如丝路基金就通过采取开放式的模式，吸引愿意参与的各方资本。但更要注重发挥政府投资的引领作用。"一带一路"战略实施中的很多项目都是提升基础设施水平的，意在为整个经济发展创造条件，但不少基础设施的利用率低，投资效益并不高，这就需要政府发挥引领作用，甚至单独进行投资，从而创造更好的投资环境，吸引社会资本进入。财政部门还要做好国家层面、地区层面、部门层面的财政中期规划。在国家的总体规划布局确定后，应将其纳入中期财政规划之中，科学做出未来几年的实施时间表、规划图，使得区域规划、专项规划、部门规划与财政规划能够相衔接，与跨年度预算平衡机制相衔接，从而增强预见性，更好地统筹安排预算，防范财政风险。财政要但当起国家战略实施的基础和重要支柱的角色。

第九章
大国财政助推人类文明发展

　　大国财政兼具国家性和全球性，既是全球化时代大国治理的基础，又是大国有效参与全球公共治理的重要手段。在某种程度上说，大国财政是联通国家治理与全球治理的工具和桥梁。全面关注和实际参与全球公共风险防范与治理，是大国财政应有的重要职责，有助于推动人类文明的发展。

一、大国财政兼具国家性和全球性

　　只要实行开放型经济，任何国家都会自觉不自觉地融入到"你中有我、我中有你"的全球化大潮中来。尤其是主动参与、积极引导全球化大潮的大国，"天然地"肩负着应有的国际责任，其国家治理的国内事务往往具有"全球性"特征；而其承担国际责任、参与全球公共治理的国际事务也兼具"国家性"意义。作为国家治理的基础与重要支柱，其财政也由传统意义上的"国家财政"演变为致力于国家治理与全球治理一体化的"大国财政"。从这个意义上看，要全面准确理解和把握大国财政的核心特征，就需要强调两个视角的统一：即从国内看，大国的财政支撑国家治理需要全球视野，而从国际角度看，全球公共治理需要大国财政有所作为。这种二重相向视角是准确把握"大国财政"的核心所在。

大国财政的国家性：立足全球视野维护国家利益

——随着中国经济社会全面转型和持续快速发展，以及冷战结束后国际政治格局与经济局势的变化，中国与世界关系处于一个重大调整期，急需大国财政放眼全球、切身维护国家核心利益。国家治理能力和治理体系现代化的一个重要因素，乃是在治国理政的各个方面均须具备全球化思维，放眼全球来考虑国内问题。作为国家治理基础和重要支柱的财政，无疑也必须具备全球视野，特别是在当今中国与世界关系处于重大调整期的情况下，更需要财政在全球化背景下维护国家核心利益。

作为一个正在崛起中的发展中大国，中国在一步步融入全球化，对外开放进入全新时代，大国经济格局逐步形成的大背景下，如何既顺应全球化趋势、融入全球化大潮，又始终维护好自身核心利益，是需要认真权衡的大事。

核心利益是指一个国家生存和发展最基本的利益，其实质乃是国家战略概念。中国的核心利益何在？2011年9月6日，国务院新闻办公室发表的《中国的和平发展》白皮书，首次全面阐述了中国的六大核心利益：国家主权，国家安全，领土完整，国家统一，中国宪法确立的国家政治制度和社会大局稳定，经济社会可持续发展的基本保障。

为什么必须明确核心利益所在？国家核心利益是制定国家战略的基础和前提，在国际社会明确中国的核心利益，首先就表现为一种自信的大国气派，也有助于在日益复杂的国际局势下减少摩擦，避免误判乃至不必要的国际争端。任何大国的崛起必然伴随区域内乃至全球经济战略利益的重大调整，更何况中国这样一个人口最多的发展中国家的崛起。在中国对外开放进入全新时代、中国与世界关系处在重大调整期的当下，界定并宣誓我们的核心利益所在，一方面是划清、明示底线，另一方面也是让外界了解在底线之外有广阔的互利合作空间。因为"白皮书"同时强调，中国对外开放的大门绝不会关上，开放水平只会越来越高，而且中国将秉持积极有为的国际责任观，将力所能及地承担更多国际责任。

立足于全球视野的国家核心利益，上述几个要素之间有着密切的内在联系。国家主权和领土完整只不过是核心利益的一种基本表现，如果没有一个稳定的政治结构和国际环境，捍卫国家的主权和领土完整就会极其困难，甚至是不可能的事情。只有软硬兼具、内外兼修，对内保持政治的稳定性，真正实现人民安居乐业，对外保持中国的必要的军事和商业利益存在，维护中国在全球的利益，才能为中国的持续发展提供足够的空间。中国正在全面深化改革、进一步扩大开放的政策，包括形式更多、范围更广、内容更全的"请进来"和"走出去"，这其中都必须考虑中国的核心利益，这是必须坚守的底线原则。

维护国家核心利益，乃是大国财政的根本职责所在。统筹大国崛起中的内外风险治理需要以大国财政作为支撑，在全球利益分配中维护公平正义，特别是保障民族国家利益不受损，免遭外来危机冲击。国家主权安全、国家领土完整统一方面，无疑需要建立在强大财政基础上军事实力作保障；国内政治经济制度的稳定和社会稳定大局更离不开科学、稳固的现代财政制度做支撑。特别是牢固树立"守土有责"的大国财政理念，打造良好的外部环境尤其重要。在国际交往中既了解、熟悉现行的国际规则，又主动参与改进和完善这些规则，有意识地树立、扩大作为大国的影响力，其核心目标在于明确国家利益所在的基础上，切身维护好国家核心利益。大国财政可以通过必要的双边、多边协调与合作机制，知己知彼、有所作为，督促发达国家在维护全球经济秩序、扩大开放、促进世界经济复苏等方面履行应承担的责任和义务，确保中国国家利益特别是核心利益不受损害。可见，大国财政使命光荣，任务艰巨且涉及多个层面。从保障经济社会可持续发展这一核心利益角度看，当下大国财政的一个重要着力方向就是要通过提高促进经济平衡和可持续发展能力，治理经济发展中的系统性和结构性风险，关注统筹国内和国外两个市场，瞄准全球需求和未来新技术革命的趋势，促进扩大对外投资，鼓励企业"走出去"，实现产业全球布局。

——大国财政不能简单地理解为"大国的"财政，实质上它是对传统"国家财政"基本理念的一场革命。在传统的国家财政基本理念下，强调民族国家范围内以政府为主导的分配关系，根据所谓"受益原则"，居民通过支付税收向政府购买公共服务，是传统国家财政的实质。可见，传统财政观是一种"辖域财政观"，政府在向域内居民征税、组织政府财政收入的基础上为辖域提供公共服务。

在当代全球化背景下，大国财政的活动范围和职责已经远远突破了传统的"辖域"概念，不再单纯以民族国家政府的内部治理需要为存在的依据，而是以大国崛起的基础为前提，表现为一种开放性的、超越民族国家概念的大国行为，体现一种全球公共治理的内在要求。也就是说，大国财政的责任和担当有了根本性的突破，面对国际社会和全球化趋势，除了传统的主权责任之外，还兼具大国责任，即超出民族国家范围的职责，包括援助欠发达国家、防范区域性乃至全球性公共风险，应对和治理可能危及全球安全的各类危机。

按照传统的国家财政或者政府财政理念来理解，超出一国范围、涉及世界各国的全球性事务，应当由全球性的法定政府来解决。可是从现实来看，并无所谓世界政府，或者超国家的法律政府，因而也不可能有以政府为主导、为主体的"国际财政"或者"世界财政"制度存在，不可能有法定的提供"全球公共服务"的主体存在。虽然现有的一些全球性机制在公共治理方面发挥着作用，包括联合国及其附属机构、国际性金融和贸易组织等国际组织，都充当着"全球公共服务"提供者的角色，但这远远不能满足全球公共治理的需要，这些机构也难以成为"法定的""全能的"全球公共事务解决者。而大国始终是全球公共治理的决定性、引导性力量，大国财政也就直接和间接地在全球公共治理中起着决定性作用，自然而然地充当着最重要的全球公共服务提供者角色。

可见，大国财政以传统国家为财政基础，但其职能角色和作用范围则远远超出了传统国家财政，体现出超越民族国家的全球视角和全球责任，表现为一种"包容性财政"或者"命运共同体财政"。

——**在全面深化改革开放背景下，推进新一轮财税体制改革、建设现代财政制度，必须确立全球化思维，拥有全球战略眼光。**纵观30多年来的改革历程，中国的改革从来都是与对外开放密不可分的。以开放推动改革不断深化，通过改革适应开放的需要，最终通过改革开放全面促进国家发展。党的十八届三中全会确定深化财税体制改革作为全面深化改革的重头戏、开场戏，并充分肯定了财政在国家治理中的重要地位与作用，提出了以建立现代财政制度为目标的全面深化财税体制改革任务。这一战略部署是建立在致力于国家治理能力与治理体系现代化这一深刻的治国理政基础之上，而作为崛起中的大国，中国的国家治理现代化自然离不开当代全球化政治背景，也必然要与当今的全球公共治理趋势相呼应。

财税体制改革是全面深化改革的关键和重点，与中国经济社会转型时期的宏观战略安排有着必然的联系。这就对全面深化财税体制改革提出了要求——应当从治国理政的高度出发具备全球战略视野。以大国经济为基础的大国财政，无论是宏观制度建设还是具体的运行体制安排，必然要服从和服务于推动大国崛起的战略，处处不忘体现大国主动参与全球治理的应有的"身份"，着力展示当代财政的全球观、天下观。

建设现代财政制度是国家治理现代化的必然要求。作为国家治理的基础和重要支柱，财政在国家治理体系和治理能力现代化进程中起着特殊重要的作用——即尽快按照国家治理现代化的基本要求构建具有全球视野、嵌于全球化进程的现代财政制度。在财税制度的顶层设计和具体的体制机制建设上，都要体现经济全球化和大国财政全球视野的时代特征，包括现代税收制度中的税制结构调整、与经济全球化直接或间接相关的税种设立、税制要素调整，都要在全球视野下考虑税基、税率等等税制要素。不仅已有的国际税收协定、关税制度与政策调整需要强化，在一些重要的税种设置等方面，比如包括中国在内的许多国家正在热议的碳税这类涉及应对全球气候变化等国际公共事务相关的税制改革问题，它不再是简单仅仅从国内因素来考虑，更要考虑全球治理中的国际合作因素。

大国财政的全球性：参与全球公共治理的中坚

从严格意义上来说，目前并无真正实践层面的全球公共治理，它还只是西方发达国家政界、学界主导，广为讨论的一个理论层面的问题。对于其概念与内涵，各有理解，争议颇多。归纳起来，人们讨论中的全球公共治理反映出这样一些基本特征：一是全球公共治理的实质是以一套复杂、多变的全球治理机制为基础，而不是以单一的、正式的政府权威为基础；二是全球公共治理存在一个由不同层次、不同性质的行为体和运动构成的复杂结构，强调行为者的多元化和多样性；三是人们关注的全球公共治理是一个动态的治理过程，而非静态的治理格局与结果；四是全球治理的方式包括参与、谈判和协调，强调程序的基本原则与实质的基本原则同等重要；五是全球治理与全球秩序之间存在着紧密的联系，全球秩序包含那些世界政治不同发展阶段中的常规化安排，其中一些安排是基础性的，而另一些则是程序化的。

从这些特征中不难看出，人们讨论、关注全球公共治理的焦点首先还在于参与治理的主体问题，即到底由谁来治理的问题。无论治理的机制、治理的方式方法以及治理的手段和工具等，都直接、间接地取决于治理的主体。

——**大国从来都是主宰世界的决定性力量，在新的全球化时代构建和优化全球公共治理的过程中，大国依然是中坚主力。**一般来说，参与全球公共治理的主体指制定和实施全球规制的组织机构，大的方面分为三类：各国政府、政府部门及所谓亚国家政府当局；正式的国际组织如联合国、世界银行、世界贸易组织、国际货币基金组织等；非正式的全球公民社会组织。也有人将参与全球公共治理的主体划分为五类，即超国家组织（联合国等国际组织）、区域性组织（例如欧盟等）、跨国组织（包括公民社会与商业网络）、主权国家与政府及所谓亚国家（公共协会和城市政府等）。

从历史和现实来看，无论"三主体"还是"五主体"分类，在全球公共治理主体中大国始终占据特殊的地位，大国是推动全球公共治理的决定性力量。表面上，除了主权国家作为治理主体之外，大量的国际组织和非政府组织都对全球治理产生着影响，使全球治理呈现了多层次、多角度格局，政府间组织和公民社会（非政府组织）也同国家一道构成了治理全球性问题的网络体系。虽然全球化在一定程度上削弱了传统的国家主权，国家的权威被其他治理行为体所分散，但主权国家的政府始终是全球公共治理的主角，主权国家依然是关乎全球治理成败最为关键的因素。这是因为超越各国政府之上、在全球范围内行使主权功能的"世界政府"或"全球政府"并未如理想者的设想出现，只是人们一种美好的希冀。可见，主权国家是其中的最基本的因素，尤其是大国。当今重要的国际组织，包括正式的国际机构和非政府的公民组织等，其背后无不反映出大国的背景与意愿。

——**全球化带来全球性问题：公共风险全球化**。全球化的发展也产生了越来越多的全球性问题和全球风险，全球公共风险防范与治理的重要性日益凸显。特别是进入 21 世纪以来，国际上连续发生了一系列全球问题和全球风险，包括以"9·11"事件代表的恐怖势力猖獗及全球反恐形势恶化、接连不断的全球性金融危机、日本地震引发海啸和核泄漏、全球气候变化加剧、埃博拉病毒肆虐等等。为何在全球化持续深化推进的过程中，全球性的问题越来越多，全球公共风险越来越大？这是由于一方面全球化大大增加了风险来源，另一方面全球化本身又放大了风险的影响和后果。

这些全球问题和全球风险构成了当今所谓非传统安全问题的主要内容。非传统安全威胁包括：金融动荡、粮食危机、能源紧张、环境污染、气候变化、非法移民、跨境犯罪、恐怖活动、传染疾病、产品安全等等。相对于传统国防安全来说，非传统安全具有跨国性、不确定性、动态性、转化性等特点，带来的挑战往往超越国界的限制以及单一主权国家的能力，且在一些方面与国家权力形成了不对称，其解决之道在于依靠区域内乃至全球范围的各种形式的协调与合作。这就是为什么说全球化浪潮与全球性问题共生、推动全球化力量与"反全球化"的势力相伴的原因。

——在全球公共风险管理方面，大国财政是可以大所作为的。显然，全球化之路充满着荆棘和风险，同时全球化又是不可违逆的历史大趋势，人们不能因为全球化充满风险而抗拒这一历史潮流，但人们可以选择一个"好的全球化"——一个利益和好处最大化、问题与风险最小化的全球化。这就提出了在推进全球化的进程中，如何有意识地妥善调整全球利益、积极有效地管控公共风险的共同任务，而调整全球利益分配格局和防范全球公共风险正是大国财政的使命与基本职能。所以说，在全球公共风险管理方面，大国财政义不容辞，并且可以大有作为。与财政参与国家治理的主要责任在于公共风险防范一样，大国财政参与全球公共治理的重要任务也在于有效管控全球公共风险，使危及全球化发展、危及全球命运共同体的风险最小化。

公共风险管控本身是一种公共治理能力。对一个国家来说，国家治理的核心内容之一就是及时地识别各种风险，有效地管控各项风险，特别是运用现代财政制度有效防范公共风险，减小、消除公共风险的影响程度。对于国际社会来说，全球公共治理的重要任务乃是通过建立和完善多渠道、多层次的国际协调与合作机制，有效预防、减少、治理全球公共风险，共同应对那些由单个国家无法应对的、极具不确定性的重大风险。这其中，大国财政可以充分发挥制度优势、机制优势、示范与影响力优势，传播公共风险防范与治理的理念，广泛推介管控公共风险的经验，以及构建公平、高效的筹资机制，动员必要的财力治理公共风险，为全球化的健康发展创造条件。

总之，大国财政在全球化中自觉履行维护国家核心利益职责的同时，还"天然地"具备着"天下观"的特性，在推动全球化、完善和优化全球化方面有着义不容辞的责任。

大国财政是"国家治理外化"和"全球治理内化"的必然产物

大国财政不是刻意打造出来的。大国财政是当今全球化时代大国应有的一种治理理念，是一种全球视野的战略思维。它也不是任意国家可以刻意追求的制度、机制或机构，它不应该、也不可以刻意去"打造"。这里的大国并非单纯地理幅员意义上的"大"，更在于它在世界经济当中的实力之"大"，以及对全球化进程的影响之"大"。这种影响力建立在国家必要的硬实力和软实力基础之上。在全球化时代，遵循大国经济形成、发展、壮大的客观规律，也就必然而然地形成了大国财政。

大国财政是"国家治理外化"和"全球治理内化"的必然产物。大国财政的形成乃是大国由国家治理走向全球治理，并自觉而有效地将国家治理与全球公共治理联通的过程。基于全球化这一特定视野，大国财政是国家治理和全球治理相结合的产物。在"大国"，以财政为支撑的国家治理必然具有明显的外溢性；而"大国"主导的全球治理也无可厚非地体现大国本身的核心利益所在。中国的发展离不开世界，世界的繁荣与稳定也离不开中国。中国的国家治理与全球公共治理之间的联系越来越多，关系越来越密切，大国财政理念也就越来越重要。

二、推进共享、共担、共治和共赢

当今的全球化是顺应世界多极化潮流，应该建立在全球民主、共赢基础上。中国作为全球最大的发展中国家，在一步步融入全球化的过程中迅速发展起来，无疑是全球化的受益者，同时也是全球化的积极推动者和贡献者，特别是以其具有普遍推广价值的发展经验，为世界各国、特别是广大发展中国家所称道，为欠发达国家抓住全球化机遇加快发展树立了榜样。大国财政的重要职责乃是推进全球化进程，引导各国在融入全球化、推进全球化进程中树立共赢意识，在全球风险共担、利益共享的基础上，最终达到全球共治的最高境界。

共享发展经验

中国过去 30 多年持续快速发展，得益于实行了改革开放的基本国策，是发展中国家抓住全球化机遇发展起来的成果典范。在相对较短的时间内，中国经济规模不断扩大、国家实力迅速得以增强，创造了世界经济发展史上少有的大国快速崛起的奇迹。

在全球化中获益的同时，中国作为最大的市场体、作为后发国家经济快速发展的成功典范，作为负责任的大国，又为全球经济稳定发展提供了强大的动力，为推动全球化进程提供了有价值的发展经验，特别是为发展中国家发展提供了诸多有益的经验。特别是在全球公共治理的重要领域——推动欠发达国家扶贫减贫方面树立了榜样。中国大规模、快速减少贫困人口，在全球化进程中一方面成为最大受益国，另一方面又成为为全球提供最有典型意义发展经验的大国。

中国在融入全球化进程中取得成功的经验体现在方方面面，从全球公共治理角度考察，最值得称道的乃是扶贫减贫。国务院扶贫办在回顾中国改革开放 30 多年来取得的举世瞩目的减贫成就基础上，从四个方面总结了中国为世界减贫事业做出的巨大贡献：促进世界贫困人口数量的快速下降，促进了千年发展目标贫困人口减半目标的实现，促进了全球人类发展指数的稳步提升，中国减贫经验对发展中国家实现经济转型和消除贫困提供了可借鉴的模式。

作为人口最多的发展中大国，在短短 30 多年里以一代人的努力实现了其他国家可能需要几代人才能解决的温饱问题。在全球化中受益，获得快速发展的同时，基于大国效应，其大幅度减贫和快速发展的经验本身成为全球化当中的一个榜样，体现出一种新的发展模式。榜样的力量是无穷的，中国成功的发展模式对于其他国家尤其是发展中国家，具有广泛的宣传效应，直接的示范效应和很强的引领效应。这充分说明当代全球化背景下，大国崛起过程中当竞争力提升到达一定程度，会自然而然地由"竞争力导向"阶段过渡到"影响力导向"阶段。在某种程度上说，中国的大国崛起当属于这样一个过渡阶段。

2004 年 5 月，世界银行在中国上海召开了全球扶贫大会，这成为中国作为全球化受益者在成功发展起来之后，又反过来与全世界分享发展与减贫模式经验，为全球化做出贡献的典型。

推动全球减贫是国际社会致力于解决全球性问题的一项重要任务，也是当今全球公共治理的一个重要目标。在上海召开的全球扶贫大会是继联合国千年首脑峰会、蒙特雷发展筹资大会和约翰内斯堡世界可持续发展大会之后，国际社会就全球减少贫困问题召开的一次盛会。其目的是为了交流国际扶贫经验，提出新的扶贫举措，推动国际发展融资和全球扶贫事业的发展。来自世界几十个国家和地区以及国际组织的约 800 名代表，在会上交流扶贫的经验教训及其原因，对近百个成功或不成功的减贫案例进行分析，通过这些活动找出关键的成功要素。大会的主要目标是探讨取得大规模减贫成效的经济、社会和治理要素，在各地区和国家间共享这些经验，并广泛传播给政策制定者、扶贫实践者和研究人员。大会发表了《上海减贫议程》，呼吁发展中国家、发达国家以及国际机构为实现千年发展目标，加快、加大工作力度，采取坚决、具体的步骤，实施加快增长和减贫的政策与行动。大会召开前，世界银行通过 20 多次交互式视频会议和 10 余次对中国等国家项目点的实地考察，把扶贫实践者、政策制定者、政府官员、援助机构、专家学者、民间社团和发展机构集中起来，就近百个减贫案例展开讨论，开展了一个长达 9 个月的"全球学习过程"。

选择在中国召开全球扶贫大会，是时任世界银行行长沃尔芬森考察了中国的扶贫项目，研究了中国的发展经验之后做出的决定。多年来，中国与世界银行等国际开发机构的合作成绩斐然，贷款项目效益十分显著。中国作为发展中的大国，积累了许多扶贫开发的有益经验，中国的扶贫具有很强的规模效应和可持续效应。

从中国实际扶贫减贫的实践来看，财政在制度建设上发挥着基础性作用，在资金筹措、保障和管理上发挥着决定性的支撑作用。以上海全球减贫会议为标志的国际社会反贫困化努力，同样离不开大国财政的积极作用。大国财政推动全球扶贫减贫，功不可没。

体现大国的责任担当

全球化本身是一个充满不确定性和公共风险频发的过程，更何况是伴随着大国崛起的全球化。随着新的大国经济崛起，既有的利益分配格局必然要调整。大国经济的规模大、体量大，在资源占有、市场格局、利益分配，以及随之而来的话语权、定价权的变化，无疑会对已有的经济格局和国际规则形成挑战，对世界经济和国际社会产生深远的影响。特别是从世界大国崛起的历史看，大国崛起的一个重要趋势是在大国本身的规模越来越大，包括幅员国土、人口数量以及经济总量，大国的体量上呈现出几何级数扩大的趋势。比如在人口规模上，早期崛起的大国人口大约在百万计，如西班牙、葡萄牙等；后来的大国规模可能达到千万计，如英国；再后来，大国人口上亿计，如日本、美国等。如今中国的崛起，人口规模在十几亿。大国体量大，其崛起过程对世界经济格局的影响会更大，对既有利益的调整必然更加激烈，面临的外部环境更加复杂。更何况，中国走的是一条和平崛起之路，彻底颠覆了以往大国必战、强国必霸的大国崛起路径。所以，大国经济在稳步推进全球化、维护国际公平正义、改进国际游戏规则、推动全球发展和各国共赢等方面，要明确其应有的责任担当。

大国也是有能力、有条件履行这些责任担当的。首先，大国的经济体量大、实力强，对世界经济走势有着决定性的影响。特别是大国可以更多地利用其独立的政策决策能力（包括实行独立的财政政策和货币政策）和经济结构调整能力，在国际贸易、国际金融、国际资本市场等方面独自行使必要的工具和手段，在世界经济反周期调控、应对国际性金融危机、推动经济转型升级等方面发挥应有的作用。此外，在国际上也有一个"共同富裕"的问题，当代的大国崛起绝非"只顾自己，不管他人"，更不能以邻为壑。中国政府提出的"与邻为善、以邻为伴"的外交方针和"睦邻、安邻、富邻"政策，反映出中国崛起的同时不忘周边国家的发展，还要致力于区域性、全球性的共同发展，强调全球命运共同体意识。其实，在全球化时代帮助他人就是帮助自己。

所以说，面对风险加剧，面对现有全球治理中不合理状况，负责任的大国应当有所作为。既有的不公正、不合理的国际政治经济秩序，呼唤以大国财政为依托，进行必要的改进和引导，伸张正义。长期来，中国在国际上坚持韬光养晦，以赢得发展的环境，但有所作为也是基本要求。中国有必要、也有能力更多地在处理国际事务中争取主动，在发展道路和发展模式选择上体现自己更多的自信。特别是凭借正在扩大的经济实力，以大国财政作为基础和支撑，在国际舞台上表达中国的声音，"大象不能躲在蚂蚁后面"。

推动全球共治是大国财政的最高境界

2013 年 3 月，习近平在莫斯科国际关系学院演讲时说：世界的命运必须由各国人民共同掌握。各国主权范围内的事情只能由本国政府和人民去管，世界上的事情只能由各国政府和人民共同商量来办。这是处理国际事务的民主原则，国际社会应该共同遵守。

2014 年 6 月 28 日，习近平在和平共处五项原则发表 60 周年纪念大会上指出："我们应该共同推动国际关系民主化。世界的命运必须由各国人民共同掌握，世界上的事情应该由各国政府和人民共同商量来办。""我们应该共同推动国际关系法治化。推动各方在国际关系中遵守国际法和公认的国际关系基本原则，用统一适用的规则来明是非、促和平、谋发展。""我们应该共同推动国际关系合理化。适应国际力量对比新变化推进全球治理体系改革，体现各方关切和诉求，更好维护广大发展中国家正当权益。"①

与以前几个阶段的全球化相比，21 世纪以来的全球化具有如下特征：第一是全球化与市场化、城市化、工业化和信息化紧密交织在

---

① 《人民日报》2014 年 6 月 29 日。

一起，形成了相互影响、相互推进的复合过程。市场化、城市化、工业化、信息化发展为全球化扩展和深化创造了前所未有的有利条件，并且放大了全球化正面和负面影响，这既可以加速发展，也会导致更多的全球性风险，从而使个人、各类社会组织以及每个国家的命运紧密联系在一起。第二，随着全球化向多层次、多领域扩展，全球化进程也在改变着"西方中心"的局面，向多种力量共同参与和推动转变。非西方国家快速崛起，推动了世界多极化，改变着国际力量对比格局（G20 取代 G7）；全球化进程中，不同国家、社会、民族、群体及个人的主体意识不断增强，更为主动地利用全球化带来的机遇壮大自己；在多元主体参与过程中，对于"西方中心主义"的反思也进一步深入。第三，随着各国全球化程度加深，国内与国际两个局面的互动更加紧张频繁，导致国内问题"国际化"以及国际问题的"国内化"，包括经济领域、社会领域和政治领域，越来越多的国内问题是能够找到国际因素的，而众多国际问题的解决也有赖于各国之间的合作。这就给国家带来新的挑战：一方面要防止国际因素影响国内问题的解决，更加强烈地主张国家主权的独立性和完整；另一方面为了尽快解决某些国内问题，又需求助于国际社会，甚至接受后者提出的苛刻要求。第五，全球化进程中，国家间竞争更加全面激烈，职能发挥面临更加严峻考验。①

全球共治从何入手？需要中国这样的新兴力量在国际治理中扩大话语权，维持国际正义，改变不合理、不公平的利益分配现状，致力于全球所有地区和国家分享全球化红利，避免全球化风险激化。可见，大国财政任重道远。

---

① 杨雪冬：《21 世纪以来的全球化进程》，《大国治理》，中央编译出版社 2015 年版。

"一带一路"战略促共赢

　　"一带一路"是中国政府根据国内国际形势深刻变化，统筹国内国际两个大局，推动构建以合作共赢为核心的新型国际关系、推动国际秩序和国际体系向更加公正合理方向发展、推动建设人类命运共同体做出的重大决策，对于中国构建更高层次的开放型经济新体制，形成全方位开放新格局，具有重大深远的意义。中国提出"一带一路"合作倡议，就是要把世界的机遇转变为中国的机遇，把中国的机遇转变为世界的机遇，推动"一带一路"沿线国家乃至世界各国实现共同发展。这是一种典型的责任担当，也是构建命运共同体，实现共赢的重要尝试。

　　以"五通"为核心内容的"一带一路"，形成内外联动、海陆统筹的对外开放新布局。

　　"一带一路"是新形势、新常态下把握战略机遇期，造福各国人民的战略抉择。 和平发展道路能不能走得通，很大程度上要看我们能不能把世界的机遇转变为中国的机遇，把中国的机遇转变为世界的机遇。中国提出"一带一路"合作倡议，就是要把世界的机遇转变为中国的机遇，把中国的机遇转变为世界的机遇，推动"一带一路"沿线国家乃至世界各国实现共同发展。

　　当前国际国内形势发生很大变化。从国际上看，旧的殖民体系土崩瓦解，冷战时期的集团对抗不复存在，一大批新兴市场国家和发展中国家走上发展的快车道。经济全球化空前拉近了国与国的距离，互联网进一步拉平了这个世界，国际社会正在成为一个你中有我、我中有你的命运共同体。全球增长和贸易、投资格局酝酿深刻调整，亚欧国家处于经济转型升级的关键阶段，希望找到新的经济增长点，进一步激发区域发展活力与合作潜力。

从国内看，经过 30 多年改革开放，中国经济发展取得显著成就，成为世界第二大经济体、第一大货物贸易国、第一大外汇储备国和第三大对外投资国。与此同时，中国与世界的关系也发生历史性变化，成为当今世界经济增长的重要发动机、国际体系和国际秩序的积极参与者和建设者，这让"中国应当对于人类有较大的贡献"有了更雄厚的底气。中国比以往更为需要也更有能力统筹国内国际两个大局、两个市场、两种资源，推动对内对外开放相互促进，构建开放型经济新体制，形成互利共赢的区域和全球经济布局。

"一带一路"是中国对外开放进程中新的里程碑。准确把握"一带一路"重大意义，关键要认清中国与世界的关系发生了历史性的改变。当前，中国已是全球第二大经济体，货物贸易总额、制造业产值、外汇储备均居世界第一。去年中国境外投资额达到 1 400 亿美元，首次成为资本净输出国。中国需要世界，世界也更加看好和期待中国。

"一带一路"升华了古老的丝路精神，使和平发展理念在新时期本固枝荣、根深叶茂。丝路为增进各国友好往来、促进贸易互通和东西方文明交流做出了巨大贡献，在人类历史中留下一抹亮丽的色彩。"和平合作、开放包容、互学互鉴、互利共赢"的丝路精神成为人类共有的历史财富。两千多年后的今天，中国摆脱所谓"国强必霸"逻辑和零和思维的旧框框，确立并坚定不移走和平发展道路，提出构建中国特色大国外交，倡导合作共赢、共同发展理念，弘扬正确义利观。

与历史上的丝绸之路相比，"一带一路"具备更坚实的现实条件。"一带一路"将延续古丝绸之路友好合作的精神，在新的时期开启规模更宏大、内容更丰富、意义和影响更深远的新格局。从经济环境看，经济全球化持续深入推进，国与国的经济联系空前紧密，经济相互依存度继续提升，交通、通信、信息技术飞速发展，极大地缩短了国与国之间的时间、空间距离。从政治关系看，区域一体化深入发展，东盟、上合组织、南亚区域合作联盟、海湾合作委员会、亚太经合组织等区域合作组织蓬勃发展，亚洲、欧洲内部经济融合步伐加快。同时，中国与东盟国家、中亚国家、中东欧国家、俄罗斯的关系稳步发展，彼此间各部门、各领域、各层次合作日益机制化、常态化，人员交流也达到较高水平。这些都为建设"一带一路"奠定了深厚历史基础，提供了牢固现实支撑。

中国是个大国，历史悠久，幅员辽阔，近几十年来经济持续快速增长。中国人民愿意丝路沿线国家搭上中国发展的快车，与世界人民一道创造出一个"环球同此凉热"的太平世界。我们的目标是在民心相通、并存互补基础上建设新的社会治理结构，营造新的更加繁荣与和谐的世界文明秩序。这就是文明互鉴、民心相通与"一带一路"的关系之所在。

三、防范与治理全球公共风险

全球公共风险剧增

全球化无疑当今世界不以人们意志为转移的客观进程和发展趋势，它的深入发展正以巨大的渗透力和广泛的波及范围深刻地影响着现实世界。然而我们也要看到，全球化在极大地促进世界经济发展的同时，其负面效应也助推了各种全球性问题凸显和全球危机迅速蔓延。这些问题包括：全球经济结构性问题突出，全球经济发展越来越不平衡；贸易保护主义抬头并转向多样化、隐蔽化；主要区域大国和全球大国之间的货币纷争频现；金融和资本市场安全问题日益突出；贫困化和社会不平等依旧；全球气候环境面临严峻挑战；世界粮食、水资源和能源短缺压力增大；大规模杀伤性武器呈现扩散趋势；跨国流动的便利引发世界性高风险；地区冲突引发的难民潮困扰国际社会；国家权力出现一定的流散和弱化；新兴大国影响和作用明显提升……

任由这些全球性问题与公共风险加剧，很可能引发全球危机。而这些问题的解决已非单一国家力所能及，突破了单独国家所能控制的范围，面对国际事务与国内事务、外部事务与内部事务相互交错难以区分的现实，民族国家要求跨越有形国界，借助国际机制加强全球双边和多边合作，由此形成了全球合作治理的客观需要。

全球化使各国的前途命运紧密联系在一起，经济、社会、文化交往频繁相互依存空前密切。一方面国家间共命运感上升，一荣俱荣，一损俱损，没有一个国家能在国际挑战中独善其身；另一方面相互联系的国际挑战、全球性风险之间牵一发而动全身，全球性问题和风险表现为　种蔓延性风险，国际合作越来越重要。

相对于一国之内出现的、凭借民族国家政府本身的力量即可应对的公共风险因素，全球公共风险具有明显的无疆界性，即一些全球性公共风险具有明显的跨界的影响，或者甚至是跨代的影响。比如全球气候变化带来的温室效应问题，绝非某个国家或某几个国家的问题，而是整个地球面临的生存问题，其影响不仅跨越全球，更涉及人类未来的生存与发展。还有近几十年来频发的金融风险问题，一旦演变为金融危机，可使某些国家的经济倒退十几年。

　　鉴于全球公共风险的复杂性和蔓延性，任何个体风险管理的行动都可能是毫无意义的。单独行动的风险管理措施可能不仅于事无补，而且可能引发更大的风险，造成更多的损失。一国（或一代）的风险管理行动也可能造成额外的风险，弱化其他国家的稳定性和发展成果。比如促进增长和摆脱贫困的国家政策可能对共有资源（海洋、航道、鱼群、空气等）造成日益增加的压力，导致资源退化问题，加剧资源短缺，从而对其他国家或者未来几代人造成伤害。跨国河流的上游大坝可能对下游毗邻国家用水安全造成影响。在每一个例子中，国家根据自身利益行动并获得及时的收益，却不能立即觉察来自不利结果影响的损失。如果所有国家均力图捍卫自身利益，个体行动集合在一起可能对所有参与者造成很大损害，在某些情况下甚至是不可挽回的损失。国际金融和国际贸易中存在类似以邻为壑的政策和集团行动的失败。

　　实践表明，通过国际间的协调，集体管理风险促进个体行动的互补性并提高行动的效果。这是因为，通过国际合作治理公共风险，不仅仅可以汇聚必要的力量，统一行动，统一应对，而且国际社会通过灵活的协调机制可以在国家间和代际分散风险，从而大大减轻风险和危机的影响。

　　全球金融危机是风险因素越来越明显地超越民族国家疆界的典型例子。随着国际上金融和经济联系的日益加深，源自一国的金融问题可能导致其他地方的经济动荡，甚至迟滞全球经济发展进程。正因为此，国际一体化和经济全球化对公共风险管理而言是一柄双刃剑：它可以创造更多的分散国际风险的机会，促进国家实现个体风险多元化，但它也可能因为经济金融的接触而产生新的风险，或者加剧、放大金融风险的影响，加剧金融危机对世界经济的破坏力。20 世纪八九十年代的亚洲金融危机、俄罗斯金融危机、拉美国家金融危机是如此，2008 年源自发达国家美国的全球金融危机更是如此，国际金融危机一波波袭来，世界各国几乎无一幸免，全球性经济下行使得2009—2010 年全球新增了数以千万计的极端贫困人口。

全球风险管控水平体现全球治理能力

联合国下属全球治理委员会 1995 年发表的报告《我们的全球伙伴关系》指出，治理是冲突的不同的利益集团、相互冲突的或不同的利益得以调和并且采取联合行动持续过程。这既包括有权迫使人们服从的正式制度和规则，也包括各种人们同意或以为符合其利益的制度安排。它有四个特征：一是治理不是一整套规则，也不是一种活动，而是一个过程；治理过程的基础不是控制而是协调；治理既涉及公共部门，也包括私人部门；治理不是一种正式的制度，而是持续的互动。①

体现一国公共风险管控能力的指标为"国家风险准备指数"。根据世界银行资料，2013 年中国风险准备指数为 69，尽管中国是中等收入国家，但是该指数明显高于世界平均水平（55），也高于中等收入国家水平（61），但低于高收入国家（81）。这表明中国完全有条件进一步提高风险管理水平，使该指数接近或达到高收入国家水平，也表明中国具有自身特色的体制优势和治理能力，包括资源动员能力、"集中力量办大事"的优势。

从概念与内涵来说，无论全球化还是全球治理，都是属于开放性的，即没有一个统一的、闭合的描述。尽管也有学者对全球治理有

---

① 全球治理委员会：《我们的伙伴关系》，天津大学出版社 1995 年版。

过这样那样的定义，但无论其内涵还是外延都是动态变化的。

从现实看，全球公共治理的实质以一套复杂的全球治理机制为基础。按照机制的功能领域划分，即按照治理问题领域划分，可以将全球公共治理的国际机制分为国际安全治理机制、国际经济治理机制、国际环境治理机制等等。若按照组织形式来划分，可以将全球治理国际机制分为正式机制和非正式机制。正式的国际机制指那些由国际组织通过立法而产生，由理事会、代表会议等实体予以维持，由国际性机构予以监督的国际机制。主要代表是以联合国为主的各类国际组织。

非正式国际机制则主要依赖参与者之间客观存在的共识来创造和维持，由共同的个人利益或"君子协定"来强化，依靠相互监督来监督。如论坛型的国际组织"七国集团首脑会议（G7）""二十国集团（G20）"等等。第三种划分按照作用范围划分，分为双边机制、区域性机制和全球性机制。

目前，学界对于全球治理机制效果的评价争论颇多。在很大程度上讲，全球治理机制的效果如何，是一个复杂的问题，它受多种因素影响。其中，全球治理主体在利益和认识上的契合度，以及治理过程中各方利益与责任分担等因素作用更大。

例如，全球生态问题的不断恶化，是联合国环境大会和气候变化大会实现制度化的客观推动力。虽然在一些关键性问题上发达国家与发展中国家之间依然意见不一，全球气候变化谈判仍步履艰难，但环境和气候问题已成为各国政府、重要国际组织和非政府组织活动议程中不可或缺的内容，并且深刻改变着社会观念和人们的日常行为。特别是多层次的双边和多边机制，各类具有约束力或者自愿模式下的减排协议，包括中美碳减排协议等等，都反映出全球治理主体、各主要大国对于解决全球生态环境问题迫切性认识的高度一致性，说明各方有强烈的意愿共同面对涉及全球共同命运的紧迫问题。

再比如20世纪90年代亚洲金融危机以来，金融领域的治理受到各方面重视，2008年全球金融危机爆发进一步推动了该领域治理机制建设，形成了"二十国集团"①这样一个协调主要行动的新机制。可见，对于全球金融危机问题的严重性认识深化和统一，促使各主要经济体不断完善相应的全球治理机制。

尽管针对几乎所有全球性问题，都形成了程度不同、性质不一的治理机制，但是要实现有效的全球治理，还面临诸多的困难和障碍。不可否认，并非在所有全球性、跨国性问题的认识上都能达成广泛一致。此外，在各主体之间机制没有明确的分工，国际机构体系的行为惯性或者缺乏能力，对于跨国问题缺乏基本的认知，相关主体包括大国的责任欠缺等等，都是不可忽视的问题。有专家归纳了当今全球公共治理的几个明显不足：新生机制提供全球公共产品的能力严重不足；在传统国际治理领域，联合国和其他国际组织提供公共物品的能力也在下降；大国治理世界的意愿下降，与过去的两极或单极世界相比，今天的"无极世界"或"多极世界"可能带来的是更多失序，而非秩序；最为关键的是，在当前的全球治理机制中绝大多数属于外部或替代治理机制，能够深入到国家内部监管的深度治理制度却几乎空白。②

---

① 二十国集团建立最初由美国等七个工业化国家的财政部部长于1999年6月在德国科隆提出，目的是防止类似亚洲金融风暴的重演，让有关国家就国际经济、货币政策举行非正式对话，以利于国际金融和货币体系的稳定。二十国集团会议当时只是由各国财长或各国中央银行行长参加，自2008年由美国引发的全球金融危机使得金融体系成为全球的焦点，开始举行二十国集团首脑会议，扩大各个国家的发言权，这取代之前的八国首脑会议或二十国集团财长会议。

② 张胜军：《为一个更加公正的世界而努力——全球深度治理的目标与前景》，载《中国治理评论》第三辑，中央编译出版社2013年版。

　　尽管国际社会在全球公共治理机制构建上进行了许多的努力，严格意义上的全球公共治理体系并未形成。现有全球治理实践的推进、深化和完善，还面临诸多现实因素的制约，人们对全球公共治理的前景无法过分乐观。这些因素包括：一是各民族国家在全球治理体系中的极不平等地位严重制约着全球治理目标的实现。富国与穷国、发达国家与发展中国家不仅在经济发达程度上和综合国力上存在巨大差距，在国际舞台上的作用也极不相同，以 G7 为代表的发达国家大国在很大程度上左右着全球化进程，而他们与广大发展中国家在全球治理的价值目标上存在很大分歧。二是美国是当今唯一的超级大国，冷战后奉行单边主义国际战略，对公正有效的全球治理造成直接损害。三是目前已有的国际规制既不完善，也缺乏必要的权威性，在某些情况下甚至表现出脆弱性和无奈。全球治理的三类主体都没有足够的普遍性权威，用以调节和约束各种国际性行为，规范合理的国际秩序。四是各主权国家、全球公民社会和国际组织各有自己极不相同的利益和价值，很难在一些重大的全球性问题上达成共识，这一现状对全球治理的效益造成内在制约。五是全球治理机制本身也存在不足，包括管理不足、合理性不足、协调性不足、服从性不足和民主不足等等。

　　上述种种，使得人们有理由对西方发达国家主导的全球化路径是否最佳、既有的全球化游戏规则是否公平合理等等提出疑问。也使得人们更多地呼吁，有能力的大国担当起推动和优化全球公共治理的应有职责，负责任的大国财政发挥应有的作用。

治理的目标：全球公共风险最小化

　　全球公共风险种类越来越多，风险因素越来越复杂，风险影响越来越大，是与当今全球化与生俱来的基本特征。国际社会推动全球治理的基本目标，即是全球公共风险最小化：一是防范公共风险恶化，二是共同治理以减轻风险带来的影响和损失。世界银行等国际机构致力于全球公共风险管理，曾提出了许多对策，包括事先防范与事后治理的办法。① 这些办法包括在世界各国尤其是欠发达国家传播和普及与全球公共风险及其治理相关的知识，增强各国参与公共风险管控的主动意识；各方努力完善全球规则，通过更多的、更有效的协调与合作来改善改进治理模式，提高治理水准。

从全球范围看，许多国家缺乏相关知识是全球风险管控效果不佳的关键障碍。随着全球公共风险的密度和复杂程度增加，随着风险来源、推动力量和潜在影响不确定性加深，风险意识和风险防范知识匮乏的严重性日益突出。由于缺乏必要的认知，国家或个体的行为可能忽视环境恶化的风险，可能加剧经济危机的影响。因此，在全球普及公共风险知识、增强风险管控的认知度，本身就成为一项亟须引起广泛重视的重要的全球公共事务。实际上，国际社会在这方面已经做出了许多的努力，从国际金融机构和协调机构，到科学团体、智库、媒体和民间社团等，在收集、审核、分析、综合和传播对发展和稳定具有影响的经济、金融、卫生健康、环境、安全和其他分析相关的信息与研究发现，发布有助于全球风险管理的跨国信息、研究和政策分析。

此外，设计和贯彻集体行动的规则、章程、标准和框架，可以为更好地管理影响多国和几代人的形形色色的风险提供行为动力和指导方针。例如 2008 年全球金融危机以来为加强金融基础设施建设和创建更具韧性的金融体系而进行的全球金融领域改革；减贫和应对一

① 世界银行：《2015 年世界发展报告》，清华大学出版社 2015 年版。

系列阻碍发展的风险的千年发展目标；"京都议定书"等等。

国际社会在这些方面的努力，最终目的在于全球公共风险最小化。这是全球公共治理的目标，也是大国财政的基本职责所在。国际社会围绕公共风险管理有效性采取的这些措施和尝试，其背后也反映出大国财政的种种作为，包括在传播和普及相关知识，增强公共风险管控意识方面，在完善全球规则，通过更多的、更有效的协调与合作来改善改进治理模式方面，无不体现出大国财政的现实作用。大国财政在全球公共风险最小化、推动全球公共治理目标实现中的地位与作用是不可替代的。

中国积极参与全球治理

中国的全球化进程表现出"四合一"的特点，或者说是"四程同进"：中国参与全球化的进程，也是改革开放不断深化的进程，还是中国大国经济逐步崛起的进程，更是中国一步步转换角色、参与全球公共治理的进程。从这个进程中可以明显地看出，中国在全球公共治理中的定位与角色的演化过程。有专家把这一过程归纳为：从最初基于反对霸权主义立场的国际体系批评者，到对外开放不断扩大中的观察者、参与者、学习者和规则遵守者，再到国家实力全面提升基础上的倡导者、构建者。①

由"批评者"到"观察者""参与者""学习者"和"守则者"，再到"倡导者""构建者"，这种转变生动地展示了中国与世界的关系发生的历史性变化。从进一步的发展趋势来看，中国不仅仅在倡导和构建有效

---

① 杨雪冬：《全球治理：从理念到实践》，杨雪冬、王浩主编：《全球治理》，中央编译出版社 2015 年版，第 21 页。

的全球公共治理机制上发挥重要作用，还将独特的优势在更高层次上引领新的全球治理理念和新的文化，最终成为新时期人类文化的"引领者"。做出如此判断和预测，并非出自单纯的理想和期盼，更源自中国领导层在国家治理和全球公共治理方面的远见与努力。

中共十八大以来，以习近平为总书记的新一届中央领导集体，积极应对前进道路上的困难和挑战，在深化改革开放的基础上，大力推进国家治理体系和治理能力现代化建设，凝聚起实现中华民族伟大复兴中国梦的强大力量，开启了中国改革开放和现代化建设的新征程。在中国共产党领导下，中国人民正在奋力开拓中国特色社会主义更为广阔的发展前景。国际社会越来越多地把目光投向中国、聚焦中国。当代中国将发生什么变化，发展的中国将给世界带来什么影响，越来越成为国际社会广泛关注的问题。积极参与全球化，更多、更妥善地以国际视野和全球眼光来治国理政，成为中国新一代领导人的基本理念和重要特征。近年来，党的重要文件和领导人在一些重要场合的讲话中，关于全球治理的理念越来越明确。中共十八大报告提出，中国要做好"和平发展的实践者、共同发展的推动者、多边贸易体制的维护者、全球经济治理的参与者"。中共十八届三中全会《中共中央关于全面深化改革若干重大问题的决定》提出："坚持世界贸易体制规则，坚持双边、多边区域次区域开放合作，扩大同各国各地区利益汇合点。""加快同周边国家和区域基础设施互联互通建设，推进丝绸之路经济带、海上丝绸之路建设，形成全方位开放新格局。"2012年7月，习近平在世界和平论坛开幕式上讲话指出，"中国已经成为国际治理的积极参与者、建设者和贡献者，中国持续快速发展得益于世界和平与发展，同时中国发展也为世界各国提供了共同发展的宝贵机遇和广阔空间"。2013年3月，习近平与金砖国家领导人会晤时强调，"不管全球治理体系如何变革，我们都要积极参与，发挥建设性作用，推动国际秩序朝着更加公正合理的方向发展，为世界和平提供制度保障"。2013年6月，习近平访问墨西哥时呼吁，"积极参与全球经济治理，共同推动世界经济复苏增长和国际力量均衡发展"。2015年3月28日，习近平在博鳌亚洲论坛主旨演讲时指出："人类只有一个地球，各国共处一个世界。世界好，亚洲才能好；亚洲好，世界才能好。面对风云变幻的国际和地区形势，我们要把握好世界大势，跟上时代潮流，共同营造对亚洲、对世界都更为有利的地区秩序，通过迈向亚洲命运共同体，推动建设人类命运共同体。""作为大国，意味着对地区和世界和平与发展的更大责任，而不是对地区和国际事务的更大垄断。""要摒弃零和游戏、你输我赢的旧思维，树立双赢、共赢的新理念，在追求自身利益时兼顾他方利益，在寻求自身发展时促进共同发展。""当今世界，没有一个国家能实现脱离世界安全的自身安全，也没有建立在其他国家不安全基础上的安全。""必须坚持不同文明兼容并蓄、交流互鉴。"

在推动全球公共治理深化的进程中，中国以负责任的大国姿态，在具体的治理理念优化、治理机制构建及治理行动上，亦有更多的表现。特别是基于大国财政职责的全球治理筹资机制问题上，积极主张，多方协调，力所能及地发挥着重要作用。

切实推动全球合作与发展，关键在资金。如何筹集资金？中国积极参与、推动国际社会构建筹资机制。2002年3月，联合国发展筹资国际会议在墨西哥北部工业城市蒙特雷召开。各国家元首或政府首脑就国际发展筹资达成共识，即《蒙特雷共识》。中国国家主席代表、时任财政部部长项怀诚在会议上提出了建立国际经济新秩序、建立全球收入分配调节机制和加强各国对本国发展事业的自主性等三项主张。为了满足 21 世纪的发展需要，中国倡议建立全球发展筹资框架。

《蒙特雷共识》主要包括调动国内经济资源、增加私人国际投资、开放市场和确保公平的贸易体制、增加官方发展援助、解决发展中国家的债务困难和改善全球和区域金融结构、发展中国家在国际决策中的公正代表性等六方面内容。

2015 年 7 月 14 日，习近平主席代表、财政部部长楼继伟在埃塞俄比亚首都亚的斯亚贝巴举行的联合国第三次发展筹资国际会议强调，发展筹资是今年 9 月联合国发展峰会和 2015 年后发展议程的核心议题。发展筹资国际合作应以南北合作为主渠道，发达国家应足额、及时履行官方发展援助占国民总收入 0.7% 的承诺；应在坚持南北合作主渠道的前提下，使相互尊重、平等互利、不附加政治条件的南南合作发挥更大作用；创新型筹资应以循序渐进的方式，以符合各国国情的路径逐步推进；应为发展中国家营造稳定的全球宏观经济环境及公平合理的规则环境。中国作为国际发展合作的成功实践者、积极参与者和重要推动者，自 2002 年首次国际发展筹资会议以来，在南南合作框架中为发展中国家提供了资金、市场、技术、发展经验等全方位支持。中国还将与有关各方一道积极推动亚投行、金砖银行等多边开发机构的筹建运营工作，并将携手沿线国家落实"一带一路"等新型发展倡议，为全球发展事业贡献新的公共产品，与世界各国实现共同增长、共享繁荣。

中国政府提出的出于"一带一路"的构想表明，中国在成为净资本输出国之后，愿意与周边国家共同发展、共同繁荣，结成利益共同体、命运共同体，而不是利用资本输出剥削别人。亚投行是一个国际性的开发银行，基本运作将按照国际规则执行，成为全球金融体系的一部分。从更高层面上讲，这也是中国对全球治理或全球金融领域治理顶层设计做出的贡献。就亚投行来说，基础设施投资收益慢，中国仍然出资最多。从中也可以看出中国在全球治理方面已经拥有主动意识，而不再是个被动的参与者、旁观者。

把握好大国财政治理全球风险的着力点

大国财政致力于全球风险防范与治理，涉及面广，责任繁重，关键要根据大国财政在统筹内外方面的基本职责和自身能力，把握好着力点。

大国财政防范和治理全球公共风险，其基本职责体现在对内对外两个层面。一是面对全球化背景下各类公共风险频发现实，如何应对外来风险冲击，防御、减轻外部风险因素对本国经济社会发展的影响，特别是保障民族国家的核心利益不受损害。二是作为全球治理重要主体和核心力量的大国财政，如何与全球治理各方合作，共同防范和治理全球公共风险。前者是民族国家通过财政手段应对非传统安全因素的重要任务；后者是大国财政应尽的国际义务，是全球化时代合作性安全的主要形式。这两个层面的职责并非对立，而是互为前提和条件。以全球公共风险为主要表现形式的非传统安全问题具有明显的跨国蔓延性，它突破了单纯的国家安全范畴，表现为安全的区域化，是一种依存性安全。作为大国要确保民族国家免受外来风险冲击，自然不只是单纯的自我防范、被动防御，更需要通过国际协调与合作来主动面对，共同担当，积极防范，集体治理，最终达到既主动防御外来风险冲击又有效治理全球公共风险的目的。

具体到现实来看，需要透过多层次的财经对话与合作，包括与主要经济大国的财经对话、推动亚洲区域合作不断深化，并重视与各发展中国家的财经合作，来争取更多的话语权，积极参与国际经济规则制定。

2005 年，G20 财长和央行行长会议通过的《二十国集团关于布雷顿森林机构改革的声明》和《二十国集团关于全球发展问题的声明》对于推动联合国千年发展目标的实现，改革布雷顿森林机构，加强全球经济治理，建立公正、合理的国际经济体制具有重要意义。亚欧财长会通过的《天津倡议》为新形势下亚欧更紧密财金合作确立了基础性框架。

表 9-1　近年来我国财政部门参与国际财经合作的主要内容

合作类型	主要内容
与主要经济大国的双边财经对话	近十余年来，中国与世界上主要国家的财政经济对话进入常态化，包括中美战略与经济对话；中英经济财金对话；中欧财金对话；中日财长对话；中俄财长对话；中印财金对话等。
推动亚洲区域合作不断深化	——积极参与大湄公河次区域（GMS）和中亚区域经济合作（CAREC），促进我与周边国家经济交往。 ——利用东盟和中日韩（10+3）财长会和中日韩财长对话会机制，推动落实《清迈倡议》，扩大与 10+3 成员之间的财金交流合作，在建立区域资金救援机制、发展亚洲债券市场、加强经济评估与政策对话、监控短期资本流动、建立早期预警机制等方面卓有成效。 ——落实中央"与邻为善、以邻为伴"的外交方针和"睦邻、安邻、富邻"政策，积极推进和引导东亚区域合作，中国与东盟的财金合作进入新阶段。
重视与各发展中国家的财经合作	——重视与发展中国家的财经合作，在参与世行、亚行等国际组织和各种国际场合注重维护发展中国家利益； ——积极参与国际发展援助事业，包括向亚洲发展基金、亚洲开发银行捐款设立"中国减贫和区域合作基金"，积极支持区域减贫和发展事业； ——致力于利用亚太财经与发展中心（AFDC）开展培训、年度论坛和资助区域研究等促进亚太地区国家金融与经济发展领域的能力建设，并将资助范围推进至更多的东盟和拉美地区的发展中国家。

续表

合作类型	主要内容
参与国际经济规则制定	——应邀参加西方七国（八国）集团（G7/8）财政副手级对话和部长级非正式财经对话。 ——成功举办二十国集团（G20）财长和央行行长会议和亚欧财长会议（ASEM）。 ——通过 OECD 合作，积极参与由发达国家主导的国际经济协调。——代表国家积极参加各类多边论坛和对话，参与国际政策协调和国际经济规则制定，加强沟通、增信释疑。
WTO 下关税谈判和《政府采购协议》（GPA）谈判	——在我国对外贸易快速增长，与其他国家贸易摩擦日益增多的形势下，开展 WTO 双边市场准入谈判、反倾销和保障措施的实地调查及各种双边和区域关税谈判，与相关成员沟通情况、协调立场。 ——为兑现我国加入 WTO《政府采购协议》的承诺，在抓紧建立和完善我国政府采购制度的同时，全面启动 GPA 谈判，维护国家利益。
外国政府贷款与官方对外援助	在有效利用、管理外国政府贷款的同时，财政部作为外援资金以及政策性金融的财务预算主管部门，以优惠出口买方信贷及出口信用保险等政策性金融，对我国扩大出口规模、改善出口结构、支持企业对外投资，促进我对外友好交往，实现外交政策目标发挥了积极作用，以政策性金融业务支持实施"走出去"战略。
会计领域的国际协调	通过积极参与会计的国际协调。近年来在与国外相关会计机构开展了多方面合作与交流，在师资培训、会计继续教育和专业会计硕士项目合作等方面成果突出。
与国际金融机构的合作，宣传我国发展理念	——世界银行和亚洲开发银行是我国对外财经交流与合作的重要舞台。作为世界银行和亚洲开发银行的归口管理部门，积极引进两机构资金支持国内经济建设和制度创新。 ——随着综合国力不断提升，我国已成为世行第六大股东国和亚行第三大股东国，与两机构合作由单纯贷款业务合作，进入到注重知识合作等全方位合作新阶段。 ——与世界银行合作，成功承办了全球扶贫大会，推动通过了《上海减贫议程》，国际社会积极评价中国的发展经验。

可见，中国正在以全新的姿态主动争取国际话语权方面，不仅积极参与到全球规则制定当中，更以成功者的角色自信地总结、宣

传、推介新的发展理念，倡导全球化中新的共赢模式，力推"中国智慧"，以期成为"世界智慧"。从中可以看出，大国财政尽显身手，同时，大国财政也任重道远。

四、助推人类文明发展

中国的大国崛起的进程，从总体上看，呈现出由"竞争力导向"向"影响力导向"转换的客观过程。"竞争力导向"阶段体现"发展是硬道理"的基本方针，更多的是谋求经济增长速度提升、经济规模不断扩大、经济实力不断增强。当经济实力达到一定阶段以后，需要更多地考虑发展的可持续性，谋求更加稳定的国内外发展环境，致力于扩大对周边国家、对区域发展乃至全球发展的影响力。如果说强化竞争力提升具有排斥性、决定性特征的话，扩大影响力更多的是体现包容性和引领性特点。二者具有内在的关联性和相互影响，只有在强大的竞争力基础上才有实力可言，也才会形成影响力；随着影响力扩大，竞争力会进一步增强。大国财政的重要职责就是助推这种竞争力

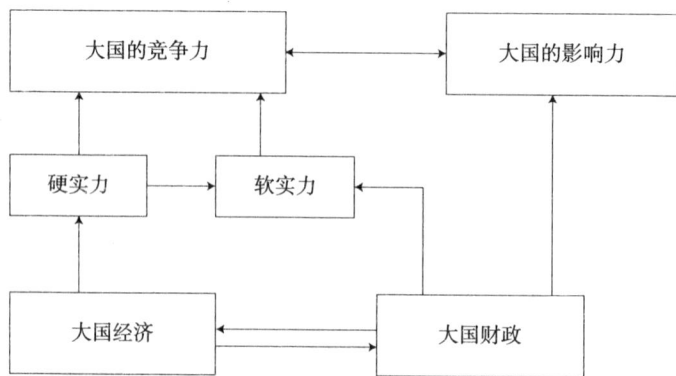

图 9.1 大国财政与竞争力和影响力的关系

的提升，并直接致力于影响力的扩大。

大国财政托起道路自信

中国的崛起不是一个普普通通的国家的崛起，而是一个有着五千年历史的伟大文明的复兴，是一个"文明型"大国的崛起。其崛起的背景和意义与历史上的大国崛起不同，崛起的深度、广度和力度都是人类历史上前所未见的。中国在崛起中有能力汲取其他文明的一切长处而不失去自我，并将对世界文明做出原创性的贡献。

2004 年 5 月，英国著名思想库伦敦外交政策中心发表了美国《时代》周刊高级编辑、高盛公司资深顾问乔舒亚·库珀·拉莫的文章《北京共识：提供新模式》。该文对中国 20 多年的经济改革成就作了全面理性的思考与分析，指出中国通过艰苦努力、主动创新和大胆实践，摸索出一个适合本国国情的发展模式。他把这一模式称为"北京共识"或叫"中国模式"。自此，在国际和国内学界引发了一场对"中国经验""中国模式""中国道路"的大讨论。

在某种意义上说，"中国模式"或者"中国道路"是对"华盛顿共识"的有力回应。相比之下，"华盛顿共识"更多的是向发展中国家推销一套自由主义经济理念，不管条件是否成熟都要搞资本市场自由化、金融自由化。20 世纪 90 年代以来的几场金融危，打破了"华盛顿共识"的神话。包括 1997 年亚洲金融危机和后来的拉美国家金融危机，使不少发展中国家的经济倒退，美国自己也尝到了市场原教旨主义给它自己带来的灾难。以美国为首的西方国家在发展中国家推广的民主模式，鲜有成果者，反倒使亚洲、非洲、拉美一些国家陷入无尽的经济社会动荡和政治动乱之中。

实际上，国外学者对中国发展道路或"中国模式"的关注，始自苏东剧变之后西方对社会主义中国的前途和命运问题的关注。一段时间以来，要么有人断言苏东剧变之后中国会随之崩溃，即所谓"中国崩溃论"；要么说正在逐渐强大的中国会对世界构成威胁，所谓"中国威胁论"。可是，中国不仅没有崩溃，反而维持了较高的经济增速；中国崛起不仅没有对世界和平构成威胁，反而成为维护世界和平的主要力量。相对于目前世界经济不景气，各类纷争与地区冲突不断、民族矛盾、宗教矛盾激化、恐怖活动此起彼伏的国际局势，中国却向全世界展示出一种政治稳定、经济持续发展、社会安定的局面。

这一切是中国政府和领导层充满自信的基础，也是大国财政能够有所作为的依托。当然，"中国道路"走起来也不会总是一帆风顺，还会遇到各种各样的困难和阻力。中国的自信并不等于自负，我们面临着诸多的内部和外部问题，需要不断深化改革开放，统筹解决国际和国内问题，实现内外兼修，坚定地走自己的大国和平崛起之路。大国财政建立在"中国道路"自信的基础上，也将为中国特色社会主义的道路自信加力添彩。

大国财政推动命运共同体构建

在当今的全球化发展和全球公共治理理论与实践中，存在着两种截然不同不同的价值观。一种是以实用主义、利己主义为宗旨的全球化，其核心乃是延续历史上大国必战、强国必霸的思维定式和弱肉强食的行为准则，在国际关系中奉行强权政治和以邻为壑的政策，动辄以武力和经济制裁相威胁，向他人强推自己的价值观；另一种则是建立在和平共处、共同发展、合作共赢的理念基础上，以包容、平等、和谐的思维为导向，在国际关系处理上奉行国家不分大小一律平等的原则，在和平崛起的基础上致力于创建利益共享、责任共担、最终走向全球共治的命运共同体。

　　不难看出，前者是造成迄今为止的全球化充满矛盾与障碍、全球公共治理步履维艰、治理效果差强人意的基本原因。而中国作为一个有着数千年文明史的发展中大国，在其以包容、和谐为基础的传统文化理念下，致力于走出一条与西方发达国家不同的崛起之路，秉持共担、共享、共赢、共治的全球治理原则，以全新的形象立足于当今的国际舞台。自然而然地受到了国际社会的普遍赞赏，特别是受到了新兴国家、广大发展中国家的推崇。

　　毫无疑问，中国独树一帜在全球治理中贯彻这样一种新的价值观并非易事。一方面，中国本身的实力和影响力依然有限，从根本上说，中国还是一个发展中国家，还处于发展过程中。国内自身的结构性问题突出，国外面临的压力与挑战很多。特别是中国自改革开放以来，融入国际社会的时间相对不长，处理国际事务的历练还不充分。另一方面，由于价值观和意识形态领域的差异，中国崛起本身始终遭到外部势力的非难，包括"中国威胁论""中国崩溃论"在内的国际噪音不断，在历史上国际关系处理和全球化利益分配中的既得利益者，不甘心看到中国的强大，不情愿看到中国在国际舞台发挥更大的作用。所以，中国要在全球治理当中有所作为，一要继续练好内功，发展自己，壮大自己，即进一步提升竞争力和影响力；二要在纷繁复杂的国际局势中认清形势，也认清自己，坚定中国道路、中国模式的信念，处变不惊，从容应对。尤其要灵巧地运用"中国智慧"周旋于列强之中，规避障碍和风险，趋利避凶，最终实现大国梦、强国梦。这其中，无论是国家实力的增强和影响力的扩大，还是扫清障碍、打造良好的内外部环境，都蕴含着大国财政责任与作用。大国财政要努力创造经济条件和政治条件、国内环境和国际环境，要提供财力上的支撑，更要提供制度上的支撑，尤其是在创新制度、创新机制、创新模式和手段方面，发挥好大国财政应有的作用。

随着中国进一步发展、全面深化改革和开放，中国将更加全面地参与到全球治理当中，全球治理与国内治理之间的关系也将更加复杂多变，成为国际国内两个大局互动过程中的重要内容。大国财政需要更多地关注和研究这些问题：一是中国价值理念如何能够对于全球治理价值的形成做出贡献。价值观决定行为，在世界文化多样化条件下，全球治理必然是多种文化交流融合的结果。要进一步推动中国价值理念的全球化，使之成为全球治理价值形成过程中的重要组成部分。二是要关注和研究国内治理与全球治理之间的互动关系，大国财政如何成为连接国家治理与全球治理的桥梁。三是要研究新型大国关系在全球治理有效实现过程中产生的影响，研究新型大国关系中的财政关系。此外，还要研究具体领域、具体问题上全球治理的形成和现实问题，例如全球环境与气候变化问题、国际金融危机等非传统安全领域的系统与合作及其大国财政的职责。

大国财政连接世界梦和中国梦

如果说实现"联合国千年发展目标"是世界梦的话，那它与中国梦有着强烈的一致性，中国梦就是世界梦，而大国财政则是托起中国梦与世界梦的重要支撑。

2013 年年底，习近平提出"中国梦意味着中国人民和中华民族的价值体认和价值追求，意味着全面建成小康社会、实现中华民族伟大复兴，意味着每一个人都能在为中国梦的奋斗中实现自己的梦想，意味着中华民族团结奋斗的最大公约数，意味着中华民族为人类和平发展做出更大贡献的真诚意图"。可以说从一开始，中国梦就是一个世界梦，不仅要造福中国人民，而且要造福世界各国人民。

　　联合国千年发展目标是联合国全体 191 个成员国一致通过的一项旨在将全球贫困水平在 2015 年之前降低一半（以 1990 年水平为标准）的行动计划，2000 年 9 月联合国首脑会议上由 189 个国家签署《联合国千年宣言》，正式做出此项承诺。至今，人类发展首次实现了这一"国际发展千年目标"——2015 年之前全球贫困水平降低一半。对此，中国作为最大的发展中国家，做出了巨大的贡献。根据世界银行的数字，1990—2010 年，中国已经减少了 5.26 亿绝对贫困人口，占同期全球绝对贫困人口减少数 6.95 亿的 75.7%。世界银行又提出了到 2030 年的两个核心目标：到 2030 年消除极端贫困人口，促进发展中国家底层 40% 的人口共享繁荣。这也正是中国 2030 年的核心目标。

　　大国财政一头托起中国梦，一头托起世界梦。这成为全球化时代国家治理与全球治理趋于一体化，以及大国财政成为国家治理与全球治理联通之桥的典型诠释。

大国财政引领全球行动

　　在中共十八大报告中系统表明了中国参与全球治理的立场、态度及关注的重点领域，并且提出了"人类命运共同体"的概念，"人类只有一个地球，各国共处一个世界"，要建立更加平等均衡的新型全球发展伙伴关系，同舟共济，权责共担，增进人类共同利益。这表明了中国政府和领导层追求世界和谐、共赢的治理理念。如何将这一理念转变为全球行动的指南？关键在有效地向世界传播产生、形成这种和谐、共赢理念的传统的中国文化。

　　耶鲁大学教授保罗·肯尼迪（Paul Kennedy）在《大国的兴衰》

中强调，大国的形成、扩展、转型、没落和消失，都完整体现文明生长的脉络，体现力量平衡和制衡之间游戏的多边和不确定性。大国力量的形成是最有效运用文明成果的过程，是将文明成果通过社会产能最大限度物化的过程。[①]

中国通过改革开放，成功地融入国际体系和全球化之中，成为当今国际体系中体量越来越大、影响力越来越大的积极参与者和行动者。一方面中国的行为越来越大地影响国际体系的走向，另一方面国际体系中其他的行为体无论是传统大国还是新型的国际非政府组织，都十分关注乃至担忧中国的行为对当今国际体系走向的影响。毋庸置疑，"中国威胁论""中国挑战国际体系"以及"中国责任论"等，就是在中国成为融入全球化和参与国际体系的成功者之后，在西方形成的种种舆论。为了应对这些舆论，同时也为了能够彰显中国在全球化环境中参与国际体系运作的正面影响，中国需要提出一种与原先游离于国际体系之外时期，乃至与介入国际体系但尚未发生重要影响时期不同的，具有中国特色的处理国际事务的纲领性理念——"建设和谐世界"。

人类文明发展的历史表明，人类文明呈多元多样化发展，但在多元多样中有主流和主导。当只有古希腊、古罗马文明复兴时，人类文明自然而然地进入以西方文明主导的世界体系或格局之中。而当古老的中华文明开始全面复兴并蓬勃发展的时候，人类文明的发展走到了十字路口。人类文明向何处去？是依然沿着西方文明发展的方向前行，还是沿着中华文明发展的方向前行，抑或沿着东西方共同认可的方向前行，成为 21 世纪人类面临的共同话题。[②]

---

① 崔勇列：《大国力量与大国之道》，《读书》2004 年第 7 期。

② 公茂虹：《人类文明发展的大势》，《思想政治工作研究》2014 年第 4 期。

　　事实上，人类文明的发展已经到了一个拐点。当下以西方文明为主导的世界体系已不像从前那样得到世界的推崇和赞誉，以往的世界体系到了不得不做出改变的时候。从人类文明发展的趋势看，随着中华文明现代转型和中华民族复兴进程的加快，中华文明对人类文明发展的引领作用将更加凸显。中华文明的现代复兴对人类文明发展的影响还刚刚开始，还远没有展现出来。

　　英国著名历史学家阿诺德·汤因比预言，世界的未来在中国，人类的出路在于中国文明。汤因比认为，未来的人类只有走向一个"世界国家"，才能避免民族国家的狭隘，才能避免民族国家因为狭隘国家利益追求而带来的人类社会的灭亡。而人类社会要过渡到一个"世界国家"，西方社会是无法完成这样的任务的。汤因比提出八个理由：中国在漫长的21个世纪里，尽管也多次经历过混乱和解体，但是从大历史的角度来看，中国人完整地守护了一个超级文明，长时间生活在一个文明帝国的稳定秩序中，中国模式作为一种区域的世界主义模式可以为今天的人类提供宝贵的经验；中国人在其漫长的历史中都保持着人类社会中可贵的天下主义的精神，恰恰中国文化是距离狭隘的民族主义最远的；儒家的人文主义价值观使得中国文明符合了新时代人类社会整合的需求；在儒家和佛教思想中都存在合理主义思想，使得中国人在漫长的时代中有分寸地建立和坚守着自己的文明；道家思想对宇宙和人类之间奥义的认识，以及对人类社会试图主宰宇宙的不以为然，恰恰是中国的道家为人类文明提供了节制性与合理性发展观的哲学基础；东方宗教和哲学思想中对于人与自然和谐的追求，以及反对针对自然和环境世界的统治和征伐欲望。①

---

① 参见刘涛：《汤因比的预言：中国文明将照亮21世纪》，《社会观察》2013年第3期。

在《推动共建丝绸之路经济带和 21 世纪海上丝绸之路的愿景与行动》中，中国政府明确提出：要倡导文明宽容，尊重各国发展道路和模式的选择，加强不同文明之间的对话。为了达到文明交流互鉴的目标，我们可以建构不同的对话渠道和方式，包括国际组织的多边对话，政府机构的双边对话，非政府组织的民间对话，不同学术团体的智库对话，以及宗教文化范围内的文明对话。对话的前提是开放，对话的结果是包容。开放和包容必定导致不同文明的并存互补，共生共荣。文明交流互鉴体现为经贸合作的互通与互补。而物质上的互通互补促进了东西方思想观念、行为方式的互鉴和融合。

财政是一种工具和手段，更是一种制度。大国财政之所以成其为大国财政，无疑以其先进、高效的财政制度为基础。作为一种制度文明，大国财政本身就是国家文明组成部分，是一种价值理性而非单纯的工具理性。

大国文明的影响力不仅来自"硬实力"，更依靠"软实力"。软实力的形成和提升，更多地有赖于大国财政的作用。对于国家发展道路自信、制度自信、理论自信的宣传，对于和平崛起、包容性发展、和谐社会及和谐世界等理念的推广，无不与大国财政的支持直接相关。

后　记

　　"财者，为国之命而万事之本。"在全球化纵深发展的当今世界，全球风险社会日渐现形，大国财政既关乎国家兴衰，也影响全球风险。从学理上讲，财政，不仅是国家治理的基础和重要支柱，而且也是防范化解全球公共风险、维护大国核心利益的基本手段。建设"大国财政"，既是国家现代化建设题中应有之义，也是中国走向复兴，担负全球责任的战略选项。应对全球格局变化给中国发展带来的新机遇、新挑战，防范和化解全球公共风险，中国大国财政的作用日渐重要。毫不夸张地说，中国能否顺利完成数千年未有之大变局、实现现代化和民族复兴，取决于能否有效发挥大国财政的作用。国际秩序建构和全球公共风险防范，实质是要靠大国财政来支撑的。这就是说，全球治理的基础是大国财政。从这个视角分析，中国当前存在的根本问题是大而不强，大国财政与大国经济地位、大国治理不相匹配，致使财政支撑全球治理的能力不足，制约了中国的全球影响力。这不只是一个财力问题，更重要的是财政话语权。税收长臂管辖权的缺失、财政政策的国际引领力不足、对外援助的长期效果不佳、海外财政利益的保护不力等等，这些都反映出中国的大国财政作用较弱。因此，加强对"大国财政"这一重大课题的研究，具有极为重要的理论价值和现实意义。

"大国财政"这一命题重大而紧迫，但从当前我国学术界和理论界来看，这方面的研究还十分薄弱，尚未形成较为系统的理论和清晰的对策，为构建大国财政提供的智力支持还严重不足。为此，我院于2014年9月设立"大国财政、大国经济与大国治理"重大研究课题。该课题组由我牵头，王朝才副院长、院研究生部傅志华主任，以及申学锋、赵大全、李成威、陈龙、苏京春等财科院研究人员参与。

课题组对"大国财政"的研究，采取了"从具体到抽象，再从抽象到具体"的研究方法，以"全球不确定性"为逻辑起点，以"全球公共风险、全球利益分配"为逻辑主线，对"大国财政"的内涵、特征、表现形式等做了初步的探讨和研究。在研究中，我们坚持"全球思维""开放思维""历史思维"和"系统思维"，审视历史，解剖现实，在比较中探究中国的大国财政问题所在和未来任务。

同时，我们始终紧紧把握两个视角：一是基于国内看全球。当前，一国的经济活动已超出国家地理边界，例如税基的转移和全球化、企业和居民活动范围远超其国家范围。因此，从国内的视角来看，需要保护国家利益、国民利益，需要在全球范围内采取各种风险防范措施，这意味着为国民提供的公共服务已经不限于国境之内，人到哪里，公共服务就应到哪里。大国财政是国家能力的体现，国家行为的范围和力度需要财政支撑。大国财政是在不确定性世界追求国家利益、国民利益的确定性之锚。例如，我国石油消费60%来自于国外，其中蕴含的不确定性是不言而喻的。要化解这种种不确定性和风险，离不开投资、补贴、援助、政府借款等财政手段。

二是基于全球看大国财政。大国财政支撑的全球治理规则引领人类文明，从英国到美国，再到未来中国，世界历史的不同发展阶段都能看到大国财政的作用：殖民扩张、世界警察，到未来和谐世界。从今后趋势观察，大国财政不仅要注重本国的利益与发展，而且要看到关系到全球未来的公共风险，如气候改变、疾病流行、恐怖主义、资源枯竭等等，需要以地球村和命运共同体的新理念、新视角来协调平衡本国利益与全球利益的关系，防范全球公共风险。

经过一年多的艰辛努力，几经研讨、修改，课题组于 2015 年 10 月完成了初稿，构建了"大国财政"初步的研究框架。为了增强可读性，便于读者简单明了地理解"大国财政"，2016 年 5 月，由我与李成威、陈龙和苏京春三位同志，以逐章逐节集体讨论梳理的方式，对课题报告的章节布局、语体文风做了集中统一调整和修改，尽量避免过于学术化的术语，并删除了课题研究报告中大量的数据图表。经过简化、压缩之后，形成了读者面前的这本专著。

在本书写作和出版之中，得到许多领导、专家的关心、支持和帮助。特别要感谢人民出版社的总编辑辛广伟先生的大力支持，还有人民出版社的编辑曹春博士，她为此付出了辛勤的劳动，为按期出版，她节假日都在工作，在此特致谢意。还有我的同事，他们勤勉认真、严谨深思的学风，也保证了这一研究成果终于得以面世，也应一并感谢。

鉴于"大国财政"这一命题的宏大和研究的难度，加之我们研究水平有限，呈现在读者面前的这本书只是阶段性的探索成果，缺憾和错漏之处在所难免，敬请各位读者批评指正。

刘尚希

2016 年 10 月 10 日

责任编辑：曹　春
装帧设计：木　辛
责任校对：吕　飞

图书在版编目（CIP）数据

大国财政／刘尚希 等著．—北京：人民出版社，2016.11（2017.5 重印）
ISBN 978－7－01－016864－7

I.①大…　II.①刘…　III.①财政－研究－中国　IV.① F812
中国版本图书馆 CIP 数据核字（2016）第 250739 号

大 国 财 政
DAGUO CAIZHENG

刘尚希　等著

人 民 出 版 社 出版发行
（100706　北京市东城区隆福寺街 99 号）

北京盛通印刷股份有限公司印刷　新华书店经销

2016 年 11 月第 1 版　2017 年 5 月北京第 2 次印刷
开本：710 毫米 ×1000 毫米 1/16　印张：17
字数：206 千字

ISBN 978－7－01－016864－7　定价：46.00 元

邮购地址 100706　北京市东城区隆福寺街 99 号
人民东方图书销售中心　电话：(010) 65250042　65289539